ROSE DE FREYCINET

JOURNAL
DU VOYAGE
AUTOUR DU MONDE

A BORD DE « L'URANIE »
1817-1820

JOURNAL

DE

MADAME ROSE
DE SAULCES DE FREYCINET

DU MÊME AUTEUR :

L'Hôtel de la Reine Marguerite, première femme de Henri IV. Paris, 1881. 1 vol. (de la collection des Bibliophiles Parisiens).

La Rue du Bac, monographie parisienne. Paris. 1894. 1 vol. in-8, plans et gravures.

Histoire générale des Ponts de Paris. Paris, 1911, 2 vol. in-8. plans et gravures.

Chaillot et ses souvenirs. Paris, 1923, 1 vol., plans et gravures.

Récits maritimes ou lettres inédites de Marins français. Paris. Société d'Éditions géographiques, maritimes et coloniales. 1 vol. in-8, orné de 26 planches hors texte en phototypie.

CAMPAGNE DE L' « URANIE »
(1817-1820)

JOURNAL

DE

MADAME ROSE
DE SAULCES DE FREYCINET

D'APRÈS LE MANUSCRIT ORIGINAL

ACCOMPAGNÉ DE NOTES

PAR

CHARLES DUPLOMB
DIRECTEUR HONORAIRE AU MINISTÈRE DE LA MARINE

PARIS
SOCIÉTÉ D'ÉDITIONS
GÉOGRAPHIQUES, MARITIMES ET COLONIALES
184, BOULEVARD SAINT-GERMAIN (VIᵉ)

1927

AVANT-PROPOS

Le journal de Mme Rose de Saulces de Freycinet, qui est publié
aujourd'hui pour la première fois, est un journal intime, écrit au jour
le jour, sans aucune prétention de style, dans lequel elle laisse bien
souvent « parler son cœur sans songer à autre chose ». Elle nous le
dit du reste dès la première page :

« C'est pour toi seule, écrit-elle, aimable et chère amie[1], que je veux
écrire ce journal. Je trouverai du plaisir à le faire, puisque c'est une
chose que tu m'as demandée et qui te sera agréable. D'ailleurs ne
sera-ce pas un délassement journalier de tracer tout ce qui peut
m'arriver d'heureux ou de malheureux dans l'espérance de captiver ton
attention et d'intéresser une personne qui m'est si chère ! Je jouis
d'avance de la satisfaction que j'éprouverai au retour heureux. Je
t'enverrai alors ces faibles lignes et tu éprouveras d'autant plus de
plaisir à me revoir que tu sauras que j'ai couru tel ou tel danger. Si, au
contraire, je dois succomber au milieu de cette course pénible, tu
verras au moins que, quelque éloignée de toi que j'aie jamais été, ma
plus agréable occupation a été de penser et de faire quelque chose
pour ma Caroline. »

« Je n'aurais jamais consenti, ajoute-t-elle, à faire un journal pour
toute autre que pour toi ; toi seule a pour moi l'indulgence nécessaire
pour pardonner un style diffus et souvent incorrect. D'ailleurs je pense
que, t'arrêtant aux faits, tu ne songeras pas s'ils sont rapportés
élégamment ou avec esprit. Je tracerai donc simplement les
événements. »

---

1. Probablement Mme Caroline de Nanteuil, née Barillon, sa parente.

Mme Rose de Freycinet est trop sévère pour elle-même. Son journal est loin d'être écrit dans un style diffus et souvent incorrect. Bien au contraire, il est clair, précis et fort agréable à lire. Ses descriptions sont intéressantes, ses études de mœurs, prises sur le vif, sont spirituellement racontées, ses réflexions dénotent un esprit cultivé et observateur. Il eût été d'autant plus regrettable que son journal n'eût pas la publicité qu'il mérite, que nous ne connaissons, dans la littérature française, aucun autre journal du même genre écrit par une femme.

Le manuscrit que nous avons eu sous les yeux et qui nous a été si aimablement prêté par M. le baron de Freycinet présente une lacune qui va du 23 octobre 1818, date à laquelle l'*Uranie* quitta Timor, au 18 novembre 1819, jour de l'entrée de ce bâtiment dans le port Jackson. Et cette lacune intéresse la visite des *Moluques*, des *Carolines*, des *Mariannes*, des *îles Sandwich*, c'est-à-dire la partie la plus curieuse du voyage de l'*Uranie* !

Mais, en même temps qu'elle écrivait son journal, *memento* des événements de chaque jour, Mme de Freycinet adressait à sa mère des lettres dans lesquelles, racontant, avec force détails, ce qu'elle a vu dans ces îles du Pacifique, dont les mœurs et les coutumes étaient alors si peu connues, elle se montre maîtresse de *l'art ingénieux de peindre la parole et de parler aux yeux*.

Il nous a donc été facile de combler la lacune, si regrettable qu'elle soit, du journal, en donnant purement et simplement un extrait des lettres écrites par Mme de Freycinet à sa mère.

Cet extrait fait l'objet de notre chapitre VI.

Un journal de la campagne de l'*Uranie* a paru en 1822 [1] ; il est signé

---

1. Son titre est : *Promenade autour du monde pendant les années 1817, 1818, 1819 et 1820, sur les corvettes du Roi l'Uranie et la Physicienne, commandées par M. Freycinet*, par M. J. Arago, dessinateur de l'expédition. Paris, Leblanc, imprimeur-libraire, rue Furstemberg, n° 8, abbaye Saint-Germain.

Ce livre eut, à cette époque, un grand succès.

Il fut réédité plusieurs fois, entre autres, en 1868, avec le titre : *Souvenirs d'un aveugle, Voyage autour du monde* (2 vol. in-8, Paris, Lebrun, éditeur, rue de Lille, 3). Cette dernière réédition est illustrée de 22 grandes vignettes, de portraits et de 150 gravures dans le texte, enrichie de notes scientifiques par François Arago, de l'Institut, d'une introduction, par J. Janin et d'une note sur Mme de Freycinet, note que nous donnons en appendice

de Jacques Arago, le frère du célèbre savant. Dessinateur à bord
de la corvette et ayant fait, en cette qualité, toute la campagne, ses
impressions, réellement vécues, sont également intéressantes. Aussi,
n'avons-nous pas hésité à faire quelques emprunts à son ouvrage, sous
forme de notes qui complètent les observations de Mme de Freycinet.

M. le baron de Freycinet, petit-neveu du commandant de l'*Uranie*,
a bien voulu mettre à notre disposition de nombreux dessins, signés de
J. Arago, dessins originaux et encore inédits. Ce sont des images
vivantes et fidèles, puisqu'elles ont été prises sur les lieux mêmes, au
passage de la corvette : la publication, nous en sommes convaincus, en
sera grandement appréciée par le lecteur[1].

Enfin, nous ne voulons pas terminer cette notice sans remercier
M. le Secrétaire général de la Société de Géographie, M. Grandidier,
de l'intérêt qu'il a bien voulu porter à notre publication.

1. Un album important de dessins intéressant la campagne de l'*Uranie* a déjà été
publié avec la relation officielle du voyage. Mais ces dessins sont faits d'après ceux que
nous publions aujourd'hui, qui, seuls, nous le répétons, sont les dessins originaux.

C. D.

INTRODUCTION

Rose-Marie Pinon, née le 29 septembre 1794 à Saint-Julien-du-Sault (Yonne), épousa le 6 juin 1814, à Paris, Louis-Claude de Saulces de Freycinet, capitaine de frégate.

Celui-ci ayant reçu, quelques années plus tard, le commandement d'une expédition scientifique autour du monde, Mme de Freycinet n'hésita pas, pour le suivre, à courir les hasards d'une navigation périlleuse, dans des parages peu connus et réputés les plus malsains de la terre.

Ce ne fut pas chez elle l'inspiration d'un moment d'entraînement à l'heure de la séparation, mais un projet irrévocablement arrêté depuis le jour de la désignation de son mari : ni les exhortations pressantes de sa famille, ni les considérations d'une santé délicate, ni les observations d'amis haut placés qui craignaient que sa présence à bord ne nuisît au succès de l'expédition, rien ne put changer une détermination sans doute trop précieuse à son mari pour que celui-ci ne fût pas un peu complice.

Au mois d'août 1828, huit ans après son retour, Mme de Freycinet, se reportant à cette époque de sa vie, écrivait :

« J'avais à choisir entre mon affection et des préjugés qu'il me fallait braver avec la certitude d'être désapprouvée par une grande partie du monde... J'ai choisi le parti qui me paraissait être le plus heureux pour mon mari et pour moi. La vie est si courte qu'on voudrait l'embellir autant que possible et je ne regretterai jamais le parti que j'ai pris parce que j'ai adouci dans bien des occasions la position de mon mari. Ces moments m'ont fait oublier les privations que j'ai subies pendant ces trois années. Je ne regarde donc en arrière qu'avec une véritable satisfaction, tandis que, si j'eusse agi différemment, peut-être n'eussé-je eu que des regrets.

« Que n'ai-je encore vingt ans et la santé que j'avais alors, je ne serais pas tourmentée par l'idée d'un nouveau voyage[1] : je ne veux pas y songer, j'ai encore à peu près deux ans de tranquillité et d'ici là les événements peuvent prendre une tournure plus favorable ; aussi dirai-je, comme les épicuriens, je ne veux vivre qu'au jour le jour, sans me troubler pour le lendemain. »

Toujours est-il que le 17 septembre 1817, à 7 heures et demie du matin, l'*Uranie* quittait Toulon et, pendant que la corvette louvoyait dans les passes, les deux époux confiaient au canot du pilote une lettre d'adieu à leur frère Henry[2] auquel on s'était bien gardé de demander conseil.

Le départ de Mme de Freycinet fut bien vite ébruité par les journaux. Voici en quels termes le *Moniteur officiel* du 4 octobre 1817 en rendait compte (page 1094) :

« Nous avons annoncé le départ de Toulon du capitaine de Freycinet pour son voyage autour du monde sur la corvette l'*Uranie*. Quelques jours après ce départ, on apprit à Toulon que Mme de Freycinet qui avait accompagné son mari jusqu'au lieu de l'embarquement et qui avait disparu ensuite, s'était habillée en homme et avait joint le vaisseau le soir même malgré les ordonnances qui défendent leur embarquement aux femmes dans les vaisseaux de l'État, sans autorisation spéciale. Cet acte de dévouement conjugal mérite d'être connu. »

Casimir de Freycinet[3] écrivait à ce sujet à son frère Henry :

« Tu as dû lire dans les journaux les détails de l'embarquement de Rose, je suis bien sûr de la peine qu'une semblable célébrité lui aura faite, elle qui comptait tant sur le secret de sa démarche. Comment le ministère aura-t-il pris la chose ? »

Le ministère n'approuva pas « cet acte de dévouement conjugal » ; il fit écrire au Préfet maritime de Toulon et au Consul de Gibraltar pour demander des explications, mais l'*Uranie* était déjà loin et le télégraphe encore à venir !

---

1. Le voyage de l'*Uranie* ne devait être que le premier d'une série d'expéditions scientifiques méthodiquement organisées. Les circonstances n'en permirent pas le développement.

2. Henry, frère aîné de Louis Claude, mort en 1840 contre-amiral préfet maritime à Rochefort.

3. Père de l'ancien ministre.

Le bruit courut à Toulon que, pour mieux loger sa femme, le commandant de Freycinet avait fait débarquer avant le départ un de ses officiers (M. Leblanc) : le Préfet maritime n'eut pas de peine à faire justice de ce méchant propos.

On prétend que Louis XVIII, informé de cette infraction aux règlements maritimes, avait pensé qu'il fallait la juger avec indulgence, car l'exemple ne lui paraissait pas contagieux.

Quant au déguisement que prit Mme de Freycinet pour embarquer à bord de l'*Uranie* et qu'elle conserva quelques jours à bord, voici l'extrait d'une lettre du Consul de France à Gibraltar (M. Joseph Viale) datée du 11 février 1819 au ministre de la Marine qui établit les faits d'une manière formelle :

« C'est un fait constant que Mme de Freycinet, l'épouse du commandant de l'*Uranie*, se trouvait à bord de ce bâtiment, mais, comme le fait fut aussitôt publié par les journaux français, je crois superflu de le répéter.

« M. et Mme de Freycinet et presque tout l'État-major se présentèrent au Gouverneur. Son Excellence les reçut de la manière la plus flatteuse, Mme de Freycinet ne portait pas d'uniforme, elle était habillée en homme avec un surtout ou lévite bleue et pantalon de la même couleur. Si le Gouverneur en a été blessé, il a été extrêmement réservé envers moi, car d'après l'amitié dont il m'honore je dois croire qu'il m'en aurait dit quelque chose... Je dois observer à V. E. que le jour du départ de l'*Uranie*, lorsque je fus à bord, Mme de Freycinet était habillée selon son sexe et qu'elle serait venue à terre dans le même costume si le bâtiment n'eût pas mis à la voile ce jour-là. »

C'est donc à partir de Gibraltar que Mme de Freycinet reprit ses habits de femme, sous lesquels elle fut constamment aimée et respectée par tout l'équipage. C'était une épreuve pour une jeune et jolie femme que cette cohabitation, à bord, avec un État-major composé d'hommes jeunes et intelligents. Elle sut, par sa modestie et l'élévation de son caractère, maintenir l'harmonie extérieure et s'imposer à l'estime de chacun.

Mme de Freycinet ne se retranchait pourtant pas dans la sécheresse des relations officielles ; d'un commerce agréable, d'un esprit distingué, elle faisait le charme de son entourage, tant à bord que dans les nombreuses relâches de l'*Uranie*, pendant lesquelles elle s'installait à terre et où elle a laissé des souvenirs que de longues années n'ont pas entièrement effacés. Très musicienne, elle avait emporté à bord une guitare qu'elle sauva du naufrage aux Malouines et qui fut conservée longtemps comme une relique par ses neveux et petits-neveux.

Parmi les articles biographiques qui lui ont été consacrés il convient de citer celui de M. Fournerat qui attribue à Mme de Freycinet une part active dans les observations et calculs astronomiques de l'expédition. C'est une erreur, et bien que possédant une instruction remarquable et variée elle ne s'immisça jamais dans les travaux de son mari.

Elle sut se contenter des charmes de la femme et lorsque, rentrée à Paris après trois années si remplies de souvenirs, elle se vit recherchée dans les salons les plus en vogue, elle n'y apporta que la grâce de sa personne, la distinction de son esprit et l'auréole de dévouement conjugal qui l'avait conduite à être, en France tout au moins, la première femme ayant accompli le tour de notre planète.

Au cours de sa correspondance elle ne se pose d'ailleurs pas en héroïne et elle avoue bien simplement ses faiblesses et ses terreurs : on reconnaîtra néanmoins qu'elle est plus résignée devant le danger réel que devant la menace du danger.

En 1832, Mme de Freycinet, bien que souffrant depuis longtemps d'une maladie d'estomac, ne voulut laisser à personne le soin de veiller son mari gravement malade : c'est alors que le choléra qui ravageait Paris fit chez elle une invasion foudroyante. En moins de vingt-quatre heures elle fut enlevée à sa famille ; elle rendit son âme à Dieu le 7 mai 1832.

Au cours de son voyage sur l'*Uranie* elle écrivit au jour le jour à son amie Caroline, que nous avons toute raison de croire être la baronne Caroline de Nanteuil, née Barillon, sa cousine, une série de lettres qu'elle lui remit seulement à son retour en France.

La baronne de Nanteuil les conserva pour elle seule, et elles restèrent après elle dans les archives de sa famille : c'est ainsi qu'elles échappèrent à la curiosité des historiens du voyage de l'*Uranie*. En 1910, la baronne des Rotours, née de Nanteuil et petite-fille de Mme Caroline, les remit au petit-neveu de Mme Rose de Freycinet, le baron de Freycinet. Celui-ci, cédant aujourd'hui aux instances de quelques érudits, soucieux d'y chercher un complément de documentation aux comptes rendus officiels du voyage et du naufrage de l'*Uranie*, leur confia le manuscrit qui fait l'objet de la présente publication.

Il ne faut pas perdre de vue en lisant ces impressions d'une femme de vingt ans, qu'elles n'ont rien d'un « journal » destiné à renseigner ses contemporains sur l'état du monde connu et inconnu. C'est l'évocation intime d'une tendre amitié à laquelle elle cherche à faire partager, au courant de la plume, ses épreuves et ses joies, sans la moindre arrière-pensée de publicité, toute sa vie témoigne, en effet, de sa simplicité et de son désir de passer inaperçue.

Le nom de *Rose* a été donné à une île située à l'Est de l'archipel des Navigateurs.

Dans la baie des Chiens-Marins (Australie), à l'Est de la presqu'île Péron, un cap porte ce nom.

Pendant le voyage de l'*Uranie*, le nom de *Pinon* a été donné à une colombe de l'île Rawak, et deux plantes ont été baptisées par M. Gaudechaud des noms suivants :

> Hibiscus Pinonéanus,
> Fougère Pinonia.

Enfin, M. Duperrey, pendant son voyage sur la *Coquille*, en souvenir des sentiments d'estime et de respect qu'il avait conservés pour la femme de son ancien commandant de l'*Uranie*, a donné les noms de « Pointe Rose » et de « Anse Rose » à deux parties de la côte qui touchent le cap Freycinet, sous l'équateur, au Nord de l'île de Wagiou.

Laage, août 1925.   B^{ne} de Freycinet.

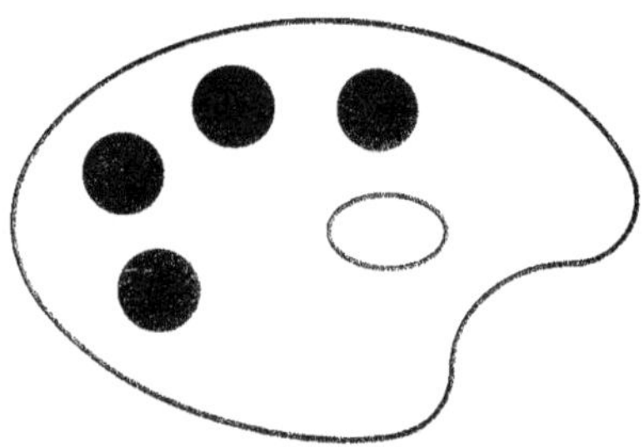

Original en couleur
NF Z 43-120-8

CHAPITRE I

GIBRALTAR. TÉNÉRIFFE. LES CANARIES.

Mme Rose de Freycinet s'embarque sur l'*Uranie* (17 septembre 1817). — Rencontre d'un corsaire algérien. — Séjour a Gibraltar. — Ténériffe. — En rade de Sainte-Croix (Canaries). — Passage de la ligne.

Je commencerai mon journal de l'instant où, quittant à minuit la maison que j'habitais à Toulon, je me rendis seule dans celle d'une de mes amies. J'y passai une nuit fort agitée, réfléchissant à la tentative un peu hardie que j'allais risquer et surtout pleurant les personnes que je quittais pour si longtemps, pensant même ne plus les revoir.

Tout le monde crut à Toulon que j'étais partie par le courrier qui quitte la ville à minuit, pour me rendre à Marseille chez un parent de mon mari.

Je passai toute la journée du lendemain à écrire mes lettres d'adieu, et le soir, vers onze heures et demie, je pris mes vêtements d'homme[1]. Accompagnée de Louis et d'un de ses amis, nous nous rendîmes sur le port pour nous embarquer. Il semblait que la lune voulût protéger ma fuite : elle se cacha pour empêcher que les personnes qui se trouvaient là ne me reconnussent. Cependant, au sortir du port, il fallut s'arrêter pour donner *le mot d'ordre* ; on apporta de la lumière et

---

1. « Vêtue en homme, écrit-elle à sa mère, il a fallu éloigner tout soupçon, couper mes cheveux. L'excellente amie chez qui je suis a voulu se charger elle-même de cette opération ; elle n'a pu l'achever sans verser des larmes, quoique fille et femme de marins distingués. Elle est étonnée et attendrie de ma résolution. Je lui laisse mes cheveux ; elle veut bien se charger d'en faire faire une chaîne de cou pour vous et des bracelets pour Caroline ».

je ne savais où me cacher. Enfin, tout en tremblant, j'arrive le long du bord et j'y monte le plus lestement possible. Obligée de passer au milieu des officiers qui se trouvaient sur le pont, quelques-uns demandaient qui j'étais : l'ami qui nous accompagnait assura que j'étais son fils, qui est en effet à peu près de ma taille.

Je fus encore bien agitée toute la nuit. Je me figurais avoir été reconnue et que l'Amiral commandant, en ayant été instruit, ordonnait qu'on me renvoyât à terre. Le moindre bruit m'effrayait et je continuais à trembler jusqu'à ce que nous fussions hors de la rade.

17 septembre 1817. — A 7 heures du matin, le 17 septembre, nous appareillâmes de la grande rade et, comme le vent était faible, nous fûmes remorqués par une chaloupe du port. Le vent contraire nous força de louvoyer pour doubler un cap avancé. Le soir, la brise fraîchit et nous perdîmes de vue notre chère patrie. Quoiqu'il fît presque nuit, je gardai les yeux fixés sur la terre aussi longtemps que cela me fut possible et lorsque je n'aperçus plus que le ciel et l'eau il me sembla que je me séparais une seconde fois de mes amis. . . . . Je versai des larmes bien amères. Ma bonne mère s'offrit à mon esprit et je songeai à cette infortunée que le sort séparait si cruellement de tous ses enfants, dans un âge où leurs soins lui eussent été si nécessaires ! Je ne pouvais cependant pas m'accuser, puisque je suivais le précepte ordonné par Dieu lui-même : mais mon cœur n'en était pas moins navré de l'état pénible où elle serait pendant ces cruelles années !

Le temps se gâta le soir et un orage assez fort vint troubler notre première nuit de navigation. Outre la peur que j'éprouvais, j'eus un désagrément dont on ne peut se faire qu'une idée bien imparfaite lorsqu'on n'a pas navigué. On avait passé toute la journée à apporter le reste des effets journaliers, on n'eut donc le temps de rien ranger et tout fut déposé à la hâte dans nos petites chambres. De sorte que, la nuit, lorsque l'orage vint secouer le bâtiment, les boîtes, les paquets roulèrent sur le plancher et, en me levant pour tâcher de sauver quelques porcelaines, je heurtai une table couverte de différents objets : je serais tombée moi-même, si je n'avais vivement gagné mon lit où je restai spectatrice de tout le tapage que produisait la vaisselle en se cassant. Le jour ramena fort heureusement le beau temps et on put tout mettre à l'abri.

J'eus, dans la journée, une seconde alerte. Un corsaire algérien fut aperçu au milieu du jour. Il courut sur nous pendant assez longtemps. On ne pouvait encore reconnaître sa force et je craignais que nous ayions à soutenir un combat à la suite duquel nous serions peut-être conduits en esclavage. Quoique cette perspective me parut affreuse, cependant l'idée d'un sérail s'offrait à mon esprit d'une manière encore plus désagréable et j'espérais y échapper par mon déguisement d'homme. J'étais encore plongée dans ces réflexions, lorsqu'on vint m'avertir que ce bâtiment, qui était venu assez près pour qu'on pût juger de son infériorité, avait changé de route, ne voulant pas se frotter à nos canons.

Comme je n'avais point encore vu les officiers depuis mon arrivée à bord, et que je désirais assister à la messe le dimanche suivant, Louis les invita à venir prendre le thé chez lui. Je les reçus avec plaisir et je m'amusai beaucoup des diverses suppositions que chacun d'eux avait faites.

Tant que nous fûmes sur les côtes d'Europe, Louis désira que je gardasse mes habits d'homme pour paraître devant l'équipage. Aussi j'assistais toujours à la messe vêtue de cette manière, jusqu'à ce que j'aie imaginé de l'entendre par la fenêtre du salon qui donne sur le pont, près de l'endroit où se monte l'autel. Je le préférais beaucoup car le costume masculin m'embarrassait.

Le 21 (septembre), nous aperçûmes les côtes d'Espagne, de trop loin pour pouvoir rien distinguer. Le 24, l'île de Majorque était en vue. Nous essuyâmes ce jour-là un fort orage suivi d'un calme prolongé.

Tout en louvoyant, nous passâmes successivement devant toutes les îles Baléares. Ivice fut celle que nous approchâmes le plus. Nous ne vîmes point la capitale située du côté opposé. La partie de l'île que nous avions en vue était boisée et cultivée ; elle offrait un coup d'œil agréable.

Les vents contraires et les calmes nous tourmentèrent à tel point que ce ne fut que le 29 septembre que nous aperçûmes le rocher de Gibraltar. Mais le détroit était comme la terre promise : les vents et les courants nous en refusaient l'entrée. Après avoir lutté pendant plus de 7 jours, Louis, voyant son équipage harassé et étant lui-même très fatigué, résolut de mouiller en rade de Gibraltar pour attendre les vents favorables.

Presque aussitôt l'entrée fut accordée, sur la parole d'honneur que donna Louis qu'il n'avait aucune maladie à bord. Un Espagnol qui fait les fonctions de Consul français dans cette ville vint s'informer si on n'avait pas besoin de vivres frais. Après avoir reçu les commandes faites pour l'équipage, il offrit sa maison à Louis et l'invita à déjeuner pour le lendemain. Je m'y rendis avec lui et nous fûmes accueillis d'une manière charmante par sa femme, qui est Française. Il nous montra tout ce qu'il y a de curieux dans cette ville, vraiment plus agréable qu'on ne le pense. Lorsqu'on l'aperçoit de la mer, elle semble un rocher aride et dépourvu de tout agrément ; on est fort étonné une fois à terre d'y trouver des maisons charmantes, des établissements utiles et des promenades agréables.

Le général Don[1], gouverneur, accueillit très bien l'État-major de l'*Uranie*[2] et s'excusa de ne pouvoir le traiter, ses équipages et ses cuisines étant à une campagne à deux lieues dans l'intérieur : mais il offrit tout ce qui pouvait être agréable à ces Messieurs. Comme les fortifications creusées dans le rocher même et à plusieurs étages sont une des choses les plus extraordinaires qu'on puisse voir, il proposa de faire conduire ceux qui désiraient les visiter par un de ses officiers du génie. Nous montâmes donc jusque sur le haut du rocher, d'où on a une vue superbe, et on nous montra tout dans le plus grand détail.

Nous vîmes aussi la bibliothèque des officiers de la garnison, qui est très joliment composée[3]. Les Anglais nous montrèrent divers livres de gravures, entre autres les *Victoires des Français sous Napoléon*.

La maison de M. Viale, notre consul, nous fut très agréable pendant notre séjour. Sa famille est charmante, surtout une fille d'une quinzaine

---

1. Le gouverneur était le duc de Kent. Le général Don n'était que lieutenant gouverneur.

2. « Dans le salon de réception où nous attendions Son Excellence, écrit Jacques Arago, remarquai quelques grands tableaux protégés par une gaze ; le premier représentait un basset vu de face, le second un basset vu de profil, le troisième un dogue, le quatrième un lévrier, le cinquième un barbet. Dans l'antichambre j'avais arrêté déjà mon attention sur un beau portrait de femme largement peint, et à demi couvert de toiles d'araignées. J'aurais fait volontiers mon salon de l'antichambre. »

3. Les Anglais ont établi une bibliothèque fort belle, où se réunissent journellement ceux d'entre eux qui ont le goût des lettres. J'y suis allé plusieurs fois sans y rencontrer personne. Enfin j'y trouvai le bibliothécaire, qui est Français, et un colonel anglais sérieusement occupé à regarder des caricatures (J. Arago).

d'années, tout à fait gentille et bien élevée. Elle toucha le cœur de plusieurs officiers de l'*Uranie*. Nous avions invité M. Viale à dîner à bord, mais nous fûmes obligés, le lendemain, de le décommander, ainsi qu'un officier anglais que nous avions également invité. Les vents étaient devenus excellents pour sortir du détroit et Louis crut de son devoir d'en profiter. Nous appareillâmes aussitôt que M. Viale fut parti et en peu d'heures nous fûmes dans l'Océan.

Nous eûmes très beau temps pendant notre traversée de Gibraltar aux îles Canaries. Le 22 octobre, on aperçut la terre dès le matin. Les nuages couvrant presque entièrement Ténériffe, nous ne pûmes pas jouir entièrement de la vue du fameux pic. Nous aperçûmes cependant sa cime[1], au-dessous des nuages ; par temps clair on la voit à 20 lieues. Le soir nous mouillions dans la rade de Sainte-Croix.

L'*Uranie* fut mise en quarantaine en raison de la peste régnant en Méditerranée : Louis ne voulut y rester que 6 à 8 jours. Il fit ses observations astronomiques au Lazaret, tandis qu'on s'occupait en ville d'acheter nos provisions et de les apporter à bord. En France, un Lazaret est un endroit agréable, où on trouve des maisons garnies de tout ce qui est nécessaire à la vie, plusieurs ont des jardins. C'est là que les marins et les passagers séjournent le temps nécessaire pour savoir s'ils n'ont pas apporté de maladies contagieuses. Je pensais donc qu'à Sainte-Croix, qui est une fort jolie ville[2], le lazaret devait être analogue, je fus bien trompée. Les abords en sont épouvantables : la mer bat les rochers escarpés et on périrait mille fois si on ne prenait les plus grandes précautions en débarquant. Enfin nous gravîmes ces plages peu hospitalières. Nous trouvâmes une mauvaise masure, ressemblant à une vieille grange réduite à ses quatre murs, sans même de croisées pour nous défendre des injures de l'air. Le gardien et deux soldats s'enfuirent à notre approche et nous jetèrent les clefs aussi loin qu'ils purent.

Nous ne pouvions penser à nous établir là. Les observations finissant

---

1. Le pic s'élève à 3 715 mètres. Il a la forme d'un dôme surmonté d'une pyramide.

2. Ce n'est pas l'avis de tout le monde. « Sainte-Croix est une petite ville assez sale, a écrit J. Arago ; le bord des maisons est peint de deux bandes noires et larges, qui ne tendent pas mal à leur donner un aspect lugubre. » Et dans Dumont-d'Urville (*Voyage autour du monde*, 1834), on lit : « les rues de Sainte-Croix ont des trottoirs pavés de pierres rondes et inégales... la chaussée est poudreuse, semée de petits cailloux. »

avec le jour, nous retournâmes à bord avant la nuit. Nous descendîmes quatre fois dans cet aimable réduit. En dehors d'une cour pleine de décombres, les alentours n'étaient que landes ou rochers. Une circonstance nous mit à même de juger que les Espagnols apportent peu de soin au service militaire. Un des officiers de l'État-major ayant aperçu un joli petit oiseau, pria une sentinelle de lui prêter son fusil avec un peu de poudre et de plomb. Pensant que la sentinelle hésitait par intérêt, il fit briller à ses yeux quelques pièces d'argent ; mais, d'un air assez piteux, le pauvre homme montra l'impossibilité de répondre à la demande du Français. Il avoua qu'il n'y avait pas de cartouches au corps de garde ; que ni lui ni ses compagnons n'avaient jamais tiré un coup de fusil et pas même vu de poudre ; que tout le service militaire de la colonie était fait par la milice de l'île composée des habitants de la colonie ; qu'ils étaient, en général, très pauvres et accablés d'impôts ; qu'ils cultivaient la terre, mais à peine leur restait-il de quoi se nourrir d'une sorte de pâte de manioc et quelquefois de poisson salé.

Le corps de garde renfermait deux vieux fusils rouillés et de vieilles loques d'habits bleu à collet de couleur, dont se revêtait chacun de ces misérables pour le moment de sa faction.

Au bout de 6 jours, le 28 octobre, ayant à bord de bons vivres frais et toutes les provisions nécessaires pour continuer notre voyage, nous appareillâmes par jolie brise et nous perdions de vue le pic au bout de très peu de temps.

Nous eûmes beau temps jusqu'au 8 novembre, jour où j'éprouvai un moment d'inquiétude. La journée avait été orageuse et, vers le soir, l'horizon chargé nous annonçait du mauvais temps pour la nuit. On se disposait déjà à bord et le vent était assez violent lorsqu'on vint annoncer une avarie au gouvernail. J'avoue que dans ce moment-là j'eus une frayeur affreuse. Il me semblait à tout moment que le bâtiment était le jouet du vent et de la mer. Mes idées étaient affaiblies et je ne savais presque plus à quoi m'arrêter... J'allais même recommander mon âme à Dieu, lorsque Louis entra pour me rassurer et me dire que tout était réparé. Le temps n'empira pas et je dormis tranquillement sans songer aux frayeurs qui m'avaient agitée quelques heures auparavant.

L'approche de la ligne nous amena de très violentes chaleurs. Jusque-là je m'étais parfaitement bien portée ; mais cette température

m'occasionna des maux de tête et je fus couverte de petits boutons, me
causant une démangeaison continuelle. Des bains et quelques boissons
rafraîchissantes dissipèrent rapidement cette incommodité.

Le 19 novembre, nous traversions la ligne. Comme une grande partie
de l'équipage ne l'avait pas encore passée, on procéda à la cérémonie
d'usage destinée à égayer l'équipage.

La veille au soir descendit des hunes un postillon, envoyé du père la
ligne. Sa venue fut précédée de tonnerre, de grêle et de pluie abondante. La grêle devait nous sembler de la manne à peu près semblable
à celle de nos pères dans le désert, car nous aurions pu nous en
nourrir : ce n'était pas autre chose que des pois secs. Le tonnerre
ressemblait au son du tambour et la pluie n'était que de l'eau de mer.

Cet envoyé apportait une lettre du roi de la ligne et déclarait que
l'*Uranie* ne pouvait continuer son voyage si tous ceux qui n'étaient pas
baptisés ne subissaient de sa main cette cérémonie. Louis l'assura
gravement qu'il donnerait des ordres pour qu'il fût reçu le lendemain
et que personne ne s'opposât à ses vues.

En effet, le lendemain, de bonne heure, on prépara un trône pour le
roi et sa suite, et, à côté, un siège pour ceux qui devaient subir le
baptême. A 10 heures, le roi de la ligne parut, accompagné de sa
femme et de sa fille. On avait je crois, à dessein, choisi pour remplir
ces personnages les deux hommes les plus laids du bord : ils étaient
affreux. Le roi était précédé de six sapeurs et, après lui, venait son
aumônier, son ministre et quelques autres personnages. Le diable,
entouré de 8 ou 10 diablotins, fermait le cortège : il était habillé d'une
peau brune avec un croc de fer sur l'épaule : les diablotins étaient tout
nus, les uns peints en rouge, les autres en noir et d'autres enfin avaient
frotté leur corps d'une substance collante et s'étaient ensuite roulés
sur des plumes de poulet.

Aussitôt que le roi fut assis, il envoya ses sapeurs pour couper les
cordages de l'*Uranie* ; mais Louis, mettant quelques pièces d'or dans
les mains d'un des ministres, pria le roi de vouloir bien épargner son
bâtiment. Les sapeurs furent alors rappelés et on procéda au baptême
des infidèles.

Avec quelques napoléons je fus à peu près quitte de la cérémonie.
Presque tout l'État-major ayant passé la ligne, quelques officiers
seulement se rachetèrent comme je le fis. Pour ceux qui ne pouvaient

s'exempter ou qui se montraient moins généreux, le bonhomme la ligne ordonnait qu'on commençât par leur barbouiller la figure avec de la peinture ; puis les pauvres diables, assis sur un siège mobile, étaient précipités dans une cuve pleine d'eau, en même temps qu'un seau se vidait sur leur tête. Quant à ceux qui refusaient de se prêter à la cérémonie, ils étaient ramenés de force et arrosés d'autant plus qu'ils avaient fait plus de résistance.

Cela dura toute la matinée. Le roi et sa suite, après avoir fait deux fois le tour du bâtiment, s'en furent boire les doubles rations que Louis avait accordées.

Nous dînâmes ce jour-là chez les officiers. Ils nous donnèrent un fort joli repas, très gai et, le soir, j'assistai sur le pont aux danses de l'équipage qui se masqua encore et fit mille folies.

Le temps, depuis longtemps à la pluie, fut superbe toute la journée.

Les jours suivants le vent fut très fort et la mer houleuse, beaucoup plus qu'elle ne l'avait jamais été depuis notre départ de France. Quoique je ne souffre en aucune sorte du mal de mer, cependant j'en fus fatiguée, n'y étant point encore habituée.

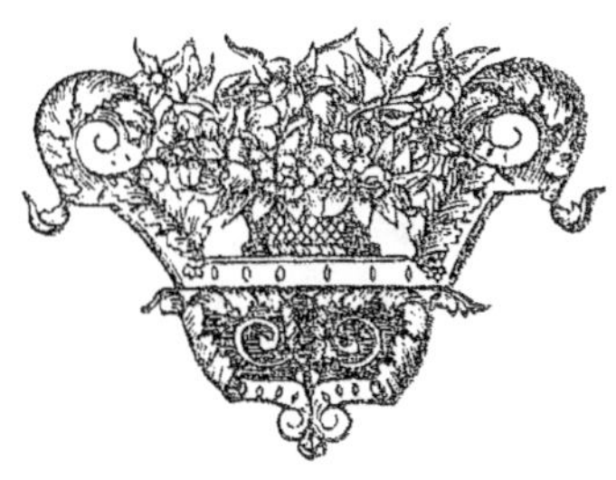

PLANCHE II

——

VUE DE LA RADE DE RIO-DE-JANEIRO

——

11

CHAPITRE II

RIO DE JANEIRO

En partant de Ténériffe l'intention de Louis était d'aller au Cap ; mais, étant porté fort à l'Ouest et ayant été retardé à Toulon ainsi que dans la Méditerranée, il résolut de modifier le plan de campagne. Ce changement retarda notre retour en France de 8 mois. Peut-être Dieu permettra-t-il que je revoie encore les objets de mon affection... il ne me refusera pas, je l'espère, ce que je lui demande chaque jour... de te revoir encore, de t'embrasser, de te serrer dans mes bras et d'aller près de ma bonne mère consoler et soutenir sa vieillesse. Car je te l'assure, ce n'est nullement pour jouir des plaisirs et des distractions dont je vais être privée pendant longtemps que je désire si ardemment revoir ma patrie ; c'est seulement pour soulager mon cœur des peines qu'il éprouve et rendre à ma tendresse et ma mère et mon amie.

Nous nous dirigeâmes donc sur le Brésil et, le 4 décembre, nous avions connaissance des côtes d'Amérique. J'étais contente de voir ce beau pays ; mais, à ce moment, je me transportais en France par la pensée et je te voyais près d'accoucher, tremblant pour un moment si pénible. Combien regrettai-je de n'être point près de toi ; mes soins t'auraient été si agréables et auraient diminué tes souffrances. Des idées sinistres me viennent parfois à l'esprit et j'ai besoin de toute ma raison pour ne pas m'arrêter à ces pensées. D'ailleurs, je prie tant le bon Dieu pour la santé de ma Caroline et j'espère trop en sa miséricorde pour croire qu'il rejettera mes prières.

Le 5 décembre, nous doublions le Cap Frio et le 6, nous entrions dans la superbe rade de Rio de Janeiro. Le temps était magnifique et nous pûmes à notre aise reposer notre vue sur la belle végétation de cette partie du nouveau monde [1].

Nous n'étions pas encore mouillés lorsque vint un canot le long du bord. C'était un officier de la maison du Roi [2] qui avait mission de s'assurer si nous étions l'*Uranie*, annoncée au Brésil depuis longtemps. Il nous fit connaître que le roi accueillerait les Français aussi bien qu'il le pourrait, et leur procurerait tout ce qui leur serait nécessaire.

M. Lamarche, premier lieutenant de l'*Uranie*, fut chargé de rendre visite à l'amiral commandant la rade et de s'informer chez le gouverneur de la ville si le salut serait rendu coup pour coup. Sur sa réponse affirmative, il revint à bord et, le lendemain, au lever du soleil, la rade et la ville furent saluées l'une après l'autre à coups de canon.

Louis alla lui-même voir l'amiral et fit quelques visites aux personnes pour lesquelles il avait des lettres de recommandation. Je restai seule à bord car la rade est très sûre et le temps magnifique. Ce fut ce jour-là qu'il vit la comtesse de Roquefeuille, émigrée française qui réside au Brésil où elle jouit d'une pension faite par le roi. Elle est parente de la reine du Portugal. Son père, ses oncles et ses frères ont tous servi le roi du Portugal et c'est sous ces auspices qu'elle fut accueillie et pensionnée lors de l'émigration. Tous ses biens ayant été vendus, elle ne subsiste qu'avec ce que lui donne le roi. Elle désire revoir sa patrie, mais elle craint que le roi du Brésil ne lui continue pas sa pension et elle n'aurait plus alors aucun moyen d'existence.

1. « On découvre toute la rade, non moins admirable par son étendue toute parsemée d'îles que par l'effet des rivages qui l'entourent, où la variété des sites est parée d'une végétation riche et continuelle. Vous êtes maintenant en hiver, vous vous chauffez ; ici nous avons l'été. Il fait extrêmement chaud dans la ville, mais chaque jour, vers 11 heures du matin, il s'élève de la rade un vent frais, que *nous autres marins* nous appelons une petite brise, qui vient rendre la chaleur supportable et entretenir l'éclat de la verdure. Quel dommage qu'un si beau pays ne soit pas cultivé par une nation active et intelligente ! Telle est la température de ce climat qu'à côté des productions du nouveau monde pourraient croître la plupart de celles de l'ancien continent » (Lettre à sa mère).

2. Jean VI, roi de Portugal, qui s'était réfugié au Brésil en 1808, avec toute la cour.

En 1821, le Brésil proclama son indépendance et nomma Empereur le régent don Pedro, fils aîné du roi, qui était resté à Rio de Janeiro.

Elle a près d'elle un neveu dont le père est mort au service. Elevé dans les sentiments religieux, ce jeune homme regarde la religion sous son véritable point de vue, et sait braver les moqueries pour accomplir ses devoirs. Avec cela, il possède tout ce qui plaît dans le monde : un physique agréable, un esprit orné et éclairé, même dans plusieurs sciences. Il dessine très joliment et est excellent musicien ; il joue de plusieurs instruments, surtout du piano.

Lorsqu'on se trouve dans un pays étranger, on éprouve une grande satisfaction à voir des compatriotes. Mme de Roquefeuille sent cela comme une personne qui s'est trouvée souvent dans cette situation. Elle s'est donc empressée de nous introduire chez l'ambassadeur américain, M. Sumter, dont la femme est Française. Le jour même où Louis fut présenté à Mme de Roquefeuille, M. de Gestas, son neveu, le conduisit dans cette aimable famille.

Je ne pourrai m'empêcher de t'en parler fort au long ainsi que de Mme de Roquefeuille, car, près d'elles, j'ai éprouvé les premières sensations agréables depuis mon départ. L'une m'a traitée comme sa fille, et l'autre est devenue en quelques jours une amie presque intime. Nos caractères et nos manières se sont trouvées tellement en sympathie qu'il semblait que nous fussions liées dès l'enfance ; aussi l'affection que je leur porte ne pourra-t-elle jamais s'altérer. Il me serait impossible de décrire les attentions, les amitiés dont ces dames m'ont comblée.

Louis leur demanda de me présenter à elles : mais Mme de Roquefeuille ne voulut point de cérémonie et nous invita à dîner pour le lendemain. L'une et l'autre me firent un accueil extrêmement gracieux et amical. Il me semblait avoir retrouvé des parents.

Mme de Roquefeuille nous conduisit chez une autre Française, fort aimable, dont le mari est au service du Portugal. Mais, pendant mon séjour, cette dame perdit un de ses enfants, de sorte que je ne la vis que fort peu.

Le 7, le consul français n'était pas encore venu à bord. Louis en était très contrarié, parce qu'il était important qu'on pût donner des vivres frais à l'équipage et ensuite qu'on trouvât un local pour y faire les observations du pendule, but de notre voyage. Il envoya un élève chez cet homme, qu'on nous avait déjà dépeint comme un original.

Le consul vint le 8 et nous invita, Louis, M. Lamarche et moi, à dîner pour le lendemain. Nous ne fûmes pas favorisés par le temps, la

pluie ne cessa pas pendant tout notre trajet et nous arrivâmes tout
mouillés chez lui. Ses premières paroles me montrèrent bien qu'il
soutenait sa réputation de Gascon. « Quoi, vous venez à pied. Je
pensais que vous auriez une voiture. Si j'avais su cela, j'aurais envoyé
la mienne à Madame ; il est vrai que j'aurais été fort embarrassé, ne
sachant pas où vous débarquiez. » Or, il connaissait fort bien le lieu
de débarquement, puisque lui-même l'avait indiqué. Il paraît qu'il a
toujours ses chevaux sur la litière ou ses harnais volés lorsque quelqu'un
lui demande de lui prêter sa voiture. Il passe en général pour un
homme assez peu estimable.

Il émigra en 1792 on ne sait pourquoi (car il n'avait ni bien, ni
noblesse) et il s'offrit au service du Portugal. Il emmenait avec lui une
mère âgée, qui mourut, je crois, dans le voyage et quatre sœurs qui
étaient déjà grandes. Les pauvres filles n'avaient pas encore trouvé mari
à cette époque et quoiqu'elles dussent avoir perdu tout espoir à cet
égard, elles font encore des frais pour mettre au jour leurs appas de
40 à 50 ans.

En 1814, il vint à Paris solliciter le titre de consul de France au
Brésil, et grâce à M. Lainé [1], il obtint ce consulat. Véritablement, cet
homme-là est-il bien en état de discuter les intérêts de son pays vis-à-vis
d'un monarque auquel il doit sa fortune ? Un exemple frappant mon-
trera qu'il ne peut remplir convenablement cette place.

C'est un usage en Portugal et maintenant au Brésil que toute
personne, de quelque rang ou de quelque âge qu'elle soit et qui se
trouve sur le passage du roi quand il sort, s'agenouille, fût-ce même
dans la boue ; les gens à cheval et en voiture ne sont point exempts de
cette humiliante cérémonie. L'ambassadeur actuel des États-d'Amérique,
trouvant qu'il était trop avilissant pour sa nation de s'abaisser ainsi
devant un souverain auquel elle ne doit rien, s'abstint de s'y soumettre.

1. Joseph-Louis-Joachim Lainé, né à Bordeaux en 1767, fut un des hommes politiques
les plus remarquables de la Restauration. Il se distingua à Saint-Dominique, pour la
défense de la colonie. En 1813, il rédigea le rapport de la commission pour engager
l'empereur à signer la paix : Napoléon plein de colère s'écria que Lainé était un traître
payé par l'Angleterre. Président de la Chambre des Députés en 1814. Il protesta contre
le retour de Napoléon et se retira en Hollande pendant les cent jours. Il présida la
fameuse chambre introuvable en 1815. Membre de l'Académie française en 1816. Plusieurs
fois ministre, il devint pair de France en 1823. Il prêta serment à Louis-Philippe en
1830. Il est mort en 1835.

Cela fit du bruit. On voulut le forcer, mais ayant donné ses raisons au roi, on l'en dispensa entièrement. Les autres consuls se trouvant dans le même cas, obtinrent la même exemption. Le consul français crut lui aussi devoir suivre l'exemple de ses collègues. La reine s'en aperçut et devant plusieurs personnes elle dit, qu'en effet, comme consul français, M. M*** pouvait se dispenser de lui rendre hommage, mais qu'il ne devait pas oublier qu'il était soldé par le Portugal comme colonel et que, par suite, il était sujet du roi, astreint à tout le cérémonial ; que, cependant, s'il ne tenait pas à s'agenouiller, on le regarderait comme sujet français et on supprimerait ses appointements de colonel portugais. M*** apprit cela, et, dans la crainte qu'on en vînt à l'exécution, il ne se contenta pas de s'agenouiller à la première occasion du passage du roi, il se mit ventre à terre pour se faire remarquer de la cour.

Le dîner qu'il nous donna était très ordinaire. Il aurait dû inviter l'état-major de l'*Uranie* et il n'en fit rien : il fit les choses à l'encontre de son devoir.

Louis désirait être présenté au roi et insista plusieurs fois auprès de M. M*** pour lui faire demander une audience, ne pouvant, sans blesser toutes les convenances, lui être présenté par tout autre. M*** assura que, comme ami du roi (car c'est encore un de ses ridicules d'être l'intime du roi) il n'avait rien à demander et qu'il était reçu à toute heure. Donc, le jour où nous dînâmes chez lui, il proposa à Louis de le conduire chez Sa Majesté et nous nous restâmes toute la soirée avec les aimables sœurs qui nous ennuyaient à mourir. M. Lamarche dormait presque et je bâillais à me démonter la mâchoire, riant cependant de temps à autre des petites grimaces de la plus jeune des demoiselles, qui lançait des œillades au lieutenant !

Louis revint indigné de la gasconnade de M*** car, malgré son intimité avec le roi, ils n'avaient pu être introduits. Le peu d'estime dont jouit cet homme retombe sur ses compatriotes.

Mon mari abandonna quelque temps l'idée d'aller chez le roi pour s'occuper de l'établissement de son observatoire. Il pressait M*** de lui procurer une maison, lequel la lui promit pendant 8 jours et n'en fit rien.

M. de Gestas, toujours empressé à nous être utile, nous en fit prêter une charmante, près de la ville et peu éloignée de chez Mᵐᵉ Sumter. Elle appartenait à la veuve d'un ancien ministre qui y était mort et, pour cette raison, elle ne voulait plus l'habiter. C'est avec grand plaisir qu'elle la mit à la disposition de l'expédition française.

Cette maison nous convenait sous tous les rapports et l'observatoire y fut établi. Je m'y trouvais très agréablement. J'avais des appartements superbes, un jardin immense rempli de fleurs et de fruits. Placée sur une petite éminence, la maison avait une vue magnifique : on voyait toute la rade et on dominait la plus grande partie de la ville. Mais l'homme d'affaires de la comtesse, soit par vengeance de ce qu'il n'avait pas été consulté, soit parce qu'il n'y trouvait pas ses intérêts, fit si bien qu'il nous en fit déloger[1].

Nous allâmes habiter une petite maisonnette sur le bord de la mer, que M. de Gestas nous procura encore[2].

Mme de Roquefeuille, qui depuis quelque temps avait acheté un terrain au milieu des immenses forêts qui entourent la ville de Rio de Janeiro nous en fit de si belles descriptions que je ne pus pas résister au plaisir d'aller la visiter.

Nous nous réunîmes donc avec la famille Sumter et plusieurs de leurs amis et nous partîmes un matin à 5 heures. Toutes les femmes étaient dans une grande calèche traînée par huit mules et les hommes à cheval ou en cabriolet. Les chemins défoncés par les pluies étant très mauvais, nous fûmes obligés de quitter le grand chemin pour prendre le sentier conduisant à la forêt, et nous descendîmes de voiture pour ne pas trop fatiguer les mules qui devaient nous ramener le soir même en ville. Des mulets et des chevaux de selle nous attendaient ; mais plusieurs de ces dames préférèrent aller à pied et je suivis leur exemple. Vingt fois nous faillîmes nous casser le cou ; nous enfoncions dans la boue jusqu'à la cheville. Ce qui nous faisait le plus rire dans tout cela était un petit personnage, la femme de l'ambassadeur hollandais, dont il faut que je te dise deux mots.

Élevée à Paris, mais d'une manière bien légère, son plus grand

1. « La belle occasion d'appliquer ici une pensée philosophique sur l'instabilité des jouissances de ce monde » (Lettre à sa mère).

2. Cette maison appartenait à M. Taunay, fils d'un peintre dont le nom et les ouvrages sont bien connus en Europe.

M. Taunay père (1755-1830) avait été appelé au Brésil par Jean VI pour prendre part à la création d'une Académie des Beaux-Arts. Fontainebleau, Versailles et le Louvre possèdent de ses tableaux qui sont remarquables par leur composition et leur touche vigoureuse.

plaisir était de s'occuper de sa toilette : elle y consacrait des dépenses folles. Rien ne pouvait l'empêcher de faire des excès à cet égard. Mme Sumter l'avait engagée à se mettre très simplement, l'assurant qu'elle et nous serions en toile ou en soie de couleur. Quelle fut notre surprise lorsque nous la vîmes arriver avec une robe de mousseline des Indes, brodée à la main, avec un spencer[1] lilas (en Virginie), et un tas de garnitures et de fanfreluches. Bien qu'avertie que nous nous promènerions dans la forêt qui est toujours humide, elle avait mis des souliers de soie.

C'était une comédie de la voir dans la boue. Ses souliers ne tenant plus, on dut la mettre sur un cheval ; sa robe brodée était noire jusqu'aux genoux, ainsi que tout son habillement. Aux regrets que nous lui exprimions de la voir dans cet état, elle répondait que cela lui était bien égal, puisqu'elle allait avoir d'autres robes à Paris. Heureusement pour moi, je n'avais pas une semblable toilette : je ne me serais jamais consolée d'avoir perdu, par ma faute, tant d'argent à des babioles (elle nous assura que sa robe avait coûté 600 francs, sans le reste de la toilette).

Nous fûmes bien récompensés de toutes ces légères contrariétés par la belle vue que nous eûmes pendant toute notre promenade. Les immenses forêts, au milieu desquelles est située la propriété de notre compatriote, sont encore vierges et on n'y pénètre que par un chemin à peine assez large pour le passage de mulets chargés. Elles sont absolument semblables à celles que nous a décrites notre aimable Chateaubriand dans Atala. La verdure y est variée sous mille nuances différentes, rehaussées par l'éclat de fleurs dont les arbres sont chargés. Cent sortes de lianes, plus riches les unes que les autres par l'élégance et la forme de leurs fleurs, lient les arbres ensemble et ne permettent que difficilement d'entrer dans l'intérieur[2], où cependant on serait charmé de pénétrer pour jouir de l'agréable musique produite par le chant de mille espèces différentes d'oiseaux, tous remarquables par la beauté de leur plumage.

1. Espèce de corsage sans jupe.
2. Dans son voyage à l'île de France, Bernardin de Saint-Pierre raconte que quelques-unes de ces lianes sont de la grosseur de la cuisse. Elles s'attachent aux arbres, dit-il, dont les troncs ressemblent à des mâts garnis de cordages ; elles le soutiennent contre la violence des ouragans... J'ai vu, ajoute-t-il, des cordes faites de leur écorce, plus fortes que celles de chanvre.

Je ressentais un plaisir si grand à me trouver au milieu de tant de choses extraordinaires et nouvelles pour moi que je serais volontiers restée seule sans m'apercevoir que chacun allongeait le pas pour arriver à la maison où le déjeuner était préparé.

Je ne passerai pas sous silence une cascade magnifique qui se trouve tout près de la retraite de nos amis. Elle se précipite au milieu de la verdure qui la borde des deux côtés ; mille rochers se trouvent sur son passage et la rendent plus pittoresque. De temps en temps, elle s'arrête dans des bassins superbes, où l'eau est d'une limpidité remarquable ; elle se précipite de la petite montagne même où est située la maison de la comtesse et tombe dans un vallon charmant. Avant de former la cascade elle contourne la plus grande partie de la propriété : deux ou trois autres ruisseaux arrosent les jardins et les dépendances.

Après un bon déjeuner, nous retournâmes dans les jardins, qui sont déjà dessinés très agréablement. On a fait aussi défricher une partie des forêts pour y planter du café et d'autres produits du pays. La température sur ces montagnes se rapprochant un peu de celle d'Europe, les arbres fruitiers de notre chère France pourront sous peu donner des fruits dans cette partie du nouveau continent.

Nous serions restés longtemps à admirer ces belles forêts s'il n'avait fallu profiter du jour pour passer les mauvais chemins et nous prîmes la route de la ville avant le coucher du soleil.

Nous désirâmes à notre tour réunir dans notre petite maisonnette et nos amis français et la famille Sumter. Nous avions reçu de ces aimables compatriotes tant de marques de bienveillance que nous ne savions comment les reconnaître, et, malgré notre équipage de campagne, nous comptions un peu nous amuser. Une indisposition de Mme Sumter nous priva de sa présence et attrista notre petite fête.

Comme le Consul nous avait offert un dîner au cours de notre séjour de deux mois, nous nous étions crus obligés de l'inviter. Ce fut une corvée dont je fus si aise de me trouver débarrassée que je ne pus m'empêcher de sentir tout le bien dont parle notre aimable de Sévigné quand elle se trouve débarrassée de visites ennuyeuses.

Pendant notre séjour à Rio, nous ne vîmes aucune famille portugaise. Louis était très tenu par la nature de ses travaux et le peu de temps dont il put disposer fut consacré à voir nos compatriotes. Nous allâmes cependant plusieurs fois chez le consul de Russie M. Landsdorf, dont la femme est très bonne musicienne ; j'assistais à ses soirées, parce qu'elle parlait français et qu'elle m'avait fait beaucoup d'avances. Je m'y ennuyais un peu. Je ne puis donc rien dire par moi-même des mœurs des Portugais, puisque je n'ai pas été une seule fois dans l'intérieur d'une famille. Mais j'en ai assez entendu parler pour penser qu'elles ne me plairaient pas. Leurs habitudes paraissent singulières et même désagréables. La saleté est générale et portée à son comble chez les Hidalgos (nobles). On m'a cité vingt traits à cet égard : je n'en rapporterai que deux.

Une dame noble portugaise, qui venait de prendre une femme de chambre française, faillit la mettre à la porte parce qu'elle lui offrait un vase pour se laver les mains. Elle lui dit, fort en colère, qu'une personne de sa qualité n'avait jamais besoin de se laver les mains, parce qu'elle ne touchait rien de malpropre et que c'était bon pour le peuple et les domestiques de se laver !

À l'une des personnes des plus puissantes du royaume il vint un mal assez grave à la jambe. Plusieurs médecins portugais, après avoir épuisé leur savoir sans produire aucun effet, furent remplacés par un ecclésiastique français qui se mêlait un peu de médecine et surtout de guérir les plaies. Il engagea l'illustre personnage à laver sa jambe. On eut beaucoup de peine à l'y décider, ce remède paraissant extraordinaire. Il réussit, et, moyennant quelques bagatelles pour fermer la plaie, le mal disparut en peu de jours. Mais une fois guérie, on cessa de laver la jambe et le mal reparut. Le moine fut alors rappelé. Il recommanda le même remède, qui parut si désagréable qu'on envoya promener le docteur avec ses singuliers remèdes. Et, au moment où nous étions à Rio, le grand personnage ne pouvait encore sortir, immobilisé par ce même mal à la jambe.

Dans les maisons que je fréquentais au Brésil, je n'eus aucune occasion de voir des Portugaises. Elles ne peuvent sortir de chez elle que pour aller à l'église ; aussi y vont-elles souvent. Il semble du reste que l'église se prête à leur donner de fréquentes occasions, car il y a des fêtes presque tous les jours, surtout le soir. Les femmes se parent alors suivant l'importance de la fête.

Je fus à l'une de ces assemblées brillantes, que je ne puis nommer cérémonies religieuses, puisqu'elles ressemblent plutôt à une représentation de l'Opéra. L'église est tendue d'étoffe de soie brodée d'or et éclairée supérieurement. A l'heure indiquée, les prêtres arrivent près du maître-autel et là, avant de commencer les *oremus*, se retournent vers l'assemblée, qu'ils devraient plutôt fuir que regarder, et cherchent des yeux leurs connaissances. Alors ils saluent, sourient ou font différents gestes suivant les individus [1].

Les femmes, privées d'aller au spectacle, le remplacent par ces fêtes ; elles y sont parées et décolletées comme pour un bal, et s'y occupent plutôt à plaire qu'à prier Dieu. J'en vis là de fort jolies : ce sont des brunes tout à fait piquantes [2].

Après que deux ou trois prières eurent été dites, je pensais la cérémonie finie. J'allais abandonner ce lieu où j'avais vu des choses si extraordinaires, lorsque des voix, qui semblaient descendre du ciel, vinrent frapper agréablement mes oreilles. Elles avaient quelque chose de singulier et même de céleste que je ne pouvais démêler. Ces voix, trop douces, trop mélodieuses pour appartenir à des hommes, avaient cependant une force mâle et une vigueur qu'on ne pourrait trouver dans celle d'une femme. J'étais enthousiasmée. Je me croyais transportée dans le ciel au milieu des anges qui louent, en chantant, l'Etre suprême. Et je serais restée longtemps dans cet état d'extase, si le chant n'avait fait place à de nouvelles prières. Alors je songeais à demander l'explication

---

1. Il y a au Brésil deux fois au moins plus de prêtres qu'en Espagne et en Portugal. Ils sont presque tous d'une coquetterie de costume à éblouir les regards ; et vous les voyez, lâches séducteurs, se glisser dans les familles et jeter partout le désordre et la corruption. Croiriez-vous qu'une jolie femme a été naguère, en plein tribunal, réclamer l'héritage d'un moine mort, son amant, et qu'elle a gagné son procès ? — De pareils exemples ne sont pas rares ici (J. Arago).

2. J. Arago, donne, sur les mœurs des dames portugaises, de très curieux détails :

« Ces dames, dit-il, confondent, dans leur mise, la richesse et le goût. Elles me rappellent ces poupées antiques dont nos magasins de modes sont tapissés. Elles ne portent presque jamais de chapeaux ou de toques. Les fleurs et les plumes dont elles se parent, ne contribuent pas peu à faire ressortir leur teint olivâtre et basané. Rarement elles se donnent le bras dans les rues ou à la promenade. Elles vont à la file les unes des autres ; et semblables à ces grues qui se dirigent sur la première, si celle qui ouvre la marche veut changer de route et troubler l'ordre, celles qui la suivent planent et semblent incertaines sur le parti qu'elles ont à prendre. Ainsi, à Rio, la dame qui dirige d'autres doit de temps en temps se retourner, et voir si la ligne est coupée par quelque obstacle, et si chacune a son chef de file. Des esclaves, mises avec élégance, et presque toujours pieds nus, suivent leurs maîtresses à quatre, six ou huit pas de distance. Plus elles sont loin, plus y a de dignité dans la marche. Ceci est général. »

de ces voix. La réponse retraça dans mon esprit une cruauté que je n'avais jamais pu concevoir jusqu'à ce jour.

La fin de notre séjour ayant été un peu moins humide, nous en profitâmes pour faire quelques courses intéressantes. Je visitai le jardin botanique à deux lieues de Rio de Janeiro. J'y vis, pour la première fois, cultiver en pleine terre et à l'air libre, le cannelier, le muscadier, le poivrier, etc... et l'arbre à pain. Je vis aussi un grand champ de thé que le Gouvernement vient de faire planter. C'est un essai qui ne peut manquer de réussir, la douceur du climat s'y prêtant parfaitement. On a fait venir des Chinois qui cultivent et récoltent ces nouvelles productions. Nous y étions au moment de la récolte. Le Gouverneur du jardin, pensant avec raison que nous verrions avec intérêt les diverses préparations que subissait le thé avant qu'il fût mis dans le commerce, ordonna aux Chinois de nous les montrer. Les fourneaux furent allumés et ce fut avec un réel plaisir que nous suivîmes les détails de cette manipulation[1].

1818. — Le 24 janvier, nous fîmes nos visites d'adieu, tandis qu'on transportait tous nos bagages à bord. Louis désirait partir le lendemain ; mais le calme et une visite au roi nous retinrent quelques jours de plus.

Le jour de la visite royale, je voulus dire un dernier adieu à la comtesse de Roquefeuille. Nous fûmes assaillis, en débarquant, par un orage épouvantable. La pluie tombait à torrent et, comme il n'y avait aucun moyen de se procurer de voiture, nous dûmes aller à pied : l'écoulement des eaux est si heureusement ménagé dans la ville de Rio, que, lorsqu'il pleut un peu fort, les rues ont deux pieds d'eau.

Pendant une demi-heure, nous marchâmes dans l'eau jusqu'à mi-jambe. M. l'Abbé était avec nous et quoique je ne voulusse pas suivre l'usage du pays qui est de se faire porter par des noirs, j'engageai M. l'Abbé à se livrer à ces gens-là. Mais ils manquèrent de le laisser tomber, de sorte qu'il fallut se résigner à marcher à pied.

---

1. « Une bassine large et peu profonde est assujettie sur un fourneau dans lequel se fait un petit feu clair : on jette dans cette bassine les feuilles de thé fraîchement cueillies ; elles y sont continuellement et légèrement maniées, tandis qu'elles s'échauffent ; puis, de là, on les met sur une table striée, où elles sont roulées telles que nous les voyons ; enfin on les passe à travers des cribles de différentes grosseurs, pour séparer les qualités, le plus fin étant le plus estimé » (Lettre à sa mère).

Nous arrivâmes chez Mme de Roquefeuille dans un piteux état. Elle s'empressa de nous faire changer de tout, nous donna à souper et ne voulut pas nous laisser rentrer à bord. Nous couchâmes chez elle et Louis alla faire sa visite le lendemain. Il fut bien accueilli du roi. Mais il paraît que c'est un homme qui a très peu de moyens et qui passerait pour bête, s'il n'était pas roi.

Enfin, le 30 janvier, nous quittions cette belle rade, bien approvisionnés et en bonnes dispositions.

LA VILLE DU CAP

ET LA MONTAGNE DE LA TABLE

113

CHAPITRE III

LA VILLE DU CAP

En quittant Rio nous eûmes assez bon vent et peu de mauvais temps. M. Laborde, enseigne de vaisseau et troisième officier de l'*Uranie*, jeune homme très intéressant et très aimable, que Louis affectionnait beaucoup, fut légèrement malade pendant la traversée. Il était très délicat de la poitrine. Il lui arriva un accident qui lui devint funeste. En faisant un commandement, il se brisa un vaisseau dans la poitrine et n'ayant pu rejeter le sang, il étouffa au bout de 10 jours.

Bon camarade, officier distingué, il fut regretté par l'état-major et par l'équipage. Ce qui me toucha le plus fut la grandeur d'âme, la fermeté et la résignation avec lesquelles ce jeune homme mourut. Rempli d'agréments, ayant des espérances brillantes, il devait tenir à la vie. Il la quitta comme un philosophe chrétien : il demanda lui-même les sacrements de la religion et mourut comme un saint [1].

Le 5 mars, nous aperçûmes la cime des montagnes de l'Afrique et,

---

[1]. Jeune, expérimenté, intrépide, il avait joué un beau rôle au combat d'Ouessant et à celui de la baie de Tamatave, où la marine française soutint dignement l'honneur du pavillon.

le 7, nous mouillâmes dans la rade de Table-Bay, vis-à-vis de la ville du Cap.

M. ***, négociant français, envoya son fils à bord pour nous prier de descendre chez lui. Comme il n'y a pas d'hôtel garni au Cap, ce sont les particuliers qui logent les étrangers et c'est en qualité de Français qu'il s'offrait. Quelques personnes déjà venues au Cap m'assuraient que c'était une maison fort aimable.

Nous partîmes du bord vers les deux heures et descendîmes chez M. *** ; sa femme et ses filles ne vinrent pas me recevoir, parce que, nous dit-il, elles étaient malades (le fait est qu'elles n'étaient point encore habillées). Au bout de quelque temps, je vis entrer une fille et quatre femmes pincées et droites comme des bâtons. Je pensais que c'était quelque visite de cérémonie, quand M. *** me présenta ces dames comme sa femme et ses filles. Je fus choquée de cet air singulier ; mais j'espérais qu'en voyant combien je haïssais la cérémonie, elles abandonneraient ce ton-là. Il n'en fut rien. Mme *** n'en démordit pas une seule fois. C'est une créole hollandaise, née au Cap. Ses filles, dont la plus jeune a bien 24 ans, sont moins pincées, surtout en l'absence de leur mère.

Je ne trouvais aucun sentiment dans cette famille : des cœurs secs comme de vieux parchemins. Aussi je restais presque toujours dans mon appartement. A l'heure où je savais le salon libre, je me mettais au piano et là je passais des moments agréables.

Je dois cependant leur rendre cette justice qu'elles ont eu quelques attentions pour moi ; mais on me les a fait payer un peu cher. Le père, sous prétexte que cela me fatiguerait de m'occuper de mes provisions, me demanda mes notes et voulut se charger de tout. J'étais confuse de ses bontés et je le lui disais souvent. Il recevait mes excuses d'un petit air modeste, en m'assurant qu'il était trop heureux de me rendre service. Il se paya bien de sa peine, car, au lieu de dépenser 7 à 800 francs, comme nous l'avions fait à Rio de Janeiro, le cher homme me présenta une note de 2 000 francs qu'il fallut payer. J'ai su, par les achats de l'état-major de l'*Uranie*, que cet honnête homme m'avait fait payer tout moitié plus que cela ne valait réellement.

A Rio, nous avions fait à peu près autant de provisions, nous y étions restés plus de deux mois en entretenant une table de quatre à six couverts, quelquefois plus et cependant je n'y dépensai que 800 francs, tandis qu'au Cap nous ne restâmes que 22 jours à terre. Si nous avons le bonheur de retourner au Cap, je n'irai plus loger chez des gens si désintéressés !

Le 3 mars au matin, Louis après m'avoir conduite chez M. ***, alla voir le gouverneur, qui l'accueillit très bien et, lorsqu'il lui demanda la permission de me présenter, il pria mon mari de m'amener dîner à sa campagne, à deux lieues du Cap. Nous nous y rendîmes et je ne fus pas charmée des environs de la ville qui sont sablonneux ; mais, en s'écartant d'une lieue, la campagne est verte et charmante.

Le gouverneur habite une maison magnifique, située dans une position délicieuse ; elle est abritée, par une haute montagne de ces vents horribles qui désolent les habitants. Il est comme un vice-roi dans ce pays. Il a des revenus considérables et même un train de prince.

En arrivant, nous fûmes reçus par le colonel chef d'état-major. Son Excellence et ses filles arrivaient de la chasse et étaient encore à leur toilette. Mais il se passa peu de temps avant que les filles de lord Sommerset vinssent au salon ; elles me parurent timides et peu accoutumées à recevoir. Je sus le soir qu'il y avait très peu de temps que leur mère était morte et que d'ailleurs elles n'avaient que 17 à 18 ans. Je les trouvai un peu froides ; j'ai eu occasion depuis de voir que c'est la timidité de parler français qui les embarrassait. De mon côté, je n'osais leur parler anglais, craignant de blesser leur amour-propre. Aussi notre conversation se borna-t-elle à quelques mots français que je devinais plus qu'elles ne les prononçaient. Elles ont un physique agréable, surtout la cadette qui ressemble beaucoup à Blanche Day, de figure et de caractère. L'aînée est trop brune : de gros sourcils noirs lui donnent l'air dur. Je les crois toutes deux fort bien élevées, comme le sont en général les jeunes Anglaises de bonne famille.

Mylord me parut d'abord un peu raide, froid ; mais c'est un air commun à peu près à tous ses compatriotes. Ils n'ont pas cette apparence affable qu'ils taxent de légèreté chez les Français. L'abord de lord Sommerset ne fait point juger de son caractère, car il est aimable et très galant. Il me parla toute la soirée avec une obligeance et une affabilité qui peut lui venir de son adoration pour notre sexe. On lui reproche même de l'aimer un peu trop.

Je fus également enchantée d'un colonel, nommé Ware, qui se lia de suite avec Louis. Il nous vit souvent pendant notre séjour au Cap.

Sa femme, charmante, étant malade, je n'ai pu la voir que rarement. Elle habitait la campagne.

Nous fûmes reçus chez le gouverneur d'une manière somptueuse. Le repas fut superbe. C'était la première fois que je me trouvais en si grande cérémonie. Nous couchâmes à la campagne, le gouverneur craignant qu'un voyage de nuit ne me fatiguât. Nous repartîmes le lendemain matin, après avoir été comblés d'amabilité.

La ville du Cap serait fort agréable si la brise de terre ne rendait son séjour très ennuyeux. Lorsqu'elle règne, on ne peut circuler ni dans les rues, ni dans les promenades, sans être exposé à être aveuglé par un sable fin ; on peut même être blessé par de petits cailloux poussés par le vent. Les rues sont droites, propres et garnies de maisons charmantes, bien bâties, d'une propreté parfaite[1].

Le jardin de la compagnie[2] offre une promenade délicieuse aux habitants et, sur la place d'armes, grand espace carré long et entouré de deux rangées d'arbres, on peut prendre le frais pendant les soirées chaudes et calmes.

On réparait la salle de spectacle ; elle s'ouvrit deux jours seulement avant notre départ et nous ne pensâmes que fort tard à nous procurer des billets. Placée dans un endroit vide, mais déjà retenu, obligés de nous transporter dans un autre coin, je préférai me retirer. Je ne pus ainsi juger que de la salle qui est petite et assez jolie. Je n'eus pas du reste grand chose à regretter, car les officiers de l'*Uranie* m'assurèrent qu'on n'y joue que des folies. L'une des pièces était *John Bull*, espèce de bouffonnerie dans le genre de celles que l'on donne aux Variétés.

---

1. Les rues du Cap, a écrit Bernardin de Saint-Pierre (1768), sont bien alignées ; quelques-unes sont arrosées de canaux, et la plupart sont plantées de chênes. Il m'était fort agréable de voir ces arbres couverts de feuilles au mois de janvier. La façade des maisons était ombragée de leur feuillage, et les deux côtés de la porte étaient bordés de sièges en briques ou en gazon, où ses dames, fraîches et vermeilles, étaient assises. J'étais ravie de voir aussi une architecture et des physionomies européennes (*Voyage à l'île de France*).

2. Et le même auteur ajoute : Je fus me promener ensuite au jardin de la Compagnie. Il est divisé en grands carrés arrosés par un ruisseau. Chaque carré est bordé d'une charmille de chêne de vingt pieds de hauteur. Ces palissages mettent les plantes à l'abri du vent, qui est toujours très violent ; on a même eu la précaution de défendre les jeunes arbres des avenues par des éventails de roseau ; je vis dans ce jardin des plantes de l'Asie et de l'Afrique, mais surtout des arbres de l'Europe couverts de fruits, dans une saison où je ne leur avais jamais vu de feuilles.

Le 2 avril, nous retournâmes à bord. Louis comptait partir le lendemain, mais la brise contraire fut si forte qu'elle nous en empêcha jusqu'au 7.

Il faut attribuer à la famille de nos hôtes la tristesse que je ressentis au Cap. Les sujets les plus noirs s'offraient toujours à mon esprit : toutes mes lettres étaient empreintes de cette mélancolie. Heureusement il ne nous arriva rien de ce que je craignais pendant notre traversée. La mer fut très grosse mais nous doublâmes sans accident le Cap des Tempêtes si redouté autrefois et maintenant si fréquenté. Nous aspirions à arriver au mouillage pour faire connaissance avec un frère de Louis, qu'il n'avait pas vu depuis l'âge de 12 ans.

Le 5 mai au soir, nous mouillâmes dans la rade de l'île de France.

Il était presque nuit de sorte que nous ne pûmes communiquer avec la ville. Dès la pointe du jour, le médecin de la santé vint à bord avec mon beau-frère Charles qui avait obtenu la permission de l'accompagner.

Nous fîmes tout d'abord une visite au gouverneur et, le lendemain, nous acceptâmes à déjeuner chez le grand juge et président de la justice à Maurice, M. Georges Smith, dont mon beau-frère était le secrétaire intime. Cet aimable étranger envoya son palanquin à l'endroit du débarquement pour me conduire chez lui, car, à l'île de France, on ne se sert de voiture que pour aller à la campagne et les femmes traversent la ville en palanquin ou en chaise à porteur. Je n'avais jamais vu de palanquin et je ne savais pas comment m'y installer. Pour te donner une idée de cette espèce de voiture, imagine-toi une boîte de 5 pieds de longueur sur 3 de hauteur, tout entourée de jalousies, peinte en vert et bien rembourrée en dedans avec de la soie ou du maroquin de la même couleur. Aux deux extrémités de cette boîte sont deux bâtons longs qui se mettent sur l'épaule des noirs. On y est assis comme par terre et la boîte, élevée par les noirs, est à 3 pieds du sol.

C'est un moyen assez agréable de voyager, surtout quand on n'y reste pas longtemps, car la nécessité d'avoir les jambes à la même hauteur que le siège fatigue et engourdit un peu. Je trouvais aussi que cela chiffonnait les garnitures de robes. Les chaises à porteur sont plus agréables sous ce rapport. Je préférais toutefois le palanquin, parce que les hommes de M. Smith étaient très forts et qu'ils marchaient bien ensemble, tandis que le mouvement des chaises est moins agréable et plus rude. Il y a plus de chaises à Maurice que de palanquins, les premières nécessitant deux hommes, alors qu'il en faut quatre pour les derniers. Du reste le palanquin est un objet de luxe et c'est à qui habillera le mieux ses noirs. Ceux de M. Smith étaient toujours mis avec distinction : tous les quatre portaient une petite jupe blanche, froncée tout autour et serrée autour du corps par des ceintures jaunes ; le buste et les jambes étaient nus. C'était alors la mode.

Nous fûmes reçus par M. Smith comme par un tendre père. Il nous assura que toute sa maison était à nous. Il me donna un superbe appartement et des logements à notre bon aumônier, au secrétaire de Louis et aux officiers de service à l'observatoire, lequel fut également établi dans une partie de sa maison. « Je serai votre maître d'hôtel, dit-il à Louis, et vous n'aurez qu'à vous reposer. »

Après bien des refus, mon mari se vit forcé d'accepter l'offre si obligeante de cet ami. Il me donna une négresse pour me servir, un domestique pour Louis que celui-ci refusa, ayant le sien auquel il était accoutumé. Le palanquin fut à mes ordres, à toutes les heures du jour, avec quatre noirs pour me porter et un domestique pour me suivre et ouvrir la portière. Cet excellent ami nous offrit tout cela de bon cœur, nous assurant que nous étions ses enfants et qu'il nous aimait à cause de Charles, qu'il appelait son fils. Je puis dire qu'il ne se démentit pas un seul moment de ces sentiments affectueux et que son obligeance fut toujours la même, malgré que notre séjour, qui ne devait être que de 20 jours, ait duré 2 mois.

Dès mon arrivée, le bon M. Smith invita la femme du procureur général pour me faire faire sa connaissance ; j'eus le plaisir de voir une femme très aimable et surtout une bonne mère de famille.

Les jours suivants, M. Smith voulut également inviter les autres dames de sa connaissance ; mais il trouva toujours des refus motivés. Quelqu'un lui ayant fait entendre que l'usage était, à Maurice, que les dames étrangères fissent des visites d'arrivée aux personnes qu'elles désiraient voir et que les refus venaient de là, je fis une tournée générale de visites bien que cela me contrariât un peu et je dois dire que je fus très bien accueillie partout. Les créoles sont très affables ; quelques-unes ont l'esprit cultivé, mais c'est le petit nombre. En général elles sont un peu superficielles. Elles deviennent généralement de bonnes mères de famille.

Je vis presque toutes les jeunes personnes de Maurice dans un bal fort brillant, bien qu'un peu nombreux, que pour nous donna M. Smith. Je ne puis dissimuler que je ne croyais pas, après des événements aussi affreux que ceux qui ont ravagé cette île et qui ont atteint toutes les fortunes[1] que l'on pût voir autant de luxe que j'en ai rencontré dans la société de Maurice. Je trouve que les créoles ont bien tort, car elles seraient beaucoup mieux en vêtements simples que parées des plus belles étoffes. Il y a beaucoup de jolies personnes, mais peu de vraiment belles. D'une taille agréable elles sont bien faites[2], mais elles n'ont plus cette simplicité charmante qui les avait distinguées jusqu'ici : elles sont remplies de prétentions et calculent tous leurs mouvements. J'ai vu au bal de M. Smith l'une de ces beautés, reconnue pour avoir une main et un bras superbes, affecter non seulement d'ôter ses gants toutes les fois qu'elle valsait, mais encore de poser sa main le plus avantageusement possible, et, de retour à sa place, elle s'informait près de sa mère si sa main et son bras avaient été dans la position la plus favorable. Même dans nos villes si perverties, on n'en voit pas tant ! Ce sont là cependant *ces simples créoles* qu'on nous dit dépourvues de toute espèce d'art et parées seulement des grâces de la nature.

Je dois ajouter que l'une d'elles m'a paru posséder toutes les

1. Dans la nuit du 25 au 26 septembre 1816, un incendie d'une violence extrême dévora le plus beau, le plus riche quartier de Port-Louis. Au jour il ne restait plus que quelques murailles noircies. En 1834, lit-on dans le voyage autour du monde publié par Dumont d'Urville, le dommage était encore à peine réparé, et la rue qui longe le rivage était la seule qui ait repris un air de fête et d'opulence. Deux ans après, du 28 février au 1er mars 1818, un ouragan acheva la ruine de cette colonie.

Et Mme de Freycinet écrit à sa mère :

« Ce qu'on nous raconte chaque jour de la force de cet ouragan paraît à peine croyable, à moi surtout, car heureusement on ne voit rien tel en Europe. Figurez-vous un vent qui souffle horizontalement avec assez de force pour faire avancer de 4 pouces un étage de maison en longues pierres de taille, liées en chaux et sable ; un autre corps de bâtiment de 34 pieds de hauteur, couvert d'une charpente élevée, a chassé sur son soubassement de près de 5 pieds, sans s'écrouler. Une maison toute neuve en pierres de taille a été rasée. »

2. « Les Créoles, en général, a écrit J. Arago, sont les femmes les mieux faites que j'ai jamais vues. Mais je voudrais un peu moins de *décision* dans leur démarche. Je la préférerais un peu plus douteuse. » Et il ajoute : « On m'avait beaucoup vanté leur danse : je ne sais si c'est parce qu'on m'en avait fait un éloge trop pompeux ; mais à l'exception de cinq ou six dames les autres dansent médiocrement. Je me hâte de dire que presque toutes valsent avec une grâce et une légèreté ravissantes. Leurs bals sont fort gais, et exempts de l'étiquette minutieuse, ennemie du plaisir et compagne de l'ennui. »

qualités qui sont de nature à faire remarquer une jeune femme. De
beaucoup d'esprit naturel elle a été très bien élevée. Elle a beaucoup
de religion, chose rare chez les créoles, très légèrement instruites sur
cet objet. Je me suis liée avec cette aimable femme parce qu'elle m'a
plu beaucoup et je t'avoue qu'elle le doit beaucoup à sa ressemblance
avec toi. C'est Caroline en brune, le même esprit, la même sensibilité,
la même délicatesse de sentiments. Je lui parlais si souvent de cette
ressemblance qu'elle voulut absolument voir ton portrait. Elle avait
tant de délicatesse que, dans nos conversations fort longues, elle me
posait toujours des questions sur toi et sur ma bonne mère, sachant
bien que c'était là ce qui pouvait m'intéresser. Je crois avoir gagné son
amitié, nos caractères s'alliant très bien ensemble. Elle est de mon
âge et mariée à 14 ans avec le colonel d'État-major de Maurice, elle n'a
point encore d'enfant et s'en désole, comme moi.

J'aurais voulu partager mon séjour à Maurice entre cette aimable
femme et une autre jeune personne, cousine de Mme Barillon, qui est
fort gentille, quoiqu'elle n'ait pas la centième partie du mérite de
Mme Lindley. Mais il me fallut cultiver les connaissances de M. Smith,
dont plusieurs aussi m'étaient agréables.

J'aimais beaucoup la société de notre hôte. C'est un homme de premier
mérite et, quoique âgé, d'une gaieté charmante. Il parle parfaitement
bien le français ; il préside du reste, en français, un tribunal et
improvise des discours avec la plus grande facilité. Louis fut à même
d'en juger dans une assemblée de francs-maçons qui fut réunie en son
honneur et que M. Smith présidait comme associé du grand maître,
absent. Notre ami prononça un discours dans un langage aussi pur que
l'aurait fait un Français.

A l'époque où nous sommes arrivés à Maurice la situation y était
assez pénible. Les habitants, à peine revenus de la frayeur d'un
incendie qui a ravagé la moitié de la ville et d'un ouragan qui a dévasté
les campagnes, avaient encore à souffrir de la dureté et de l'injustice
d'un général qui remplissait les fonctions de gouverneur pendant
l'absence de M. Farquer. Ce général, après avoir commis des injustices,
voulut y faire condescendre le grand juge (M. Smith) ; mais cet homme
estimable s'y opposa : il fut alors privé de ses pouvoirs et mis ainsi
dans l'impossibilité de préserver les habitants des vexations du
Gouverneur.

Il faut te dire que M. Hall, le gouverneur par intérim[1], déteste les Français, parce qu'il a été fait prisonnier par eux et qu'il est resté 7 ans en France. J'ai été assez fâchée de ces difficultés, car sa femme est très aimable, elle parle bien le français et j'aurais désiré cultiver sa connaissance. Comme nous étions étrangers à ces débats, nous acceptâmes l'invitation du général, qui nous accueillit aussi bien que son caractère farouche le lui permit. Je trouvai sa femme charmante au physique et au moral : elle a beaucoup pris des manières françaises pendant qu'elle était en France avec son mari ; toutes les fois que je l'ai vue, je l'ai trouvée égale à elle-même et je ne puis m'empêcher de croire qu'elle est très malheureuse avec un tel mari. On la dit aussi méchante que lui : je ne le pense pas. Elle a trop d'esprit pour faire des impolitesses à ses administrés et je la crois incapable de faire du mal.

Le troisième jour, nous fûmes invités par un avocat, ami de Charles, à un très grand dîner qu'il donna pour l'arrivée de Louis et pour le départ de son frère. C'est un homme qui s'est enrichi depuis peu de temps et qui n'est pas d'une très bonne famille. Il a le ridicule de vouloir toujours inviter beaucoup de monde quoique sa maison soit petite. De plus il croit de bon ton de surcharger sa table de mets. Il nous donna un dîner en trois services dont chacun était suffisant pour 20 personnes. La table était tellement chargée de plats qu'aucun des convives ne savait où mettre son verre. L'odeur de ces mets, la chaleur du lieu occasionnée par la petitesse du local et par les lumières, l'insistance pour nous servir, manquèrent vingt fois de m'obliger à sortir.

M. Smith et quelques autres amis donnèrent des réunions pour le départ de Charles. Il nous quitta le 12 mai.

Un des botanistes de M. Baudin[2] était resté à l'île de France par suite de sa mauvaise santé. Très bon chimiste il établit une pharmacie qui est presque la seule de Maurice et il fit une fortune considérable, puisque, après avoir perdu 3 à 400 000 francs dans l'incendie, il lui en

1. Général Hall.

2. Nicolas Baudin, capitaine de vaisseau, né en 1750-1803. Chargé d'explorer les côtes de la Nouvelle-Hollande il partit du Havre sur la corvette le *Géographe*, ayant sous ses ordres Hamelin, commandant du *Naturaliste*. Péron qui faisait partie de l'expédition a publié la première partie des travaux de l'expédition ; voyage de découvertes aux terres australes. Paris, 1807-1816, 3 vol. in-4 et in-fol. (Les Gloires maritimes).

reste encore 600000 qu'il s'occupe de faire passer en France pour aller s'y fixer. Il a épousé une riche créole. J'ai été en relation avec cette famille parce que le mari s'était lié avec Louis à bord du *Naturaliste*.

Je te tiendrai quitte des différentes maisons où j'ai été reçue et qui n'offrent rien que d'ordinaire. Je veux te parler d'une jolie course que je fis dans l'intérieur.

Nous partîmes par un temps superbe, à 5 heures du matin, dans une calèche traînée par quatre chevaux, accompagnés de plusieurs amis à cheval. Nous nous rendîmes à deux lieues de là, dans un des quartiers les plus agréables de l'île, où M. Smith a sa campagne. Elle est située dans un endroit pittoresque, sur une hauteur, dominant des vallons délicieux, embellis de charmantes habitations. On aperçoit la mer et une partie des petites îles qui sont près de Maurice ; une cascade magnifique borde la plus grande partie de la propriété et lui donne de l'eau dans toute son étendue.

Nous déjeunâmes là et y laissâmes notre voiture, les chevaux étant très fatigués par les montées fort rudes. Après avoir déjeuné et visité toute la propriété nous montâmes les uns en palanquin, les autres à cheval, et nous fîmes route tous ensemble jusqu'au réduit, maison de plaisance du Gouverneur où mon mari et moi devions rendre visite au général. Celui-ci tout à fait galant fit garnir de fleurs mon palanquin, sachant que j'avais encore à y séjourner quelque temps.

Ayant ensuite rejoint nos amis, nous nous dirigeâmes, tous ensemble, vers les plaines de Wilhems, où nous devions passer deux jours chez des amis. Nous y arrivâmes vers 4 heures et nous y fûmes parfaitement accueillis par le père et la mère d'une jeune créole, nommée Saulnier, que j'avais vue souvent à Paris, où elle avait fait son éducation. Ce sont des gens extrêmement riches, qui nous reçurent avec luxe. Ayant été prévenue, j'avais fait apporter des robes et des chiffons.

Le lendemain nous eûmes un fort joli bal où je dansai avec plus de plaisir que chez M. Smith, parce qu'il faisait moins chaud, qu'il y avait moins de monde et qu'on dansait comme à Paris, tandis que, en général, à Maurice, ils ont de si baroques figures que je fus déconcertée les premières fois.

Le lendemain matin nous repartions pour rendre visite à une famille charmante, amie de M. Smith. Ce sont des gens de très bon ton et qui habitent toujours la campagne. Nous fûmes reçus affectueusement mais sans luxe ; l'aisance et la liberté régnaient dans cette maison. Je fus enchantée de deux dames et d'une jeune personne que j'y trouvai. Elles sont musiciennes et elles ont eu la bonté de jouer de la guitare et de chanter. La mère est, paraît-il, de première force sur la harpe ; mais je ne pus en juger parce que son instrument n'avait pas toutes ses cordes, et qu'il est difficile de s'en procurer ici.

Nous ne passâmes là qu'une journée à mon grand regret : la simplicité de ces dames me plaisait beaucoup. Comme le chemin était difficile et montueux, nous dûmes nous retirer de bonne heure.

Nous allâmes voir aussi une famille dont le fils aîné fait une collection, qui serait précieuse en France, de tous les fruits de l'Inde, en cire colorée. L'imitation est tellement parfaite qu'on s'y tromperait.

J'allais aussi à la campagne, chez un bien brave homme de négociant. Il nous donna un joli dîner dans une salle de feuillage. Malheureusement tout cela fut gâté par la présence de sa femme, qui, autrefois jolie comédienne, attira les regards de ce Monsieur. Le cher homme eut une fille et, soi-disant pour améliorer le sort de cette fille, la femme consentit à quitter le théâtre à condition qu'il l'épouserait. En bon père, ne voyant que les intérêts de sa fille, il accepta, mais cette femme a le plus mauvais ton du monde et presque personne ne va plus chez lui.

Son mari a le foie malade : on vient de lui faire une incision entre les deux côtes. Il a manqué mourir. Je m'entretenais avec elle de cette maladie et lui demandais si la plaie était fermée ; elle me répondit presque en riant. « Madame, s'il est guéri ? Non pas vraiment, sa *côtelette* est encore toute ouverte. Le pauvre homme était presque mort et j'avais déjà apprêté mes robes de deuil. Je trouvais heureusement en ce moment une pièce de bon taffetas. »

Je me rendis aussi aux Pamplemousses, quartier que je croyais connaître avant même d'arriver à Maurice. M. Bernardin nous l'avait rendu si intéressant que je désirais extrêmement le visiter. Mais je ne relèverai pas les inexactitudes que nous a débitées ce charmant auteur. Néanmoins, son ouvrage est délicieux et ces petits défauts n'en ôtent pas l'intérêt [1].

1. C'est à Pamplemousses que fut enterrée Virginie. « On l'enterra, a écrit Bernardin

A quelques jours de là, nous visitâmes le jardin botanique où toutes les plantes équatoriales sont réunies et une très belle sucrerie, où je vis tous les détails de la fabrication du sucre, depuis le moment où l'on cueille la canne jusqu'à la livraison de cette denrée pour le commerce.

Au milieu des fêtes et des réunions qui furent données en notre honneur, j'en dois citer une dont le détail t'amusera. Comme tu le sais, dans les colonies on ne regarde guère d'où viennent les familles, mais seulement l'état présent de leur fortune. Un des hommes venus à l'île de France avec la casserole sur le dos pour tâcher de faire une fortune (qui trop souvent ne vient point) eut cependant le bonheur de la fixer si bien et si longtemps qu'il possède aujourd'hui plusieurs millions. Il est par conséquent bien vu de tout le monde et son or fait oublier qu'il y a seulement 26 ans il était chaudronnier courant les rues.

Nous fûmes invités chez ce richard qui a une maison superbe et ne sait comment dépenser son argent. Il a imaginé d'avoir deux salons pour dîner ce qui est un luxe rare : c'est pour manger le dessert plus fraîchement et n'avoir pas le déplaisir de voir desservir les viandes et en sentir l'odeur. Mais le bonhomme a oublié qu'il n'y entendait rien.

Le dîner fut superbe, quoique trop nombreux. C'était une cohue. Personne n'en faisait les honneurs. Aussitôt qu'on eut fini le second service, on se leva et le maître de maison, me prenant par la main, m'engagea à passer dans la salle du dessert. Les ordres avaient été si bien donnés et exécutés qu'au moment d'y entrer rien n'était prêt et la salle pas même allumée. Le dessert fut charmant et servi avec un luxe admirable : l'or, l'argent, les cristaux et les lumières y faisaient un effet magnifique. Mais les hôtes étaient si peu à la hauteur du service que la

de Saint-Pierre, près de l'église, sur son côté occidental, près d'une touffe de bambous, où, en venant à la messe avec sa mère et Marquent, elle aimait à se reposer, assise à côté de celui qu'elle appelait son père. Et deux mois après, ce père inconsolable de la perte de Virginie, était mis auprès d'elle, au pied des mêmes roseaux. Touchants souvenirs de la plus délicieuse des pastorales ! »

« En voyant l'église de Pamplemousses, écrit Mme de Freycinet à sa mère, je ne pouvais manquer de me rappeler Virginie ; mais en vain aurais-je cherché parmi les nombreuses touffes de bambous qui croissent au côté occidental de cette église, celle sous laquelle devait errer son ombre ; un souvenir est là pour l'imagination. C'en est assez pour faire rêver

gaieté ne régna pas au milieu de tout ce luxe et chacun parut content lorsque l'heure de se retirer arriva.

Plusieurs créoles, amis de la poésie et spirituels pour la plupart, ont créé une réunion sous le nom de la *Table Ovale*. On m'avait vanté la légèreté de leurs saillies et surtout leur heureuse facilité pour composer de jolies chansonnettes. A un des dîners de M. Smith, où se trouvaient quelques-uns d'entre eux, on parla de chansons nouvelles à la fin du dîner et mon beau-frère, dont la voix est charmante, fut prié de nous faire connaître quelques-unes de ses compositions. Il n'avait rien en mémoire du génie créole, mais il nous chanta un rondeau avec beaucoup de goût et d'esprit. J'eus beau solliciter moi-même les membres de la *Table Ovale*; personne ne trouva rien qui fût digne de la *Parisienne*. Je reçus cependant la promesse d'un créole de me remettre sous peu de jours quelques vers de sa façon. Il m'envoya en effet le morceau suivant :

COUPLETS ADRESSÉS A Mme ROSE DE FREYCINET
PENDANT SA RELÂCHE A MAURICE EN JUIN 1818.

Air : *Charme de l'amant,* etc..

1er COUPLET.

Des épouses charmant modèle,
Trahissant les jeux et les ris,
Au gré d'un amour trop fidèle
Eh ! Quoi vous désertez Paris.
Hélène, Phèdre et d'autres belles
Ont bravé les flots comme vous,
Mais l'histoire ne dit pas d'elles
Que ce fut pour suivre un époux [1].
Etc., etc.

Je ne te ferai aucune réflexion sur ces vers. Les voilà, tu peux les juger. Mais tu ne dois pas te prononcer sur tous les membres de cette association d'après cet échantillon. Il y a du meilleur et du pis. Le jour où je fis la connaissance de M. Pitot [2], j'avais à côté de moi à table un officier du génie, qui me confia, avec grande emphase, qu'il avait

1. Voir la suite à l'annexe n° 1.
2. L'auteur des vers précédents est le président de l'association.

l'honneur d'être un associé étranger de la *Table Ovale*, et, sans attendre que je sollicitasse quelques produits de sa muse à cheveux blancs, il m'assura que, la veille, il avait offert à ses confrères une petite pièce tout à fait remarquable par sa légèreté et sa nouveauté ! Aussitôt il me récita ce chef-d'œuvre, m'annonçant que c'était sur la pensée. Il marmota entre ses dents quelques mots auxquels je ne pus rien comprendre. Il frappa son front de sa main, leva les yeux vers le ciel comme pour y lire le chef-d'œuvre échappé de son cerveau et qui s'y était peut-être réfugié ; mais tous ses efforts furent vains. Il commença et recommença vingt fois les mêmes vers, sans pouvoir en terminer un seul. Enfin, pestant contre son ingrate mémoire, il m'assura de nouveau que c'était tout à fait joli et qu'il se trouvait mortifié de ne pouvoir m'en régaler.

Louis se lia avec un juge membre de cette même société. La manière gracieuse dont il m'offrit un échantillon de ses vers est trop délicate pour que je la passe sous silence.

C'est un père de famille, bien estimable par la manière dont il élève ses enfants : la religion, chose si universellement mise de côté à Maurice, est respectée et pratiquée chez M. Mallac. Malheureusement pour lui, l'incendie[1] l'a ruiné presque entièrement et privé de cette aisance si nécessaire pour réaliser de bonnes éducations. Sans se décourager, bien que réduit à emprunter pour se meubler et n'ayant d'autres ressources que ses faibles appointements de juge, il a sollicité le concours de quelques amis en vue de monter une imprimerie destinée à ses enfants, dont l'aîné, déjà avancé dans son éducation, est aujourd'hui directeur. Cet enfant à la vérité a une intelligence et une raison au-dessus de son âge. Comme tu le penses, le père est le surintendant de toutes choses. Enfin cette industrie réussit très bien, et je ne doute point que les jeunes gens n'y rétablissent leur fortune.

Je désirais visiter ces presses construites en Angleterre et j'en avais témoigné le désir à M. Mallac qui me conduisit dans l'atelier. On m'offrit de composer et d'imprimer quelque chose devant moi. L'intelligent directeur se mit lui-même à la presse, m'expliquant chacun des mouvements avec le plus grand détail. Aussitôt qu'il eut terminé son travail, il me présenta le papier, en me priant d'admirer la beauté des

---

1. Survenu en 1816.

caractères. Quelle fut ma surprise lorsque je vis en tête « à Madame Rose
de Freycinet » et je lus les lignes suivantes :

> D'Orion, brillantes étoiles,
> Vous enfants du Péda chers aux navigateurs
> Astres qui de la nuit offrez le sombre voile
> Ne cachez pas vos feux à ces observateurs
> Qui vont, guidés par l'*Uranie,*
> Porter aux rivages lointains
> Et le courage et le génie
> Zéphyr et toi Vénus protégez leurs destins[1].

Je fus très touchée du procédé et je jugeai plutôt l'intention que la
chose en elle-même. J'ai vu des vers de M. Mallac qui m'ont paru
mieux que ceux-ci : il a la réputation d'un homme d'esprit. Je ne dis
rien de sa femme, que j'ai peu connue, mais qui m'a paru une bonne
petite pâte de femme pour élever ses enfants et bonne mère comme le
sont généralement les créoles.

A l'époque où nous étions à Maurice, il y avait une frégate anglaise,
dont le capitaine est un aimable garçon. Sa femme, toute jeune, voyage
avec lui, mais quelle différence de mission, en comparant celle de Louis
à la sienne ! Il navigue dans les mers de l'Inde pour y protéger les
bâtiments marchands contre les pirates, il relâche quand il veut et où il
veut. Dans tous les établissements il trouve à terre une maison toute
meublée et des domestiques pour le servir. Quelquefois il fait de petites
croisières et laisse sa femme chez des amis, pour ne pas la fatiguer par
une trop longue navigation. Elle venait d'accoucher à son arrivée à l'île
de France, où la frégate venait se réparer. C'est une petite femme
charmante et très bien élevée. La ressemblance de nos situations nous
avait rassemblées.

Quelque temps avant notre départ, le capitaine revenait d'une
croisière près de Madagascar. Il voulut nous donner une fête à bord de
sa frégate. Ce ne fut que la veille du jour où nous devions quitter
Maurice que cette réunion eut lieu et je fus enchantée que nous ne
puissions remettre notre départ pour le leur rendre à bord de l'*Uranie.*
où nous n'aurions pas fait les choses aussi grandement et d'une

1. Voir la suite à l'annexe n° 2.

manière aussi distinguée. Notre bâtiment était beaucoup trop petit pour recevoir tout ce qu'il aurait fallu inviter de monde et notre bourse un peu à sec par de nombreuses dépenses à Maurice.

Pour la commodité des allées et venues, le bâtiment était mouillé près de la côte. Ce fut un déjeuner en *ambigu*, auquel nous fûmes invités pour 2 heures, mais nous ne nous mîmes à table qu'après 3 heures sonnées. Le couvert était mis dans la batterie et la table entourée de pavillons qui formaient un joli salon. Tous les officiers de l'*Uranie* y furent ainsi qu'un grand nombre de familles anglaises de Maurice. J'étais seule Française. Mais il y avait beaucoup de dames que j'avais connu pendant mon séjour, elles me parlaient français et je m'aventurais à leur parler anglais. Nous étions près de 80 à table et l'*ambigu* fut très joliment servi et gai, quoique la longueur de la table ne permît que les conversations particulières.

J'étais entre deux amis de M. Smith, que je connaissais bien. Après qu'on eut porté les santés des rois de France et d'Angleterre, des princes, des princesses de la marine anglaise et française, etc... poussé les hourras qui n'en finissent jamais dans ces sortes de dîners, nous nous retirâmes dans le salon laissant boire tous ceux qui voulaient en prendre jusqu'à rouler sous la table.

Peu après nous allâmes prendre le frais sur le pont, où la musique jouait de fort jolies contredanses. Le pont était illuminé de fanaux et chacun choisit sa danseuse. On continua jusqu'à minuit à sautiller des anglaises. Je ne me sentais pas en train de danser. Je me retirai de bonne heure en raison du départ du lendemain, en réalité parce que je m'ennuyais.

Dix jours avant avaient eu lieu les courses de chevaux qui sont une grande fête pour les Anglais. Il y avait des paris considérables engagés. Le champ de Mars, terrain nu et sans arbres, qu'on appelle une promenade, fut choisi pour cela : des barrières furent posées pour marquer l'arrivée et le parcours. On fit élever des tribunes pour les dames, afin qu'elles pussent dominer toute la scène. Notre bon ami, M. Smith, en fit construire une superbe ; ce spectacle dura 3 jours.

Cette distraction est très appréciée des créoles qui saisissent cette occasion de se parer et de dépenser de l'argent. L'étiquette est d'avoir une toilette différente pour chacun des trois jours. Les mulâtresses elles-mêmes étalent un luxe dont on ne peut se figurer la richesse.

Toutes ces filles, jolies et bien faites, sont entretenues par les hommes riches, jeunes et vieux, de Maurice. Je le dirai à la honte des hommes, le père de famille même porte chez ces misérables une aisance dont il prive souvent les siens. Le croirais-tu, chère amie, il n'y a peut-être pas ici deux hommes qui n'aient une de ces filles, bien logée, bien habillée et entourée de 5 à 6 noirs ou négresses. Comme rien ne leur coûte, elles étalent un luxe excessif. Lorsqu'elles ont ruiné un homme, elles s'adressent à un autre en meilleure situation. J'ai vu, le jour des courses, beaucoup de ces filles habillées en satin blanc ou rose, avec un dessus de tulle brodé, chargées de diamants et de cachemires de mille à douze cents piastres ; d'autres en belles étoffes de soie ou mousseline brodée, magnifique[1].

Il y a même des hommes qui se séquestrent avec ces femmes, en ont une douzaine d'enfants et n'ont d'autre maison que la leur : ce sont ceux qui ne sont pas mariés. Mais alors ils se retirent de la société, car on ne voit jamais ces femmes ouvertement. Ils font très bien élever leurs enfants, qui sont presque blancs : plusieurs même les envoient en Angleterre et en France. Beaucoup de ces jeunes personnes, dont

---

1. Il est vraiment curieux de rapprocher ce qu'a écrit en 1768 Bernardin de Saint-Pierre sur la société créole de l'île de France de ce que dit, sur cette même société, 49 ans après, Mᵐᵉ Rose de Freycinet :

« Ceux qui ne sont pas riches s'excusent sur la médiocrité de leur fortune : les autres veulent, disent-ils, s'établir en France ; mais la facilité de trouver des concubines parmi les négresses en est la véritable raison. D'ailleurs il y a peu de partis avantageux ; il est rare de trouver une fille qui apporte dix mille francs comptant en mariage.

« La plupart des gens mariés vivent sur leurs habitations. Les femmes ne viennent guère à la ville que pour danser et faire leurs Pâques. Elles aiment la danse avec passion. Dès qu'il y a un bal, elles arrivent en foule, voiturées en palanquin... Les femmes ont peu de couleur, elles sont bien faites et la plupart jolies. Elles ont naturellement de l'esprit : si leur éducation était moins négligée, leur société serait fort agréable ; mais j'en ai connu qui ne savaient pas lire.

« Quoiqu'en dise la médisance je les crois plus vertueuses que les hommes, qui ne les négligent que trop souvent pour des esclaves noires. Celles qui ont de la vertu sont d'autant plus louables qu'elles ne le doivent point à leur éducation. Elles ont à combattre la chaleur du climat ; quelquefois l'indifférence de leur mari et souvent l'ardeur et la prodigalité des jeunes marins ; si l'hymen se plaint de quelque infidélité, la faute en est à nous, qui avons porté les mœurs françaises sous le ciel de l'Afrique.

« Au reste, elles ont des qualités domestiques très estimables ; elles sont fort sobres, ne boivent presque jamais que de l'eau. Leur propreté est extrême dans leurs habits. Elles sont habillées de mousseline doublée de taffetas couleur de rose. Elles aiment passionnément leurs enfants. »

l'éducation est soignée, sont vraiment charmantes : elles ont une étonnante facilité pour tout apprendre et surtout pour la musique.

Que va devenir cette population ? Restera-t-elle toujours entièrement séparée de la blanche ? Les dames créoles ont en général horreur de ces femmes-là qui sont la ruine de leurs familles et la cause de beaucoup de mauvais ménages. Plusieurs hommes riches, voulant assurer la fortune de leurs enfants ou de leur belle en cas de mort leur achètent des terres. Quelques-unes sont déjà propriétaires de domaines importants.

Le Gouvernement jusqu'ici n'a pas favorisé cette classe, car, bien que ces femmes et leurs enfants soient nés libres et par conséquent avec les mêmes droits que les blancs, elles ont des registres particuliers avec les esclaves et rien de commun avec les blancs. Pas une n'est admise dans la société et leur place est indiquée à l'église. Aux courses, elles avaient également leur place marquée et la galerie soi-disant brune était plus brillante que celle des créoles blanches.

A l'occasion des courses, il y eut un bal, auquel je ne pus m'empêcher d'assister. Comme je ne voulais pas rivaliser de luxe avec les créoles, je me mis simplement, ne voulant qu'y faire une apparition et me retirer de très bonne heure sans danser. J'étais en robe de gaze, rayée de satin bleu et garnie de ruches de tulle : j'avais toujours un fichu, ce qui offusqua singulièrement toutes les créoles, car je n'en ai pas vu une seule qui, en riant ou raillant, ne m'ait engagé à le retirer.

Mme Lindsey seule, non seulement le trouvait bien mais aurait voulu faire comme moi. Elle craignait seulement que son mari ne le permît pas, car, tu le sais, les Anglaises, même pour un dîner, se décollètent toujours. Je ne puis te dire toutes les sottises dont mon fichu a été l'objet : les unes ont prétendu que certainement je devais avoir quelque marque sur la poitrine, ou quelque cicatrice qui ne paraisse pas au travers de la gaze ; d'autres savaient par l'une d'elles que je n'avais rien à cacher, puisqu'elle m'avait vue un jour décolletée et n'avait rien remarqué de fâcheux, etc... Mais toutes s'accordèrent pour se moquer de ma réserve, m'appelant Madame *Vertu* ou d'autres noms de ce genre, ce à quoi je t'assure je ne fis nulle attention.

Privées de danser depuis quelque temps, les créoles y vinrent avec empressement. Le bal fut une cohue. Les commissaires n'entendaient rien à faire les honneurs ; aussi tout alla en dépit du bon sens. Notre ami, voyant que je ne m'y amusais pas, m'offrit à minuit de me retirer, ce que je fis avec le plus grand plaisir. On m'a dit que la salle du souper était si petite qu'on s'y écrasait et que les chaises volaient de côté et d'autre d'une manière indécente.

A l'occasion de la naissance du Roi il y eut encore un bal au gouvernement. M. et Mme Hall nous y invitèrent. Il fallait pour cela avoir une toilette entièrement neuve et conforme au rang que je tenais, parure qui certainement m'aurait coûté 400 francs (les modes coûtent 4 fois le prix de France) et comme je ne me souciais pas d'y aller, je prétextai une indisposition et m'en dispensai.

Louis m'excusa de son mieux près de Mme Hall, qui déjà était de mauvaise humeur de voir que peu de personnes venaient à son bal. Les créoles, dont les maris avaient subi les mauvais traitements de M. Hall, n'assistèrent point en effet à cette réunion. Mme Hall attribua mon refus aux conseils de M. Smith, alors en guerre ouverte avec le général ; j'en fus désolée, car l'économie était la seule cause de mon absence. J'eus d'autant plus de raison de croire qu'elle avait été froissée, que plusieurs fois, avant ce bal, elle m'avait invitée à aller passer quelques jours chez elle et que depuis elle ne m'en parla jamais. Louis n'en fut pas très fâché, car le caractère de M. Hall ne lui plaisait pas et il n'y aurait été qu'avec répugnance.

Lorsque nous prîmes congé d'eux, elle me reçut avec affabilité ; mais le général qui avait eu quelques jours avant des rapports désagréables avec Louis, à l'occasion d'une dispute survenue entre plusieurs de ses matelots et des soldats anglais, fit à mon mari une mine très froide.

Tu dois être étonnée que je ne te parle pas de musique, après deux mois passés au milieu des créoles qui sont presque toutes musiciennes ; mais j'ai trouvé, en général, qu'elles ne sont pas très fortes. Elles sont meilleures harpistes et pianistes que chanteuses distinguées. Il n'y a pas de bons maîtres de chant et elles n'ont pas de théâtre pour leur former le goût. J'entendis plusieurs romances chantées comme en revenant de Pontoise, sans aucune espèce d'expression ni de prononciation. On trouverait même singulier à Maurice, qu'il en fût autrement, car plusieurs créoles, en me parlant d'une jeune parisienne, trouvaient qu'elle chantait assez bien, mais comme une comédienne qui joue un rôle. M. Lindsey, qui l'avait entendue, m'assura qu'elle n'avait mis que l'expression convenable.

Si cependant les créoles ne portent pas généralement le talent musical à un très haut degré de perfection, j'en dois excepter une belle-sœur de M. Pitot, qui est parvenue à vaincre sur la harpe les plus grandes difficultés. Elle étonnerait même nos artistes de Paris. L'agilité et la légèreté avec lesquelles elle manie son instrument surprennent agréablement, mais ne charment pas entièrement, parce qu'elle manque d'expression.

Une des parentes de cette même dame était réputée pour avoir une voix superbe, qu'elle déployait supérieurement dans de grands airs d'opéra. Pour le malheur de mes pauvres oreilles, on me donna un échantillon de ce talent. Grand Dieu! quels cris! mes oreilles en sont encore étourdies.

Je fus moi-même sollicitée, mais je t'avoue que je ne m'en souciais pas. D'ailleurs n'ayant pas chanté depuis mon départ de Paris, ma voix était un peu rouillée et mon amour-propre aurait souffert de ne pas exécuter aussi bien qu'autrefois et je refusai.

Les travaux de la corvette étaient entièrement achevés, l'embarras de tout sortir et de tout faire rentrer à bord était terminé ; elle était gréée et prête à remettre sous voiles le 15 juillet. Je fis mes visites d'adieu dont plusieurs, je l'avoue, me furent pénibles. Mon cœur souffrait à la pensée de me séparer de cet homme estimable[1] pour lequel je me sentais une tendresse filiale. Sa bonté, son obligeance, ses bons procédés à notre égard ne peuvent être expliqués que par l'extrême amitié qu'il portait à mon beau-frère et qu'il a bien voulu partager avec nous. Mon chagrin était d'autant plus vif que je ne pensais ne revoir jamais cet aimable juge. Il nous assura cependant qu'ayant toujours désiré vivre en France et que plus que jamais il croyait probable l'exécution de ce projet, puisqu'il serait attiré par des enfants bien chers à son cœur.

Le lendemain 16, M. Smith vint nous conduire à bord et ne voulut nous quitter que lorsque le bâtiment fut sous voiles. A 4 heures, une faible brise nous mit hors du port et je puis t'assurer que ce ne fut pas sans verser des larmes de part et d'autre que nous nous dîmes le dernier adieu.

1. M. Smith.

CHAPITRE IV

ILE BOURBON

Nous nous dirigeâmes vers l'île Bourbon, où nous allions prendre les vivres de campagne dans les magasins du roi. Le vent fut assez fort mais contraire ; nous eûmes une traversée longue et désagréable. Nous avions plusieurs passagers, dont deux nous étaient particulièrement recommandés : l'un était le colonel d'artillerie qui commande à Bourbon, l'autre un employé de je ne sais quel service du gouvernement. Tous deux furent malades et notre appartement était presque un hôpital. Mes domestiques eux-mêmes n'étaient pas bien portants. Je ne fus occupée, pendant toute cette traversée, qu'à envoyer du bouillon, des tasses de café, etc.

Comme il fallait louvoyer et que la mer et les courants étaient très forts nous gagnions peu de chemin. Enfin, après une traversée de trois jours, qu'on eût pu faire par un vent favorable en quelques heures, nous mouillâmes le 19, à 5 heures du soir, dans la rade de Saint-Denis. chef-lieu de l'île Bourbon.

On me remit ce soir-là même une lettre de Mme la baronne de Richemont, femme de M. Desbassayns de Richemont, intendant à Bourbon.

M. Desbassayns est créole, fils d'un riche planteur de Bourbon. Il s'adonna de bonne heure au commerce, le fit dans l'Inde avec le plus

6

grand succès et vint à Paris, encore jeune, pour y continuer le haut négoce. Il y épousa une Française charmante.

En 1814, ayant quelques amis puissants au ministère de la Marine, il obtint la place d'administrateur de Pondichéry[1]. Chargé en outre de porter en Angleterre le traité de commerce concernant les affaires des Indes[2], M. Desbassayns reçut du roi le titre de baron de Richemont.

Mme de Richemont a un fils de 18 ans : elle ne peut donc plus être de la première jeunesse. Je lui donne 36 ans, mais elle est réellement si jolie et si bien conservée, qu'on la prendrait volontiers pour une jeune femme. Elle est remplie d'esprit et d'agrément et possède toutes les qualités qui peuvent la faire distinguer parmi les personnes de son sexe.

Les événements en 1815 arrivèrent avant que M. de Richemont eût pu quitter la France. Tout fut alors changé, j'en ignore la cause. Mais il fut relevé de son gouvernement avant d'en avoir pris possession, puis nommé intendant de Bourbon pour soutenir, avec M. le général Lafitte[3], gouverneur de cette même île, le poids des affaires de cette colonie.

Cette lettre avait pour objet de nous inviter à prendre un appartement chez elle et de nous engager à en prendre possession malgré qu'elle ne fût pas elle-même au port : elle était à la campagne et ne devait revenir que dans la journée du lendemain.

Il était bien tard pour penser à aller à terre. D'ailleurs je trouvais la mer trop forte pour me hasarder à descendre dans cet endroit, remarquable par l'incommodité du débarquement. Comme la rade est très ouverte et qu'il n'y a pas de port, la mer bat la côte. On est obligé de se mettre dans de petites pirogues, c'est-à-dire dans de petits bateaux, de longueur moyenne, mais pointus des deux bouts et seulement larges de deux pieds. Lorsqu'on arrive près de la côte, on attend le passage d'une grande lame et, aussitôt, sans abandonner les rames, vous vous

1. M. Debassayns de Richemont figure au nombre des gouverneurs de Pondichéry à la date du 19 juin 1826. Il porte le titre de vicomte et ses qualités sont : Commissaire général de la marine, administrateur général.

2. Pondichéry, Chandernagor, Karikal, Mahé et Yanaon ont été rendues à la France par les traités de 1814 et de 1815. Plusieurs conventions furent passées au point de vue commercial (7 mars 1815-13 mai 1818).

3. De Laffitte de Courteil, maréchal de camp, commandant du 1ᵉʳ juillet 1817 au 9 septembre 1818.

trouvez presque jeté à terre où des noirs saisissent la pirogue et la traînent sur la grève.

Lorsque la mer est forte, le débarquement est impossible, car même par un temps passable, on voit des pirogues chavirer et des personnes noyées ou emportées par les lames.

Le vent se calma la nuit et la mer était assez tranquille le 20. Le pilote qui devait nous conduire ayant dit à Louis que la mer était toujours plus belle le matin de très bonne heure, je dus me décider de suite à quitter l'*Uranie* et à tenter la chance. J'aurais préféré attendre l'heure du retour de Mme de Richemont, mais il n'y avait pas à balancer. J'étais extrêmement effrayée et le trajet du bord à terre fut pénible pour moi. Cependant il ne nous arriva rien de fâcheux et nous mîmes pied à terre sains et saufs.

Le capitaine du port vint nous recevoir à notre débarquement et m'offrit son bras pour me conduire à l'intendance. Il nous fit entrer dans un salon et peu de temps après, une femme de chambre vint m'offrir de me conduire à mon appartement. Je me hâtais de m'y rendre, car je voulais m'habiller avant l'arrivée de Mme de Richemont.

J'avais à peine achevé ma toilette, qu'une jeune personne me fut introduite, venant de sa part : c'était l'institutrice de sa fille. Elle me parut spirituelle et resta avec moi jusqu'à 10 heures. Elle m'engagea à venir déjeuner, m'assurant que Mme de Richemont le lui avait recommandé, si elle-même était en retard. J'y allai avec répugnance, craignant qu'elle ne vînt pendant le déjeuner, ce qui m'aurait singulièrement contrariée. A peine étions-nous assises depuis un quart d'heure, qu'elle entra ! Son accueil fut gracieux et affable : elle se confondit en excuses dans la crainte d'avoir retardé l'heure de mon déjeuner.

Je trouvai le baron un peu froid : il avait un air sombre et distrait qui me surprit. Mais, depuis, j'ai vu qu'il se donnait à dessein l'air de paraître accablé par les nombreuses affaires de l'intendance. Son affectation est si réelle que chacun s'en aperçoit. Il va jusqu'à se faire apporter à table ses lettres à signer, pour montrer qu'il n'a pas le temps de prendre ses repas tranquille.

Après le déjeuner, je me retirai avec la baronne dans un petit salon où nous restâmes à causer pendant plusieurs heures. Elle me dit, entre autres choses, que le gouverneur, M. Lafitte, avait l'intention de me retenir et de ne pas me laisser retourner à bord, parce que les ordonnances l'exigeaient ainsi[1]. Elle me donna à entendre que c'était un pauvre homme, et que, ayant cette idée en tête, il me faudrait appeler à moi toute ma rhétorique pour le détourner de cette résolution. Elle m'annonça qu'il l'avait prévenue de sa visite dans la matinée pour me rencontrer.

J'étais résolue à éviter sa présence, ne voulant point recevoir une attaque aussi désagréable et je me préparais à quitter la chambre, priant Mme Debassayns de m'excuser près de lui, lorsque son entrée, subitement annoncée dans le salon où nous étions, me coupa la retraite. Il fallut faire bonne mine à mauvais jeu. Je le saluai le plus gracieusement que je pus et reçus ses civilités avec reconnaissance. Je préparai mes voies, je tâchai de l'intéresser à mon sort pour le rendre moins terrible et n'avoir pas à tromper encore une fois[2]. L'émotion me faisait trembler, que serais-je devenue loin de ma famille, de mes amis, dans une colonie où tout m'était étranger. Mais, au lieu de trouver un censeur de ma conduite prêt à me remettre dans le devoir, je n'eus qu'à me défendre des louanges d'un admirateur de mon courage, etc., de tous ces lieux communs dont mes pauvres oreilles ont été si souvent rabattues. Il nous invita à dîner au Gouvernement pour le surlendemain et partit trop heureux, disait-il, de recevoir chez lui une héroïne comme moi !

La surprise de Mme de Richement fut à son comble. Elle m'assura que mes beaux yeux avaient plaidé pour moi. Mais mon cher Louis, qui l'avait raisonné quelques instants avant qu'il entrât au salon, fut la véritable cause de ce changement. Le gouverneur comprit bien que s'il ne me laissait partir de bonne volonté, je le ferais toujours malgré lui.

L'invitation à dîner fut encore un sujet d'étonnement pour elle, car, depuis son arrivée dans l'île, le gouverneur n'avait point encore reçu de femme à sa table.

Le reste du temps jusqu'au dîner fut employé à faire quelques visites chez des parentes de Mme Debassayns.

1. Les règlements s'opposent en effet à l'embarquement d'une femme à bord des bâtiments militaires.

2. On se rappelle que Mme Rose de Freycinet avait réussi sous un déguisement, à monter à bord de l'*Uranie*, ce qui lui permit de suivre son mari pendant toute sa mission.

Les rues de Bourbon sont mal pavées, mal alignées et trop étroites en général pour des voitures : cependant la calèche de la baronne, légère et petite, se tire assez bien d'affaire.

La ville de Saint-Denis est laide. Toutes les maisons sont bâties en bois et offrent un aspect désagréable. Il n'y a que les bâtiments du Gouvernement qui soient en pierre et comme ils sont en général mal situés, ils ne servent pas à embellir la ville.

Le port Louis, de Maurice, devait être, avant l'incendie qui a consumé le plus beau quartier, beaucoup plus agréable : on y voit un grand nombre de maisons en pierre et quelques-unes assez régulièrement bâties. Mais il n'y a pas une seule promenade, tandis qu'à Saint-Denis, on a eu le bon esprit d'en établir une qui est charmante et que j'allai voir le soir même après dîner. C'est un jardin botanique, non seulement remarquable par ses plantes rares, mais encore par des allées d'ombre impénétrables au soleil. Elles sont formées par des manguiers dont le port et la tournure ressemblent beaucoup à nos marronniers d'Inde. C'était au clair de lune ; les rayons, perçant à peine à travers le feuillage, laissaient ces lieux dans une obscurité profonde ; je me sentais portée à rêver et il me semble que j'aurais voulu qu'on m'oubliât dans le petit coin où je m'étais retirée, non pas seule, mais avec toi, chère, car, lorsque je ressens quelque doux plaisir, ta personne est toujours de moitié dans mes jouissances. Je m'imaginais quel eût été mon transport si j'eusse pu avoir deux heures d'entretien avec toi dans cette charmante solitude. Mme Debassayns me retira de ces pensées en se moquant de l'air triste et mélancolique qu'avaient répandu sur moi ces allées créoles.

Le lendemain il y eut grand dîner à l'intendance où furent invitées toutes les autorités de la ville et les officiers de l'état-major de l'*Uranie*. Mais ces derniers furent tellement mouillés en débarquant que presque tous se firent excuser.

Je passai une partie du jour suivant, qui était le 22, dans mon appartement pour terminer mes dépêches de France. A 3 heures, je fus avertie qu'on m'attendait au salon pour aller au Gouvernement. J'y fus et je trouvai Mme de Richemont qui me plaisanta sur mon fichu et m'assura que ma toilette, fort jolie, se trouvait gâtée par ces gazillons qui me couvraient la poitrine. J'avais eu soin en effet de ne rien négliger pour ne pas faire rougir la baronne. Je portais un dessous de satin blanc faisant ressortir une jolie robe de gaze brodée, très claire et garnie de rouleaux de satin rouge en bas.

Le gouverneur nous attendait avec impatience. Il vint me donner la main pour descendre de voiture et pour me conduire au salon. Il me montra en détail tout le bâtiment du Gouvernement qui est plus spacieux qu'élégant. Je me suis extasiée cependant sur la beauté de deux salons qui seraient admirables pour donner des bals. Je crois qu'il se serait laissé toucher s'il n'eût songé que cela ferait danser aussi ses écus. Cette pensée répandit un air si sombre sur la figure de notre général que la baronne et moi laissâmes tomber le sujet.

Son dîner fut superbe. La table était grande et bien servie, mais il n'y avait pas assez de monde. Il se fût fait plus d'honneur avec 25 personnes qu'avec 15, car la table paraissait déserte. Une chose me choqua, dont on ne m'avait point avertie, c'est qu'il y a chez lui une Madame qui a bien l'air de sortir d'un office d'une cuisine et qui remplit les fonctions de gouvernante de la maison. Nous étions à table lorsqu'elle entra avec sa fille par la porte de l'office et elles vinrent se mettre à table avec nous. Que le général, lorsqu'il est seul, fasse manger sa gouvernante avec lui comme font les curés, il n'y a rien à dire ; mais que, dans un dîner d'apparat, on l'admette à table, c'est du dernier ridicule. La baronne m'en dit deux mots à l'oreille après dîner et je vis que sa manière de voir était semblable à la mienne.

Nous remontâmes au salon après quelques instants. Mme Debassayns proposa au général de venir passer la soirée à l'Intendance. Il accepta d'autant plus volontiers que, n'ayant aucun moyen de distraire ses convives, il se trouvait charmé d'en être ainsi déchargé.

Plusieurs invitations avaient été envoyées et, le soir, nous eûmes à l'Intendance une nombreuse société. Pour me donner un échantillon de la musique des créoles de Saint-Denis, Mme Debassayns les pria de jouer et de chanter. Je dirai la même chose qu'à Maurice ; elles n'entendent rien au chant. Mme Debassayns voulut prendre leur défense ; mais j'avoue que je n'eus pas la même indulgence et je trouvai que c'était du dernier mauvais.

Les créoles de Bourbon sont beaucoup moins agréables que celles de Maurice ; elles sont moins jolies et paraissent élevées plus simplement. Je comparerai les créoles de l'île de France aux Parisiennes et les autres à nos provinciales. Il y a la même différence entre elles. Je n'ai pu juger que de leur extérieur, car je ne les vis que quelques jours, tandis que je passai deux mois et demi au milieu de celles de Maurice.

Je fis plusieurs visites à Mme Debassayns-Montbrun, belle-sœur de l'Intendant. C'est une parisienne tout à fait jolie et très intéressante qui languit ici en attendant que les affaires de son mari soient terminées et qu'elle puisse retourner habiter Paris.

Louis trouva à Bourbon un de ses amis qui était botaniste dans l'expédition de M. Baudin et qui resta dans cette colonie. Il s'y est marié avec une sœur de Mme Debassayns. Ils nous engagèrent à dîner le 23 juillet et nous reçurent comme de vrais amis. Le soir, nous allâmes à l'intendance où il y avait encore une grande réunion de créoles. Nous jouâmes aux petits jeux et passâmes notre soirée assez gaiement.

Le lendemain, je reçus dans la matinée la visite du capitaine de la *Rosalie*, bâtiment sur lequel ma sœur avait fait une traversée. C'est un franc marin dont les manières sont aussi dures que le métier qu'il fait. Je lui demandai mille détails sur ma sœur et, malgré moi, quelques larmes coulaient. Ne voilà-t-il pas un homme qui, dans une grande colère, se lève, veut sortir en me disant fort brusquement qu'il n'aimait pas à voir pleurer les dames. Il se rassit sur l'espérance que je serais plus raisonnable. Après une heure de conversation intéressante, voyant qu'il allait s'en aller, je le priai de me revenir voir encore avant de se rembarquer, mais il me dit assez durement : « Oui, je le ferai, mais à condition que vous ne pleuriez pas, car autrement, si je vois vos yeux rouges, je vire de bord sur le champ ».

Tous les approvisionnements étant finis le 25 juillet, Louis comptait mettre à la voile dans la matinée et nous étions prêts à partir lorsque le capitaine du port envoya dire à dix heures que la mer était si grosse que que toute communication avec le bord était impossible. Louis alla sur la plage pour en juger par lui-même et, trouvant en effet l'embarquement difficile, fit le signal convenu à M. Lamarche, le premier lieutenant, pour qu'il appareillât sans lui. Puis, il retourna à l'intendance pour se procurer des chevaux afin de se rendre par terre à *Saint-Paul*, autre ville de l'île Bourbon, où l'*Uranie* devait prendre les légumes, les volailles et les rafraîchissements pour les malades et l'État-major. Il se passa plusieurs heures avant qu'on eût pu se procurer et les montures et les noirs pour porter les bagages. Je me réjouissais de ce petit voyage, quoiqu'il fût plus fatigant que par mer, dans l'idée que je verrais l'intérieur de l'île qu'on me dit être superbe. Mais le vent et la mer étant un peu tombés vers deux heures et rien n'ayant encore été décidé pour notre voyage par terre, Louis m'engagea à avoir le courage de m'embarquer, cela étant plus simple et plus court et il lui tardait de quitter ces colonies pour poursuivre son voyage : d'ailleurs, si nous ne profitions pas de ce moment d'embellie, nous perdrions peut-être plusieurs jours. La mort dans le cœur, je me résignai, voulant tenir la résolution que j'avais prise en mettant le pied à bord de ne jamais, par mes craintes ou par ma volonté, écarter Louis de son devoir.

Il fallut donc s'embarquer dans cette misérable pirogue, où l'on m'assura qu'on avait mis le meilleur pilote et les noirs les plus braves... donc il y avait du danger ! Je ne me le dissimulais pas et j'eus besoin de courage pour supporter ce moment pénible. Je n'oublierai jamais les réflexions affreuses que je fis lorsque, presque couchée dans cette misérable barque et la tête appuyée sur les genoux de Louis, je n'entendis autour de moi que le bruit effrayant de la mer qui se brisait avec furie sur le rivage et les cris du pilote qui excitait les noirs pour les faire travailler de concert et bien ensemble à lancer ce frêle morceau de bois sur la première lame qui viendrait jusqu'à nous. J'en fus quitte pour la peur, car j'arrivai à bord sans accident.

On mit à la voile sur-le-champ et le lendemain matin, à huit heures, nous mouillâmes dans la baie de Saint-Paul qui est juste à l'opposé de l'île. Il vint à bord un lieutenant de vaisseau, qui est capitaine du port. Après avoir déjeuné avec nous, il nous engagea à descendre à terre où nous étions attendu par M. de Villèle, beau-père de M. Debassayns de Richemont. Il fallut encore se glisser dans une petite pirogue : mais le temps était beau et la mer ne brise pas autant dans cette rade que dans celle de Saint-Denis.

Nous trouvâmes M. de Villèle, qui nous attendait sur le rivage. Il avait eu la complaisance de faire apporter un palanquin pour moi. Louis et lui montèrent à cheval pour se rendre à la maison de sa belle-mère à l'extrémité de la ville de Saint-Paul, à une demi-lieue du débarquement. Je fus accueillie d'une manière simple mais très affable par sa femme, sa belle-mère n'étant pas encore arrivée.

Louis et M. de Villèle retournèrent à la ville rendre visite au commandant de la place, qui vint lui-même me saluer quelques heures après. C'est le père ou le cousin d'un homme bien connu à Paris pour ses poésies, M. de Parny[1]. Lui est aussi fort distingué par son esprit et son amabilité ! Il est lieutenant-colonel et commandant militaire de la ville de Saint-Paul. Après avoir dépensé une partie de sa fortune à Paris et être devenu veuf de la belle Contat[2], il a obtenu cette place comme créole de Bourbon, tant pour rétablir sa fortune que pour en rassembler quelques débris restés ici. Il y a épousé une jeune créole fort riche, dont il a déjà deux enfants.

Je fis connaissance, le soir, de Mme Debassayns dont j'avais entendu parler. C'est la mère de l'intendant et de Mme de Villèle. On ne peut réunir plus de bon sens et d'esprit naturel à une simplicité créole dont nos Françaises seraient bien étonnées. Sa mise m'a paru d'abord singulière : un madras[3] rouge, mis tout simplement, était toute la parure de sa tête et une robe de soie noire, faite aussi simplement qu'il est possible de l'imaginer, complète son habillement. Le contraste est singulier lorsqu'elle sort, car elle couvre tout cela d'un voile de dentelle noire magnifique de 5o à 6o louis, et d'un cachemire qui ferait envie à nos élégantes de Paris.

Mme Debassayns habite presque toujours à l'intérieur de l'île, où elle a de grandes propriétés. Sa magnifique maison de ville est occupée par sa fille. Tout respire l'aisance dans cette famille et ses mœurs simples font un contraste surprenant avec la vaisselle d'argent de la table. Je passai agréablement trois jours dans cette maison patriarcale et je n'ai eu qu'à me louer de mon séjour.

Mme de Villèle a un caractère très doux et très affable. Elle a trois enfants, beaux comme les amours, qu'elle élève supérieurement bien. Elle me demanda la permission de continuer, pendant mon séjour, la surveillance des devoirs de ses enfants et je t'assure que rien ne m'en-

1. Évariste-Désiré de Forges, chevalier, puis vicomte de Parny (1753-1814). Il était né à Saint-Paul (île Bourbon). Il s'éprit d'une jeune créole, qu'il célébra sous le nom d'Éléonore dans un recueil intitulé « Poésies érotiques ». Il fut admis à l'Académie française en 18o3.

2. Louise Contat (née en 1760, morte en 1813) surnommée Thalie. Elle jouait à ravir les pièces de Marivaux.

3. Coiffure formée d'un foulard en étoffe légère, dont la chaîne est de soie et la trame de coton.

chantait comme de voir sa petite fille de 7 ans, après avoir fait son devoir, venir près de sa mère, prendre son fuseau et son coton et travailler avec la tenue d'une personne de 20 ans.

Les environs de Saint-Paul sont très pittoresques et M. de Villèle désira que nous fissions chaque matin une promenade pour en juger. Les chemins n'étant pas agréables aux pieds, nous fîmes à cheval d'assez longs trajets. A cette occasion, je constatai combien on perd par le manque d'usage et je n'étais guère rassurée sur une vieille jument qui, peut-être, n'a jamais galopé de sa vie.

Nous visitâmes aussi l'église, fort jolie, ainsi que le presbytère remarquable par sa beauté et l'étendue de ses jardins.

Le Gouvernement a établi à Saint-Paul des écoles, qui sont vraiment intéressantes. Celle des filles est dirigé par les bonnes sœurs de la Charité: la facilité des jeunes mulâtresses pour apprendre est étonnante : j'en ai vu qui, à 8 ans, écrivaient et lisaient fort bien après trois mois seulement d'étude. Celle de garçons est dirigée par les frères Ignorantins qui n'ont pas adopté la méthode de Lancastre[1] en usage à l'école des filles et cet établissement ne paraît pas avoir autant de succès.

M. de Villèle s'occupa lui-même de nos provisions, qui furent faites et embarquées le second jour de notre arrivée à Saint-Paul : mais le lendemain 27, le temps était si mauvais qu'on ne put penser à appareiller. La corvette chassa et on fut obligé de mouiller une seconde ancre. Le soir, le temps paraissant calme, nous nous embarquâmes de nouveau pour retourner à bord de l'*Uranie*, et le vent, quoique faible, étant favorable pour sortir de la baie, nous comptions appareiller dès notre arrivée. Au moment où nous arrivions à bord, la *Cybèle*, frégate française venant de Chine, mouillait sur rade, à quelques encâblures de nous. Elle manœuvra si mal qu'elle nous aborda, nous cassa une ancre de côté et fit d'autres avaries qui nous forcèrent de séjourner le lendemain pour les réparer.

Le 23 juillet soir, les réparations étant terminées et le vent favorable, nous nous éloignâmes de nos compatriotes, le cœur serré, en songeant qu'il se passerait bien du temps avant de revoir des Français.

1. Lancaster Joseph, pédagogue anglais (1771-1838).

ILE BOURBON

VUE DE LA BATTERIE DE LA POSSESSION

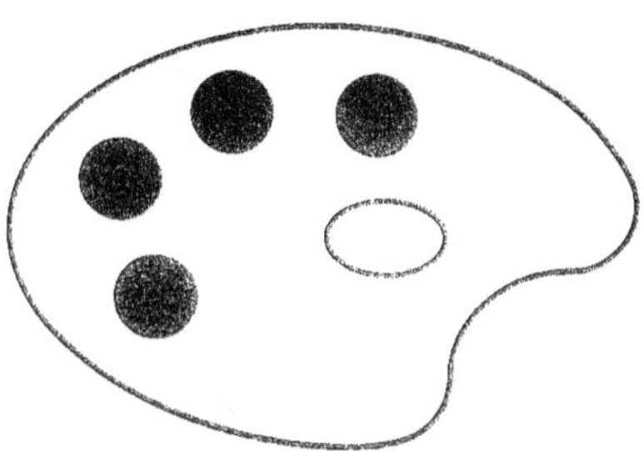

Original en couleur
NF Z 43-120-8

V

CHAPITRE V

A LA BAIE DES CHIENS-MARINS. ILE DE TIMOR.

Nous éprouvâmes des vents contraires pendant plusieurs jours et ne pûmes faire bonne route, vers la Nouvelle-Hollande, que 6 jours après notre départ de Saint-Paul. Nous descendîmes vers le Sud, où nous éprouvâmes un peu de froid.

Comme nous ne devions pas trouver d'eau douce à la baie des Chiens-Marins, Louis installa un alambic, qui fut en état de fonctionner quand nous fûmes en vue des terres basses et arides de la Nouvelle-Hollande. On mit le feu au fourneau et tout semblait réussir. L'eau coulait avec abondance, la dégustation nous confirmait qu'elle était très potable lorsqu'un événement vint répandre une tristesse générale et un effroi mortel pour quelques-uns : le feu avait pris dans le tuyau de la cheminée de l'alambic et le pont s'échauffant commençait à s'enflammer. De prompts secours mirent fin à nos craintes ; mais mon pauvre Louis, dans son ardeur à éteindre le feu, avait saisi une barre de fer rouge et s'était brûlé toute une main.

Je passai de cruels moments dans cette circonstance, ne pouvant aller lui prodiguer mes soins. Il ne voulut point quitter la batterie avant que tout fût en sûreté et il m'était impossible d'aller dans cette bagarre. Heureusement les soins vigilants et éclairés des docteurs diminuèrent ses souffrances et la brûlure n'eut aucune suite fâcheuse.

Quoique cette traversée n'ait pas été plus longue que les autres, elle fut l'une des plus tristes. Jusqu'ici, en allant d'un point à un autre, j'employais la moitié de mon temps aux souvenirs du lieu que je quittais et l'autre moitié au plaisir que j'attendais de l'endroit où nous allions mouiller. Mais l'agrément du lieu où j'allais ne pouvait me distraire et je pris le parti de me créer des occupations telles que je n'aie pas le temps de penser à la distance immense que j'avais à parcourir, privée de toutes nouvelles pendant 17 à 18 mois, puisque ce n'était qu'au Port Jackson que j'en pourrais recevoir.

J'avais embarqué à Toulon une guitare dont j'avais très peu fait usage jusqu'alors. N'ayant pris que quelques leçons en France, seulement pour la position des mains, j'eus fort à travailler pour en venir où je voulais. Je prenais une heure chaque jour pour étudier, une heure pour écrire mon journal, une heure pour l'anglais, une heure pour le travail à l'aiguille : de cette manière la fin de la journée arrivait sans que je me fusse ennuyée.

J'avais encore une distraction. Un ami de Louis, forcé de quitter Maurice, y avait laissé, dans des mains étrangères, un jeune enfant qu'il avait eu d'une femme de couleur. Louis, qui est fort attaché à cet ami, pensa qu'il serait avantageux pour cet enfant de le prendre à bord avec nous et de me charger de son éducation. Ordinairement, ces enfants sont doués de beaucoup d'intelligence et il semble que la nature veuille les dédommager en leur donnant des moyens particuliers. Mais celui-là n'était malheureusement qu'un sujet fort ordinaire. Il avait 7 ans lorsque nous quittâmes Maurice et il ne savait encore ni lire, ni écrire. Quoique cet enfant me donnât beaucoup de peine, n'apprenant pas facilement et surtout n'ayant jamais été accoutumé à obéir, c'était cependant une petite distraction et, lorsque Louis était forcé de me laisser seule, sa présence m'empêchait d'être tout à fait à moi-même.

Le 12 septembre, à 5 heures, nous mouillâmes à l'entrée de la baie des Chiens-Marins, près de l'île Dirck-Hatighs. Le soir même, on fit allumer l'alambic qui donna toujours beaucoup d'eau. Mais mes craintes pour le feu continuaient avec d'autant plus de force que le pont, à l'endroit où était le fourneau, chauffait d'une manière effrayante. On fut obligé de le mouiller continuellement. Il paraît que le fourneau est un peu grand pour la capacité du bâtiment. Louis a toutes ses données et ses observations à ce sujet. Du reste l'expérience réussit très bien et l'eau coule toujours en abondance.

Le 13, Louis envoya un canot sur l'île Dirck-Hatighs pour prendre une inscription laissée par les Hollandais qui y abordèrent vers 1600 [1]. C'est une chose précieuse à rapporter à Paris.

Aussitôt que l'embarcation fut expédiée, nous mîmes à la voile pour nous avancer dans la baie. A 6 heures du soir, nous mouillâmes dans la baie de Dampier, par 6 brasses de fond, et le lendemain matin, on envoya la chaloupe à terre pour établir un observatoire.

Louis fut un peu étonné de ne point voir revenir l'embarcation envoyée sur l'île, car ceux qui la montaient n'avaient de vivres que jusqu'au 14 au soir, et ne pouvaient trouver sur cette misérable terre aucune nourriture et pas une goutte d'eau !

Le 15, M. Duperrey partit dans un canot pour faire la géographie de la côte. L'observatoire fut établi dans un autre lieu. Louis et moi descendîmes à terre le 16.

Cette course ne fut pas pleine d'agréments, car le fond est si plat qu'à une demie-lieue de terre les canots ne trouvent plus assez d'eau pour flotter. Je fus obligée de me faire porter par deux matelots jusqu'au rivage et tous ces messieurs durent marcher dans l'eau. Enfin nous mîmes pied à terre dans le lieu que mon mari jugea le plus convenable pour établir le camp.

Dès notre arrivée, nous vîmes, sur le haut des collines de sable qui bordent la mer, plusieurs personnages que nous prîmes d'abord pour des hommes du bord qui étaient allés chasser ; mais en approchant, nous reconnûmes que c'était une troupe de sauvages, tout nus, armés de sagaies et de lances. Ils nous menaçaient, en nous faisant signe de retourner au bâtiment. Louis n'avait avec lui qu'un officier et les deux hommes qui m'avaient portée ; les autres étaient au large. Il voulut marcher à leur rencontre, mais ne sachant pas à quel nombre il avait

---

1. On lit dans le voyage autour du monde de Dumont d'Urville (t. II, p. 301) : « Le Hollandais Dirck Hatichs, capitaine du navire *Endracht*, reconnut en 1616, une portion occidentale de la côte à laquelle il donne le nom de son navire ; ce qui fut constaté par une plaque en étain, successivement retrouvée en 1697 et en 1801, sur une des îles de la baie des Chiens marins. On y lisait en Hollandais : « 1616, le 25 octobre, est arrivé ici le « navire l'*Endrach* d'Amsterdam ; premier marchand, Gilles Miebacs de Liège ; capitaine « Dirck Hatichs d'Amsterdam ; le 27 du même mois, il remit à la voile pour Bantam. « Sous-marchand Janstins ; premier pilote, Pieter E. Dooves Van Bil. Année 1616. »

affaire, il décida de faire venir les personnes qui étaient au camp, distant d'une lieue environ, d'aller ensuite en force vers eux pour les accueillir amicalement et de ne leur faire de mal qu'autant qu'ils montreraient des dispositions hostiles. Ce fut alors que je me rappelai ce que tu me disais dans une de tes lettres à Toulon « que je me cacherais derrière le pan de l'habit de Louis à la première vue des sauvages ». En vérité, j'avoue que j'ai eu peur et que volontiers je me serais cachée.

De retour à l'endroit où nous avions débarqué, nous trouvâmes notre déjeuner, et après avoir fait tendre une voile pour nous abriter du soleil, nous prîmes un bon repas, non seulement avec ce qui était venu du bord, mais avec des huîtres excellentes que nous trouvâmes sur les rochers, bien meilleures que toutes celles mangées à Paris, à table et avec toutes mes aises.

Nous retournâmes à bord le soir et nous comptions bien y trouver le canot de retour ; mais ce fut avec une inquiétude bien grande qu'on nous dit à bord n'avoir aucune nouvelle de lui. Louis était décidé à envoyer le lendemain une embarcation à leur recherche, lorsque, à 2 heures environ, on l'aperçut à l'horizon.

Le 18, je descendis à terre avec Louis et nous y passâmes plusieurs jours, couchant sous la tente. Ce séjour à terre ne me fut pas agréable, le pays étant entièrement dénué d'arbres et de verdure. On ne peut se promener que sur un sable brûlant[1]. Lorsque la chaleur était un peu tombée, je ramassais des coquilles dont j'ai fait une jolie collection. Le reste de la journée se passa sous la tente, à lire ou à travailler.

Le 21, M. Duperrey nous apporta des tortues énormes qui nous firent bien plaisir, car cet animal donne un bouillon excellent et sa chair mise en daube est assez succulente.

1. C'est d'abord un espace de quarante à soixante pieds de largeur que les hautes marées ne peuvent envahir ; puis une falaise, tantôt blanche comme la plus blanche craie, tantôt coupée horizontalement de bandes rouges comme la plus vive sanguine ; et au sommet de ces plateaux de quinze à vingt toises de hauteur, se montrent des troncs rabougris, brûlés par le soleil, des arbustes sans feuilles, sans verdure, des ronces, des racines parasites ou meurtrières, et tout cela jeté sur le sable et sur des coquillages pulvérisés. A l'air, pas un oiseau ; à terre, pas un cri de bête fauve ou de quadrupède inoffensif, pas le murmure de la plus petite source. Partout le désert avec sa froide solitude qui glace le cœur, avec son immense horizon sans écho. L'âme est oppressée à ce triste et silencieux spectacle d'une nature sans nerf, sans vie, sortie évidemment depuis peu de siècles des profondeurs de l'océan (J. Arago).

Les sauvages, effrayés probablement du nombre de personnes qui abordaient à terre, s'étaient retirés le jour même où nous les vîmes. La veille, ils avaient, après beaucoup de crainte, accosté les hommes qui logeaient au premier camp et avaient fait quelques trocs avec eux de leurs armes pour du fer-blanc, des colliers de verre, etc.

Plusieurs personnes du bord, impatientes de voir les sauvages, se décidèrent à faire une excursion dans l'intérieur et, ce qui est bien léger, ne prirent pas de vivres. La bande se sépara ; deux des plus sages, voyant le chemin parcouru et songeant au retour, se dirigèrent vers le camp ; mais, comme le pays est uniforme et parsemé de monticules d'un même aspect, ils ne retrouvèrent leur route qu'après une marche rendue pénible par la chaleur et le manque de boisson. Les autres, rentrèrent tous le lendemain soir après être restés deux jours sans manger et sans boire autre chose que le sang d'un oiseau.

Toutes les observations étant faites et la provision d'eau terminée, nous appareillâmes à 11 heures, le 26 septembre, par une jolie brise, nous dirigeant sur Timor. A 6 heures du soir, comme on sondait continuellement le fond diminua tout à coup, et, quelques instants après, quoique nous fussions assez loin de terre, nous touchâmes sur un banc de sable. Je te laisse à penser quelle fût ma position dans ce moment, jetée sur une côte horrible comme celle-là, sans la moindre ressource ! Tout mon courage m'abandonna et je ne voyais qu'horreur autour de moi. Je songeais que si le vent venait à fraîchir, notre pauvre *Uranie*, rencontrant des rochers, se briserait en mille pièces…

Mon mari vint en courant me tranquilliser, et m'assura qu'il n'y avait aucun danger et que nous serions bientôt en route. Sa présence étant nécessaire sur le pont, je restais livrée à mes craintes. Le chirurgien-major du bord[1], songeant à l'état d'abandon où je devais être, eut la complaisance de venir me rassurer et me tenir compagnie. J'avoue que je fus extrêmement sensible à cette attention délicate. Il remit un peu de calme dans mon esprit, en me faisant bien voir qu'il n'y avait aucun danger. En effet on mouilla de suite des ancres et, le bâtiment ayant été allégé, la marée montante nous remit à flot. Nous eûmes toute la nuit un ou deux pouces d'eau sous la corvette.

Le lendemain, au jour, Louis envoya sonder, et, ayant trouvé une

---

1. M. Quoy.

passe, nous remîmes à la voile, après avoir talonné deux ou trois fois légèrement. Nous nous trouvâmes à midi sur un fond de 12 à 15 brasses libres de tout danger. Nous prîmes alors la route au large et nous nous dirigeâmes sur Timor, où nous allions séjourner quelque temps.

Il semble que Dieu ait voulu nous dédommager dans cette traversée de la peine que nous avions éprouvée à la Nouvelle-Hollande. Jamais on n'a vu un temps plus beau et plus favorable : point de grosse mer, un vent convenable et pas un seul jour de mauvais temps.

Le 7, nous aperçûmes l'île de Rotti[1] et le lendemain nous étions près de Simao[2] et Timor[3]. Quelle fut notre satisfaction en voyant la belle végétation de ces îles. Notre vue se trouvait bien agréablement reposée par cette verdure après les sables et les arbrisseaux secs ou rabougris de la Nouvelle-Hollande.

Le 9 octobre, Louis laissa tomber l'ancre dans la baie de Coepang (ou Coupang), établissement hollandais sur l'île de Timor. Nous allions enfin trouver de l'eau naturelle, sans risquer de mettre le feu au bâtiment pour nous en procurer. J'avoue que les moments les plus pénibles que j'aie passés à bord sont ceux où l'alambic était allumé. Vingt fois par jour on venait rendre compte que le pont s'échauffait sous le fourneau et, plusieurs fois, on fut prêt à couper le bois à cet endroit, pour s'assurer s'il n'avait pas pris feu. Aussi je fus transportée de joie de trouver de l'eau à Coupang.

Nous reconnûmes par la suite que cette eau contenait diverses matières insalubres et, le climat étant déjà malsain à cause de la chaleur humide qui y règne, nous eûmes un grand nombre de dysen-

---

1. Cette petite île est au S.-O. de Timor ; elle a 9 milles de long sur 21 de large. Le sirop de palmier est la boisson la plus habituelle, souvent même la nourriture des habitants quand ils n'en ont point d'autre. Ils en font une espèce d'arak, connue sous le nom de laro, qui semble être un puissant aphrodisiaque. Aussi l'amour est-il la plus grande affaire de ces peuples.

2. L'île Simao est séparée du Timor par un simple détroit. Moins haute que Timor, elle est boisée et peu fertile : on n'y cultive guère que le maïs. Elle a environ 7 milles de long sur 6 milles de large. On cite dans cette île une source dont l'eau ferrugineuse et vitriolique a la propriété du savon et blanchit le linge qu'on y trempe.

3. Île de 15 milles de long sur 16 à 17 de large. Le bois de sandal est son principal article d'exportation. Le bambou est tellement abondant qu'il forme des forêts impénétrables.

« Timor est une grande île fort peuplée et divisée dans l'intérieur en petits royaumes, dont on dit que les habitans sont durs et cruels ; sur les côtes on en rencontre de plus civilisés » (Lettre de Mme de Freycinet à sa mère).

tériques à bord. Louis conserva pour notre table quelques barriques
d'eau distillée, qui lui semblait plus saine et c'est grâce à cette précaution et à d'autres mesures nécessitées par ces climats insalubres que nous
n'avons pas été atteints par cette horrible maladie.

En arrivant à Timor, Louis me fit promettre de ne manger aucun
fruit. Malgré la tentation, je lui tins ma promesse. Les mangues seulement, fruit[1] que je ne puis comparer à aucun de ceux que nous avons
en France, me furent permises, parce qu'elles ne rafraîchissent pas
autant que les autres.

Le jour même de notre arrivée, le gouverneur était dans l'intérieur,
à la tête des troupes, pour repousser un roi qui, non content d'avoir
secoué le joug des Hollandais, voulait empiéter sur le territoire de
Coupang[2]. Ce fut le secrétaire du Gouvernement qui nous indiqua
deux maisons, une pour l'observatoire et l'autre pour les officiers. Nous
y descendîmes avec nos effets et les instruments.

Je rendis visite à Mᵐᵉ Tilleman, la femme du secrétaire. C'est une
métis de Java, dont le père était Français. Elle a été élevée à Sama-
rang[3]. Elle sait le hollandais, entend un peu l'anglais et est un peu
musicienne. Sa toilette m'a paru bizarre. Elle avait un grand jupon
noir, plissé jusqu'au bas comme les rochets des prêtres ; par-dessus,
une espèce de camisole noire qui descendait aux genoux. Des cheveux
longs et plats tombaient sur ses épaules.

Le jour où elle vint me voir, elle était mise comme une Européenne.
Elle n'est pas jolie, mais elle a de très beaux yeux noirs et un air fort
doux et aimable. Elle m'a dit quelques mots en malais ; mais comme
je ne le connais que très peu, notre conversation fut de courte durée.
Au cours d'autres visites, pour m'amuser, disait-elle, elle me jouait du

1. Fruit au goût de térébenthine.
« Ainsi pas une orange, pas un tamarin, surtout d'aucune espèce de melons et ce
sous peine d'être attaquée d'une horrible maladie..., de la dysenterie, puisqu'il faut
l'appeler par son nom, maladie qui ne manque guère de punir les Européens qui se jettent
sur des rafraîchissement qu'il n'est que trop naturel de désirer sous une température de
33 à 35 degrés » (Lettre à sa mère).
2. Ce roi était Louis d'Amanoéboug, le septième roi de Coupang, fils de Tobaay. Il
était chrétien. Ayant déclaré la guerre aux Rajas ses voisins, pour les soumettre sous sa
domination, ceux-ci firent appel aux Hollandais. Deux expéditions avaient déjà été faites
contre le roi Louis, en 1815 et en 1816, mais sans succès.
3. Là se trouvent des temples dont les vestiges ne le cèdent en magnificence à aucun de
ceux qui existent sur le continent indien.

piano ; mais cela répondait mal à son but, car elle en sait autant qu'une écolière de neuf ans après six mois de leçon.

D'autres fois, des esclaves musiciennes nous donnaient des concerts. Elle avait entre autres une petite timorienne de douze ans, fort gentille qui pinçait assez bien d'une petite harpe, qu'elle ne tenait pas comme en France. Elle était assise et fort bas, sa harpe était si penchée que les cordes étaient en largeur au lieu d'être de haut en bas. Les autres musiciennes jouaient du violon et de la flûte ; quelquefois une voix. Tous les soirs, nous y prenions du café, du thé, ou d'autres rafraichissements[1].

Notre maison n'avait que des volets de bois, troués en haut pour y laisser pénétrer le jour lorsque le soleil forçait à les tenir fermés. Il y a beaucoup de bêtes malfaisantes et particulièrement un lézard qui s'introduit dans les maisons pour vous piquer. Il se nomme Jecko, de son cri qui imite cette consonance. Tous les soirs j'en entendais un, près de notre chambre. De crainte qu'il ne soit entré, j'avais toujours de la lumière. Impatientée de ses cris continuels et rapprochés, je me levai au milieu de la nuit et, la lumière à la main, je me mis à sa recherche et trouvai un gros scorpion près de notre lit.

La chaleur était excessive. M. l'abbé[2], dont la santé est un peu faible, est avec nous à terre et nous ne savons que faire. Les maisons sont cependant bien construites contre la chaleur : elles ont les toits avancés et bas qui ne permettent pas au soleil de pénétrer ; elles sont ouvertes à tous les vents et on peut facilement établir des courants d'air. Un certain jour d'orage, nous souffrîmes horriblement ; l'air nous pesait sur le corps et il y en avait si peu qu'étant assis tranquillement nous transpirions à grosses gouttes. Un orage vint heureusement rafraîchir la température : il tonna beaucoup et il plut.

1. Nous voyions aux soirées de Mme Tillemann un jeune couple de Chinois très aimable, qui garde, ainsi que les nombreux Chinois qui sont à Timor, ses usages et ses costumes. Ils sont instruits et parlent un peu l'anglais. Ils causent beaucoup avec Louis. Je leur ai demandé de m'écrire mon nom en chinois.

Je n'ai pas de peine à croire que j'avais lu dans les historiens que les Chinois ont généralement de l'esprit. Tous ceux que j'ai vu à Timor étaient dans ce cas. Leur costume me plaît beaucoup. Je n'ai vu que des gens d'une condition ordinaire, car la classe ordinaire seule voyage. Je n'ai point vu de femmes ; elles conservent leur usage d'être séparées des hommes comme en Chine (Note de Mme Rose).

2. M. de Quélen.

Le soir, nous allons voir les préparatifs d'une fête chinoise à la pleine
lune. L'église reste illuminée toute la nuit et on brûle devant les idoles
des bûchettes de bois de sandal. Le prêtre donne à Louis des cierges et
des bûchettes à demi brûlés et l'assure qu'en cas de danger cela doit
lui porter bonheur.

Nous revenons à 4 heures du matin pour voir la fête. Les prêtres
font mille grimaces devant les diverses idoles, ils s'agenouillent quatre
ou cinq fois de suite la face contre terre, en marmottant quelques
paroles chinoises. Ils versent du thé dans de petites tasses et les posent
sur l'autel. Il y a, au milieu de leur temple, un arbre planté dans un
petit carré de terre, réservé pour cela et au-dessus duquel le toit est
ouvert pour qu'il puisse recevoir les bienfaits du ciel (la pluie ou le
soleil). Ils l'appellent l'arbre de la vie. Ils vont brûler près de cet arbre
des morceaux de papier doré et coupé en lanières étroites. Les autels
étaient chargés de poulets, de cochons rôtis et bouillis, de pâtés, de
confitures, etc., que chacun doit offrir suivant ses moyens[1].

Après la cérémonie, on nous offrit de tous ces mets ainsi que du thé,
que nous refusâmes. Toutes ces provisions sont emportées par le grand
prêtre qui invite ses amis à venir les partager.

Louis revoit des Malais qu'il a déjà rencontrés dans son premier
voyage. Il va voir des rajahs qui lui offrent des mangues; il leur donne
des outils et instruments en échange.

Dans les soirées de Mme Tilleman, Louis apprend un nouveau jeu
appelé le *tchouka*. Il le joue avec Mme Tilleman, conseillé par une de ses
femmes.

Mme Tilleman vient me faire une visite d'adieu, habillée en noir à
l'Européenne. Elle me donne un oiseau de paradis. Je lui envoie plusieurs bouteilles du sirop qu'elle avait goûté chez moi et qu'elle avait
trouvé bon, ainsi que des biscuits secs sucrés.

Nous partons. Navigation ennuyeuse dans les détroits. Nous voyons

1. « J'ai observé que parmi tout le peuple présent à ces cérémonies, il n'y avait pas
une seule femme, que les assistants paraissaient d'une extrême indifférence et qu'aucun
n'avait l'air de penser intérieurement à la divinité, quelle qu'elle soit, à qui s'adressent
leurs hommages... En voyant les simagrées de ces prêtres, je me rappelais cette strophe
de J. B.

Soyez à jamais confondus
Adorateurs impurs de profanes idoles ;
Vous, qui par des vœux défendus
Invoquez de vos mains les ouvrages frivoles.

de près la côte de *Timor*, qui est fort riche par sa végétation[1] ; de temps
en temps des villes et des établissements hollandais et portugais. Les
vents et les courants contraires nous empêchent d'avancer. Nous ren-
controns un baleinier et nous restons plusieurs jours en vue de l'un et
de l'autre. Le capitaine vient souvent dîner à bord. Devant se rendre
en Angleterre dans six mois il se charge d'une lettre.

Louis envoie un canot à l'île Ombay.

[1]. Ce sont sur la plage de vastes réseaux de cotonniers, de vacois, de cocotiers aux cou-
ronnes si élégantes et si flexibles ; puis vient le rima ou arbre à pain, puis encore le
pandamus, qui de chaque branche laisse tomber des jets nouveaux auxquels la terre donne
de nouvelles racines, le pandamus qui lui, à lui seul, forme une forêt, et l'ébénier au
sombre feuillage, et l'odorant sandal,... et tous ces géants tropicaux se pressent sur ce sol
suave, auxquels les volcans intérieurs ne peuvent arracher ni sa vigueur, ni sa sève...
Timor est sans contredit un des lieux de la terre où la botanique, la minéralogie, la
zoologie recueilleraient le plus de richesses (J. Arago).

ILE BOURBON

VUE DU GRAND-BRULÉ

CHAPITRE VI

DIÉLY. L'ILE ROSE.

La longueur et la contrariété de notre navigation depuis près d'un
mois, joint au grand nombre de nos malades et à ce que nous n'avions
pas pu nous bien approvisionner à Coupang, ces motifs réunis ont
déterminé le commandant à relâcher à Diély. La manière dont on nous
y a reçus m'a beaucoup amusée.

Nous avons mouillé il y a quatre jours. Le salut fait et rendu, Louis
fut encore honoré d'une salve particulière, lorsqu'il arriva à terre dans
son canot. Le gouverneur portugais, don *José Pinto Alcoforado d'Azevedo
e Souza*, accueillit le cher commandant et son état-major avec une
distinction vraiment remarquable, et dès qu'il sut que j'étais à bord, il
m'envoya des fruits et du pain frais, avec l'invitation de dîner avec lui
le lendemain ; et, à ce sujet, il dit à mon mari que les dames notables
de la colonie seraient réunies chez lui pour me recevoir. Pour répondre
à tant d'honneurs, je n'avais pas une toilette d'apparat, rien qu'une
légère robe de mousseline et un chapeau garni de quelques plumes
composaient toute ma parure. Dès que notre canot toucha la terre, on
se mit à tirer, d'un fort près duquel il abordait, tant de coups de canons,
et il y avait tant de monde sur le rivage que le bras de Louis me fut

bien nécessaire pour gagner le bout de la planche sans trébucher. Le gouverneur était là entouré de son état-major, lorsque j'eus mis pied à terre, il me présenta la main, et me fit partager avec lui l'ombre d'un immense parasol que portait un esclave timorien bizarrement vêtu. Un pareil fut tenu sur la tête de Louis.

Nous entrâmes ainsi dans le palais, qu'on avait très artistement orné de feuillages et de fleurs. Nous traversâmes d'abord, au bruit de la musique, une grande cour plantée, tout entourée de jardins. Toute la troupe était sous les armes. Les dames, déjà réunies chez le gouverneur, vinrent m'accueillir au bas de l'escalier. Don José Pinto me les présenta. Ce sont toutes des filles de Raja, qui sont mariées à des officiers portugais, de sorte que leur teint est plus ou moins basané; l'une d'elles est assez jolie femme. Toutes richement vêtues à la mode portugaise, à peu près comme on s'habillait en France il y a 40 ou 50 ans, ayant pour coiffure leurs cheveux plats sur le front, retroussés par derrière en chignon flottant, et attachés sur la tête avec des épingles d'or : elles portent aussi des chaînes d'or au cou. Mais rien ne me donna plus d'envie de rire que l'accoutrement des soldats : figurez-vous une grande camisole ronde ouverte sur la poitrine, un pagne du pays en forme de jupe qui ne va pas aux genoux, par là-dessus un autre pagne jeté sur eux et drapé autour de la ceinture ; le sergent l'avait en écharpe. C'était aussi le seul qui portât un grand chapeau à trois cornes, les autres soldats ont pour coiffure un mouchoir de couleurs diverses, tourné autour de la tête et laissant voir, par le haut, une touffe de cheveux, dans laquelle ils fichent une sorte de peigne en bambou qui les réunit. Tous ont les jambes et les pieds nus. Le sergent porte à la main un long sabre, les soldats ont des fusils armés de baïonnettes.

Les dames rentrées avec nous dans le salon parurent s'occuper beaucoup de moi ; mais comme elles parlaient malais, Louis se chargeait de répondre. Je m'en tenais à des salutations pour les remercier des choses obligeantes qu'elles disaient à mon sujet, et dont je pouvais deviner une partie. Chacune de ces femmes avait une esclave accroupie à côté d'elle, tenant le mouchoir et le sac de bétel. Vous avez lu ce que Péron[1]

1. Naturaliste et voyageur (1775-1810). Il fut attaché à l'expédition Baudin (1800-1804). On a de lui *Voyages et découvertes aux terres australes*, 4 vol. in-8, et in-4. La fin de la relation est de L. de Freycinet.

dit de l'usage du bétel dans ces climats. Presque toutes ces esclaves sont jolies, richement vêtues à leur manière et parées de chaînes et de bijoux d'or.

Le gouverneur m'offrit des fleurs et des pagnes du pays que j'acceptai. Quelques-unes de ces dames s'apercevant que j'examinais les fleurs avec attention, et présumant que je les aimais, envoyèrent leur esclave en chercher pour me les offrir aussi.

Jugeant par ma toilette que la leur était un peu surannée, elles en avaient l'air embarrassé, surtout de leur chaussure. C'était ce que l'on appelait autrefois, je crois, des *mules*, brodées en paillettes ou en soie de couleur. Aussi s'empressèrent-elles de me dire que de grandes demandes d'objets de modes devaient leur arriver de Macas, et qu'elles l'attendaient avec tant d'impatience, que la vue de l'*Uranie* leur avait fait battre le cœur, pensant que ce pouvait être le vaisseau désiré. Elles vantaient par-dessus tout l'avantage de mes cheveux courts et bouclés, dans un pays chaud : leurs maris et le gouverneur les invitèrent à couper les leurs, qu'elles ont très beaux, très longs, et auxquels il paraît qu'elles tiennent beaucoup. L'une d'elles paraissant presque décidée à en faire le sacrifice, le gouverneur demanda des ciseaux et fit mine de vouloir les couper lui-même, mais il fut aisé de voir que la dame n'en était pas tentée. C'était dona Joachim, femme de don Franscisco de Assis Durand, capitan Mor, c'est-à-dire chef militaire immédiatement après le gouverneur.

Celui-ci présenta à Louis deux jeunes esclaves de l'intérieur de Timor, et à moi deux petites filles natives du même pays; il voulait que nous les emmenassions, mais nous le priâmes de nous permettre de les refuser. Il voulait qu'au moins nous en prissions un de chaque sexe ; qu'aurais-je fait d'une petite fille de 6 ans sur le vaisseau ! Après avoir expliqué cela au gouverneur, en le remerciant beaucoup, pour ne pas le désobliger tout à fait, nous avons accepté un des petits garçons de 7 ou 8 ans, que j'ai le projet de laisser au premier endroit où je pourrai croire qu'il sera traité humainement.

Le gouverneur nous donna le spectacle de combats simulés entre des naturels du pays et suivant leur mode sauvage, pour nous faire voir leur adresse et leur agilité. D'abord les combattants se montrent armés de javelots qu'ils se lancent réciproquement; pendant cet exercice ces hommes sont dans un mouvement continuel, — sautant, gambadant, poussant des cris affreux : tantôt ils s'accroupissent presque à terre, puis s'élèvent en l'air, se jettent d'un côté et de l'autre, tout cela à l'effet de dérouter celui qui vise, car l'adresse consiste à saisir le trait en l'air fort adroitement et même à le renvoyer à celui qui le premier l'a lancé. Ces mouvements s'exécutent avec une telle activité que la sueur ruisselle sur le corps de ces malheureux. Le combat à l'arc se fait d'une manière plus posée : ces gens nous y ont donné des preuves d'une adresse incomparable; je les ai vus atteindre un but fort éloigné sans jamais le manquer. Outre ces combats simulés qui n'étaient que pour notre amusement, lorsqu'ils font la guerre tout de bon, ils emploient la massue et le *cris*, espèce de poignard dont la lame empoisonnée s'allonge en serpentant. Les naturels à la solde des Portugais se servent quelquefois de fusils.

Un fort beau dîner d'environ 40 couverts nous fut servi, partie à la manière portugaise et partie à la mode anglaise. Une grande profusion de viande et de ragoûts composait les deux premiers services, auxquels succéda un très beau dessert de diverses pâtisseries, de confitures de Chine et de fruits, qui sont superbes et excellents à Timor. Fidèle à ma parole, je ne mangeai que des mangues et des ananas exquis. La vaisselle et les cristaux qui décoraient la table étaient dignes du reste; un air de grandeur régnait partout, les esclaves des deux sexes étaient nombreux et servaient très bien. On porta, avec du vin de Madère, les santés des rois et princes de France et de Portugal; à chaque toast le canon était tiré et des musiciens jouèrent pendant presque tout le repas.

Après le dîner, le gouverneur, qui est aimable et fort gai, proposa de danser. Ces dames paraissant goûter la proposition, j'acceptai la main de don José et nous dansâmes une anglaise; mais la chaleur me parut si intolérable, que je demandai la grâce de me reposer. Alors les dames de Diély se mirent à danser de très jolies danses malaises, que je voudrais en vain décrire, mais qui ressemblent à ce pas russe que j'ai dansé autrefois. Par un menuet que le gouverneur dansa avec une de ces dames, il nous prouva que, dans sa jeunesse, il dut être un fort bon danseur. Il était tard lorsque nous retournâmes à bord.

Le surlendemain, qui était le 21, pareil grand dîner chez le gouverneur, après lequel il nous mena dans un beau jardin hors la ville, où l'on a fait des plantations de café et de cannes à sucre qui réussissent

PLANCHE VII

BAIE DES CHIENS-MARINS

OBSERVATOIRE DE L'"URANIE"

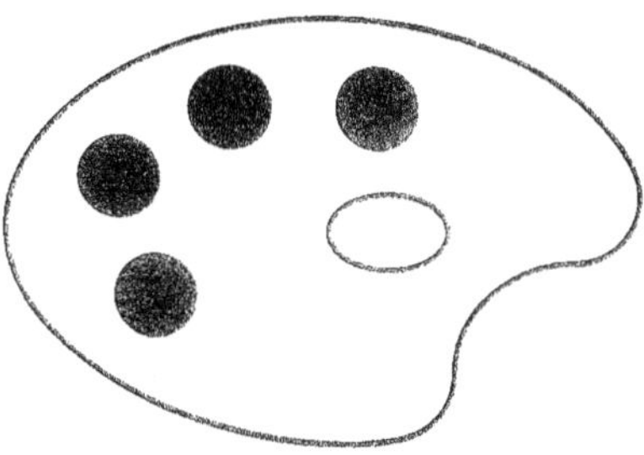

Original en couleur
NF Z 43-120-8

très bien ; pendant la promenade des musiciens qui nous suivaient se
faisaient entendre de temps en temps.

Le terrain de la ville est humide et marécageux, mais les environs
sont très pittoresques. Le gouverneur nous montra un site charmant
qu'il a choisi pour y faire bâtir une maison de campagne, sur le
penchant d'un coteau. L'aspect du pays est moins beau que celui de la
rade de Rio de Janeiro, mais la végétation y paraît fort active, malgré
la rareté d'eau courante. Le but de notre promenade nous ramena chez
le capitan Mor qui nous avait invités à prendre le thé. Par ce qu'il y a
déjà de fait à sa maison, qu'on est en train de bâtir, on peut juger
qu'elle sera fort jolie, quoique construite en bois et en paille, suivant la
manière du pays.

Nous trouvâmes le couvert mis, et bientôt on servit, non pas un
thé, mais le souper le plus somptueux qu'on puisse offrir, et dont la
vaisselle d'argent et les cristaux égalaient ce qu'on peut voir de mieux
chez un riche particulier en Europe. Il était 8 heures, nous avions dîné
à quatre, vous jugez bien ce qui nous manquait pour honorer convenablement ce beau repas. Aucun de nous ne put manger, mais les
toasts devaient être portés, et le furent un peu aux dépens de la tête
d'un des assistants qui devint d'une gaîté extraordinaire.

Le capitan Mor et sa femme firent avec beaucoup de grâce et d'affabilité les honneurs de leur réunion. On dansa après le souper, et si
bien, que nous ne pûmes retourner à bord que fort tard. Lorsque je
fis mes adieux à dona Joachim, elle me fit beaucoup de caresses, et, de
l'air le plus gracieux, ôta de son coup une longue chaîne d'or de
Manille, qu'elle passa autour du mien, me priant de l'accepter comme
souvenir d'elle.

Devant remettre à la voile ce soir ou demain, je suis restée à bord
aujourd'hui, pour me reposer de ces fêtes en vous les décrivant. Le
gouverneur vient d'envoyer un officier chargé de faire ses adieux
solennels au commandant et à l'état-major de l'*Uranie*; il m'a envoyé
divers objets qu'il a cru qu'il me serait agréable d'avoir, comme du thé,
des fruits, etc. De même Louis va lui envoyer plusieurs choses qu'il
croit de son goût : ces MM. font assaut de politesse, suivant l'usage
entre honnêtes gens. Ce bon gouverneur veut bien en outre se charger
de confier cette lettre au premier vaisseau qui devra aller en Europe.
Louis a eu une bonne idée de relâcher ici : car outre que ces quatre

jours d'amusement rompent l'ennui d'une navigation pénible et monotone, ces Messieurs y ont fait des observations précieuses de divers genres, et nous nous y sommes merveilleusement approvisionnés à tous égards.

9 décembre 1818, île Pisang. — Le mauvais état de la santé du respectable abbé de Quélen n'ayant pas permis qu'il descendît à terre à Diély, ce n'est que quelques jours après nous être rembarqués qu'il a baptisé le petit timorien que nous avions ramené à bord. Mon mari et moi, nous sommes parrain et marraine, et, suivant l'intention du gouverneur portugais, nous lui avons donné le nom de Joseph auquel j'ai ajouté celui d'Antonio. Don José a désiré que ce petit être portât son nom, afin, nous dit-il, que nous nous souvinssions de lui; mais, certes, nous ne saurions pas plus oublier la noblesse de ses bons procédés envers nous que l'heureux à propos de cette relâche.

Quoique notre navigation ait été plus facile après avoir perdu de vue l'île de Timor, parce qu'une jolie brise nous favorisait, ce ne fut pourtant qu'après être sortis du détroit que la chaleur, dont nous avons tant souffert depuis notre arrivée à Coupang, est devenue un peu supportable pour ceux qui se portent bien ; nos malades souffrent beaucoup, on craint le scorbut pour M. l'Abbé, la chaleur l'a considérablement maigri. Le second lieutenant, M. Labiche, est attaqué de la dysenterie : plusieurs matelots ont déjà succombé à cette maladie. De si fâcheuses circonstances attristent notre navigation. Sans cela, qu'elle serait agréable dans cet archipel des Moluques; à chaque instant on rencontre des îles dont l'aspect est ravissant : la richesse du terrain se montre par la beauté des forêts naturelles qui les couvrent, dans les endroits qui ne sont pas cultivés. Et que sont les arbres de ces forêts? Ceux même qui produisent les plus précieuses épices : toute l'atmosphère environnante en est embaumée. C'est ainsi que nous sommes passés près d'*Amboine*[1], et plus près encore de *Céram* : deux établissements hollandais si renommés et qui ont tant contribué à la fortune de cette nation.

Je me rappelle quelquefois que ma mère m'écrivait, lorsque j'étais encore à Toulon, qu'une carte des environs de Paris avait suffi d'abord pour trouver respectivement les lieux où nous vivions, qu'ensuite il

---

1. Amboine avait autrefois le monopole des épices.

nous avait fallu celle de France, et qu'enfin ce ne serait plus que sur une Mappemonde qu'elle pourrait nous suivre. Maintenant il faudrait une carte bien détaillée de l'Océanie — s'il en est — pour savoir où nous prendre. Encore entends-je dire chaque jour que Louis fait rectifier des positions géographiques, fautives jusqu'à présent, ce qui ne doit pas étonner dans une partie du monde où il semble que le Créateur ait semé les îles « ainsi que dans nos champs il sème la poussière ». Depuis la Nouvelle Hollande, nous n'avons pas eu d'autre terre que des îles, et de longtems encore nous ne verrons de continent.

De même que les rues détournées et sombres dans les grandes villes favorisent les filous, les nombreux détroits de ces mers sont infectés de pirates qui se réunissent ordinairement pour attaquer les navires marchands, ils tiennent la mer dans des canots longs et étroits comme les pirogues à balancier, se servant de petites pagayes dont la manœuvre diffère de celle de nos rames en ce que la pagaye n'a pas de point d'appui sur le bord de la pirogue. L'autre jour une quinzaine de ces embarcations, nommées *corocores*, parurent se diriger vers nous à l'approche de la nuit. Louis crut prudent de se mettre sur la défensive, en cas d'attaque; mais les pirates entrevirent sans doute la force de la corvette et continuèrent leur route.

Peu de jours après ce petit événement, nous rencontrâmes de nouveau plusieurs corocores armées; mais celles-ci appartiennent au Kimalaha de l'île de Guébé. Je ne dis pas pour cela que ce ne soient pas des pirates; Louis croit qu'ils le sont dans l'occasion, et que même ils guettaient quelques bâtimens, lorsque nous les aperçûmes; mais le chef, voyant, aussi bien que certain loup, que nous étions de force à nous défendre hardiment, monta à notre bord pour entrer en propos. Non seulement il fut bien reçu, mais Louis l'invita à déjeuner, ce qu'il accepta sans se faire prier. Il se montra bientôt fort épris d'une de nos chaises, qui lui fut donnée à l'instant; en témoignage du plaisir que lui faisait ce cadeau, il ne vit rien de mieux que d'ôter son propre chapeau et de le mettre sur la tête de Louis, qui me parut fort plaisant, avec cette sorte de parasol en paille, très finement travaillé au reste, mais dont la forme s'élève en pointe, à peu près comme nos couvercles de casseroles.

Le nom de ce singulier personnage est Abdalaga-Fourou : il parle fort bien le malais; de sorte que Louis tire de lui force renseignements.

Les chefs des autres corocores vinrent le joindre et restèrent, ainsi que lui, à dîner avec nous. Le Kimalaha, mieux vêtu que les autres, avait un pantalon et une manière de robe de chambre ouverte, en indienne fond blanc rayée et à fleurs· rouges; sous le chapeau, un petit turban rouge dont la calotte est en paille fine. Son teint est cuivré, sa physionomie vive et spirituelle. Ces hommes mâchent continuellement du bétel et de la chaux : ils ont pour serrer cela de jolies petites boîtes en paille fine, teintes de diverses couleurs. Ils firent beaucoup d'échange de flèches, de pagayes, etc., contre des miroirs, des couteaux, du linge, etc. Lorsque la nuit vint, Abdalaga Fourou retourna à son bord, nous promettant de revenir le lendemain. Ce prince avait fort invité Louis d'aller à Guébé, et tandis qu'il était ainsi sur notre vaisseau, afin de communiquer plus facilement avec ses corocores, il avait prié qu'on les prît à la remorque; mais sitôt que la brise s'éleva, ils larguèrent les amarres et nous quittèrent pour retourner à Guébé; ce qui fait que Louis ne croit pas du tout à la promesse que le Kimalaha lui a faite de venir nous retrouver à Waigiou, où nous devons relâcher pour les observations.

Pour mettre à profit l'inaction forcée où nous tient le calme qui dure depuis quelques jours, le commandant a expédié MM. les naturalistes sur l'Ile Pisang. Dès que le vent et eux seront de retour, nous continuerons de voguer.

24 décembre (île Waigiou). — Nos docteurs ne furent pas plutôt revenus avec des pierres, des coquilles et des plantes qu'un orage a fait cesser le calme, et l'*Uranie* s'est mise en route : n'y a-t-il pas de quoi me réconcilier avec les orages, que depuis quelque temps nous n'avançons qu'à la faveur du vent qu'ils nous procurent? Néanmoins cette alternative presque continuelle de calme et de bourrasques est souvent dangereuse, au milieu de ce grand nombre d'îles, dont les côtes, pour la plupart, sont hérissées de rochers. Il y a huit ou dix jours qu'après une journée de navigation assez belle, il survint tout à coup, dans la nuit, un calme plat. Heureusement la lune brillait et Louis veillait. A 3 heures du matin, il s'aperçut qu'il y avait peu d'eau sous la corvette; il fit sonder, on ne trouva que 9 brasses. Un canot envoyé un peu plus loin n'en trouva plus que six et notre vaisseau en tire près de trois. Le commandant fit jeter, bien à propos, une ancre de détroit;

PLANCHE VIII

PREMIÈRE ENTREVUE AVEC LES SAUVAGES

nous étions entourés de rochers épouvantables sur lesquels les courants portaient avec une extrême violence. Si l'ancre n'eût pas tenu, c'était fait de nous : notre malheureux vaisseau se brisait inévitablement sur ces rochers. Tout le jour se passa dans les alarmes, parce que de nouveau le calme et les courants nous menacèrent. Il fallut qu'un orage vînt nous pousser hors de ce terrible détroit, qui est entre les îles Wiag et Balabalak.

Le vent s'étant soutenu nous permit de faire route à l'Est : le temps était superbe, la mer belle et la lune dans son plus grand éclat. Dès que le courant fut redevenu favorable, nous reprîmes notre route : mais bientôt, le vent ayant contrarié nos manœuvres et le calme étant survenu, nous nous trouvâmes encore dans une position périlleuse, et tout entourés de brisants sur lesquels il était à craindre que nous ne fussions entraînés ; enfin un orage violent qui vint nous assaillir dans ces circonstances nous permit de sortir du détroit avant la nuit et de nous rapprocher de l'île Waigiou.

Les cartes n'indiquent qu'une île Wiag, mais c'est un archipel de plus de 50 îles ou îlots, et qui sont pour la plupart d'une forme bien extraordinaire. Figurez-vous une base rentrée partout et circonscrite au terrain, comme si la main du Créateur eût posé une grande île sur une plus petite, qu'elle déborde de 6 ou 7 pieds tout autour en forme de chapeau. Ces îles seraient, en conséquence, absolument inabordables, s'il n'y avait, par-ci par-là, quelques anses sablonneuses. Il ne paraît pas y avoir d'habitants, quoique la végétation y soit très active, et même, jusque sur ces bords en saillie, la terre est couverte d'arbres.

En faisant route pour nous rapprocher du havre Boni, sur l'île Waigiou, nous avons rencontré une pirogue montée par huit sauvages. Le chef seul était vêtu, à peu près comme les chefs de Guébé ; mais la figure et surtout la coiffure baroque des autres sauvages m'ont paru bizarres : ils sont petits, leur teint est basané, leurs cheveux lisses, quoiqu'on ait écrit le contraire. Ce qui a pu tromper les voyageurs, qui ont cru leurs cheveux frisés, c'est qu'ils les crêpent ou plutôt les ébouriffent je ne sais comment, de telle sorte que toute leur chevelure forme un volume si touffu, si énorme, qu'une tête est grosse comme quatre têtes. Or, jugez de l'effet sur des corps qui n'ont pour tout vêtement qu'une bande d'écorce de figuier banian, large comme les deux mains, tournée autour des reins, et dont un bout passe entre les cuisses et revient s'entortiller par devant à la ceinture. Ce vêtement, aussi léger qu'indispensable, se nomme un *langouti*, je le crois d'une mode fort ancienne, car ce dut être celui de notre premier père après son péché.

Je vous ferais peut-être trembler si je vous disais que ces sauvages sont des papous, ou habitans de la Nouvelle Guinée, dont la réputation est d'être anthropophages; mais Louis dit que si cela peut être vrai, à l'égard de ceux de la partie méridionale, fort éloignée du point où nous sommes; au contraire ceux-ci sont doux et spirituels. En effet, nous en voyons chaque jour à présent, et ils paraissent peu redoutables.

Vers le soir du 15, comme nous approchions de ce havre Boni, où l'on comptait s'établir pour les observations, la couleur de l'eau ayant changé tout à coup, la sonde révéla l'existence d'un banc de corail inconnu, ce qui nous mettait dans une position dangereuse; heureusement que le vent était fort et qu'on put manœuvrer de manière à quitter ce lieu et atteindre une mer libre. Alors Louis se détermina à venir mouiller entre la petite île Rawak et Waigiou, c'est même sur la première qu'on a dressé une tente pour l'observatoire.

Remarquez bien que nous sommes précisément sous l'Equateur et que nous avons le soleil à plomb; cependant, quoique la chaleur soit très forte, elle l'est moins qu'à Coupang, parce que ces îles sont extrêmement humides et couvertes de bois; c'est aussi ce qui les rend fort malsaines; en conséquence le commandant ne fait coucher à terre que le moins de monde possible. Quant à nous, j'espère que nous continuerons de revenir chaque soir à bord, ainsi que nous le faisons maintenant, dès que les observations sont faites. La corvette n'étant pas éloignée de terre, le trajet est court et facile.

Une pirogue de papous, toute semblable à la première, est venue le 16, dès que nous eûmes mouillé à Rawak; ces sauvages nous offraient des œufs de tortues et des tortues aussi; mais ils les voulaient vendre trop cher : ce serait mettre les choses sur un mauvais pied; on ne leur a rien acheté. Le chef parle un malais mêlé de papou. Lorsqu'il rencontra le chef de l'autre pirogue, ils se saluèrent, en portant la main d'abord à la tête, puis au cœur, puis à l'épaule l'un de l'autre, et enfin en faisant toucher leur nez.

L'aspect de ces îles est assez agréable à l'œil, mais seulement par les beautés naturelles, car rien n'y présente l'idée d'un établissement fixe.

Quelques cabanes délabrées sont perchées çà et là sur des pilotis, au bord de la mer : ainsi isolées, à cause des serpens, ces cahutes paraissent abandonnées, et sont inhabitables. Ce n'est qu'à l'aide des voiles du vaisseau qu'on a clos suffisamment quelques-unes de ces méchantes habitations pour y établir les instrumens et l'observatoire. Nous sommes mieux, abrités sous la tente, mais le terrain en est humide : l'autre jour j'y avais laissé un coussin, sur lequel je m'assieds ordinairement; le lendemain, voulant me placer ailleurs, je vins prendre ce coussin, un serpent qui s'était blotti dessous s'en échappa, je m'enfuis tout effrayée hors de la tente. Croyez-vous que j'y sois à présent fort rassurée. J'aime mieux me tenir sous un arbre pour lire ou travailler, tandis que ces messieurs font leurs observations du pendule et autres. Ce n'est, au reste, que lorsque j'ai besoin de me reposer, car j'emploie, ici, plus que dans nos autres relâches, une grande partie de mon temps à mes petites recherches d'histoire naturelle : des oiseaux, des insectes, des coquilles, quelques minéraux mêmes... Vous verrez mes richesses, j'espère, et qu'elles seront pour nous une source de souvenirs.

Ce qui gâte bien un peu mes longues promenades, ce sont les vilains serpents que j'aperçois quelquefois et que je redoute toujours, nos naturalistes en sont plus curieux que moi; je ne leur envie pas ces rencontres, comme celle qu'ils firent hier, m'ont-ils dit, d'un oiseau de paradis vivant : ah! que j'aurais voulu pouvoir admirer moi-même la grâce de l'aspect et du vol de ce charmant oiseau!

Mais parlons des papous, nous en voyons souvent : pour de petits couteaux, des miroirs et autres bagatelles, ces sauvages nous apportent des tortues, du poisson frais, quelques bananes et de beaux pigeons couronnés, d'un gris bleuâtre, qui ont bien un pied et demi de haut, qui sont très bons à manger, et qu'on nomme *Mambrouk*. Les cocotiers sont ici très communs : pour des aiguilles ou des épingles, les sauvages les escaladent fort lestement et nous en cueillent les fruits. Nos matelots grimpent aussi très bien; mais lorsque leurs efforts ont pour but d'obtenir le chou même d'un cocotier, encore qu'ils choisissent les plus jeunes, comme c'est sacrifier l'arbre que de couper ce chou, ils se cachent soigneusement des sauvages. Un grand arbre de cette espèce qui gênait les observations, ayant été mis par terre, l'un d'eux vint tout en colère se plaindre, de la part, disait-il, de celui à qui appartenait l'arbre, réclamant des indemnités; un mouchoir de poche a terminé la contestation. Ce Papou se nomme Moro, natif des îles Ayou, à peu de distance de Rawah ; il a plus de vivacité et d'intelligence que tous les autres et parle assez bien le malais. Malgré la saleté de ses manières, Louis le fait manger avec nous : le goût qu'il a pris à notre cuisine le rend fort divertissant : entre mille traits de gloutonnerie, dont il ne cesse de nous étonner, son grand plaisir est de renverser la poivrière dans sa main et de humer le poivre pur, le savourant avec délices, comme un enfant ferait du sucre en poudre ; les achards lui paraissent trop doux, il les mange en manière de confiture : que dites-vous de la vigueur de ce palais sauvage ! Après chaque repas il demande, et on lui donne l'assiette, le verre et la bouteille dont il s'est servi, il voulait même la serviette, mais cet article n'a pas été accordé. Aimable, gai, spirituel, il sait flatter adroitement et même avec une sorte de délicatesse, pour obtenir ce qu'il désire. Il n'avait en arrivant que le langouti, il fit entendre que pour paraître à la table d'une dame française, il était trop peu vêtu, on lui donna un pantalon de Nanquin et une chemise, puis il demanda des rubans pour se faire des bretelles. Ainsi accoutré, Moro était l'homme le plus heureux de la terre, rien n'est comparable à la joie qu'il témoignait. En vérité, ce papou, par son amabilité, ne serait pas trop déplacé en bonne compagnie, et quand je me figure à côté de lui un habitant de nos montagnes ou même de nos paysans grossiers, je me demande quel est le sauvage. Mais, à dire le vrai, Moro est furieusement rapace : il s'est établi chef de police, pour empêcher les autres sauvages de monter à bord ; c'est lui qui fait les marchés, et nous remarquons qu'il garde toujours quelque chose pour lui ; malgré tout, il nous est utile ; en y gagnant il nous fait avoir les denrées à meilleur compte, son intelligence est comparable à celle du plus astucieux brocanteur de l'Europe.

Malheureusement les objets d'échanges que nous avons sont ceux qui conviennent le moins à ces gens-ci : ils préféreraient à la quincaillerie des étoffes, des mouchoirs, du linge, et nous en avons peu à céder. Si je ne prévoyais pas que de plus d'un an nous ne serons à portée de remplacer les effets qui leur font envie, pour avoir les rafraîchissemens qui nous sont nécessaires, j'en céderais davantage : mais il faut penser à l'avenir.

Dans le nombre des papous qui viennent ainsi pour des échanges, ils s'en trouve quelques-uns d'horriblement défigurés par une lèpre

BAIE DES CHIENS-MARINS

ENTREVUE AVEC LES SAUVAGES

écailleuse très dégoûtante à voir, mais qui, dit-on, ne se communique
pas par le toucher; et tant mieux! car ces gens ont l'usage de tendre la
main à tout venant, comme les Anglais.

Je n'avais jamais vu faire de charbon de bois et je croyais cela très
difficile; nous en manquions en arrivant ici; Louis vient d'en faire faire.
Tout en m'amusant à observer les procédés si simples qu'on employait
pour cela, je pensais combien il est utile aux marins de n'être
étrangers à rien, surtout pendant une longue navigation : mon mari
n'est jamais embarrassé, il n'est même presque pas d'ouvrier qu'il
n'éclaire dans l'exécution de son travail: la vivacité et la justesse du
coup d'œil, jointes à beaucoup de sang-froid, le font triompher de
toutes les difficultés.

2 janvier 1819. — Je voulais hier commencer cette nouvelle année
en vous la souhaitant bien heureuse, je dis aussi heureuse qu'elle peut
l'être pour vous, pendant l'absence de ceux qui vous sont chers et qui
vous aiment si tendrement ; une visite, fort inopinée, vint m'enlever à
ce devoir cher à mon cœur, en m'obligeant de m'occuper d'un grand
nombre de nouveaux hôtes. Le bruit d'une musique guerrière, qui
paraissait venir de derrière la petite île Rawak, nous annonça l'arrivée
des corocores de ces guébéens que nous avions rencontrés dans l'archipel des Moluques. C'était Abdalaga-Fourou, venant ainsi qu'il l'avait
promis, accompagné de ses sept frères et d'un neveu. Louis, qui n'avait
guère compté sur cette promesse, aurait mieux aimé qu'il en différât
l'effet d'un jour de plus.

Les observations qu'on devait faire en ce lieu étant terminées, le commandant avait le dessein de célébrer le premier jour de ce nouvel an,
par un dîner offert à tout l'état-major. En conséquence il fit fort bien
entendre au Kimalaha que les Européens étaient dans l'usage de donner
cette journée à des cérémonies qui ne lui permettaient pas de le garder ;
et pour adoucir la chose, il l'invita à venir dîner aujourd'hui à bord
avec toute sa compagnie. Ils y sont venus. Mais quels singuliers convives que ces gens-là ! A peine étaient-ils à table avec nous, que tous,
comme frappés d'un même coup, se lèvent et s'éloignent avec une sorte
d'horreur, et par quel motif, bon Dieu ! parce qu'au nombre des mets,
ils venaient d'apercevoir du cochon et de la tortue. Nulle raison n'a servi,
il a fallu ôter de table les plats dont la vue choquait leur dévotion dia-

bolique ; et sur ce que Louis s'est fait rapporter un morceau de l'un de ces mets, ils allaient se retirer encore, si l'on n'eût trouvé le moyen d'éloigner le profane, qui a bien voulu consentir à manger son morceau de tortue sur le buffet, en riant de tout son cœur des lois prohibitives et insociables de Mahomet. Pendant le conflit, je pensais tout bas que les préceptes de l'alcoran sont plus respectés par ses sectateurs, que les commandemens de l'Eglise ne le sont par les catholiques. Je n'ai pas oublié la réponse que vous m'avez dit qu'un grand docteur faisait dans un cas analogue à celui-ci.

Quoique les naturels de Guébé soient idolâtres, leurs chefs sont, comme vous voyez, des zélés mahométans. Plus tolérans sur d'autres chapitres, ils ont laissé boire du vin à qui a voulu : mais pour se dédommager, ils prennent du café en abondance et trouvant nos tasses ordinaires trop petites, ils se sont fait apporter de grands bols, que chacun d'eux a vidés plusieurs fois. Ils n'ont pas moins savouré les liqueurs de la Martinique, et ont fini par boire de l'arak en quantité. Les mets qu'ils paraissent préférer sont les légumes, les confitures et surtout notre pain dont ils sont friands.

Après le dîner, ils se sont mis à brocanter : ce serait ménager les termes que de dire qu'ils le font avec finesse, je crois que rapacité convient mieux. Ils n'ont guère apporté que quelques oiseaux et des muscades, et n'ont rien donné qu'en échange d'effets, malgré la bonté qu'a eue Louis de les combler de cadeaux. Enfin ils sont devenus tellement indiscrets, qu'il a fallu battre un peu froid pour les décider à s'en aller coucher à terre ; et comme ils se sont retirés à Rawak dans les méchantes maisons du bord de la mer, où Louis a encore des instrumens d'importance démontés et d'autres effets, et que ces gens sont en grand nombre, le commandant a eu soin d'envoyer un renfort d'hommes et d'armes pour garder les effets.

L'un des frères d'Abdalaga Fourou, plus âgé que lui, se souvient fort bien d'avoir vu les envoyés de M. Poivre[1] à Guébé, lorsqu'ils y allèrent chercher les arbres à épices, qui depuis lors ont si bien prospéré dans nos colonies. Il paraît que nos compatriotes ont répandu dans cette île une bonne opinion des Français, qui y dure encore.

5 janvier 1819. — Depuis avant-hier que je quittais cette lettre, j'ai

1. Poivre (1719-1786).

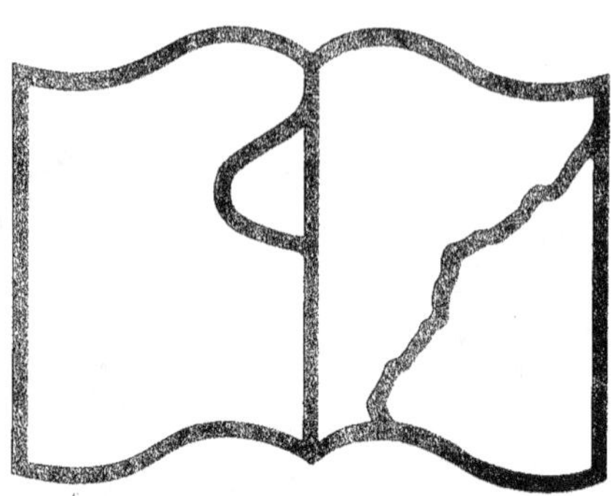
Texte détérioré — reliure défectueuse
NF Z 43-120-11

pu croire que je ne l'achèverais jamais : Dans une course sur l'île des
Manouaran, on trouva un fruit qui ressemble un peu à une olive et dont
l'amande est d'un goût très agréable ; beaucoup de personnes en man-
gèrent, et moi surtout avec grand plaisir. Peu de tems après, un vomis-
sement affreux me prit et dura pendant 15 heures presque sans relâche :
on me traita comme une personne empoisonnée ; je croyais l'être mor-
tellement ; grâce à Dieu, je n'en ai plus que beaucoup de fatigue, suite
inévitable d'un accident que je dois sans doute à ma constitution fémi-
nine, puisque, parmi ceux qui en ont mangé, quelques-uns seulement
en ont été légèrement incommodés. Les sauvages ont dit que ce petit
fruit (d'une plante que nos naturalistes nomment *Ximenia multiflora,*
et les guébéens *fofolaout*), n'est malfaisant que lorsqu'il n'est pas suffisamment mûr, et qu'ils s'en régalent impunément, quand ils le cueillent en maturité.

12 janvier. — Ce m'est une douceur tant que dure cette pénible navigation de venir causer avec vous, ma mère ; surtout dans les momens
où j'ai besoin de reprendre courage. Le séjour aux îles humides de
Rawak et Waigiou a augmenté le nombre de nos malades, et empiré
l'état de ceux qui l'étaient déjà : des fièvres alarmantes se sont déclarées.
Le pauvre M. Labiche, le second lieutenant, succomba le 9 de ce mois,
laissant après lui autant de regrets que si la longueur de sa maladie
n'eût pas dû faire prévoir ce malheur. C'était un jeune homme très
aimable et un officier estimé de tous ses camarades. L'état du bord
devient de jour en jour plus déplorable : il y a déjà 20 personnes sur
les cadres ; à chaque instant je crains d'apprendre que ce climat si dévo-
rant marque de nouvelles victimes. Ce qui me désole, c'est de n'avoir
plus de rafraîchissemens à offrir à ces pauvres malades. Quelques
volailles nous restent encore, je les leur réserve et les leur consacrerai de
bien bon cœur, puisque nous nous portons très bien. Fasse le ciel
qu'après cela Louis ne tombe pas malade lui-même, lorsque nous aurons
épuisé toutes nos ressources ! Mais que dis-je ? Non, j'ai la confiance
que le Tout Puissant ne nous abandonnera pas : Dieu laissa-t-il jamais
ses enfans au besoin ?

Ceux qui disent que le mois de février est le plus court de l'année
l'auraient trouvé bien long, s'ils l'eussent passé comme nous : j'ai cru
qu'il ne finirait jamais ! Sans savoir encore ce que celui-ci offrira de

soulagement aux souffrances de nos malades, c'est une petite douceur de voir avancer un tems malheureux… C'est sans doute qu'on espère ! *L'espérance, dit un auteur que nous aimons, est la nourrice des infortunés : placée près de l'homme, comme une mère auprès de son enfant malade, elle le berce dans ses bras, le suspend à sa mamelle intarissable, et l'abreuve d'un lait qui calme ses douleurs.* Qui jamais sentit mieux que nous la vérité de cette agréable et juste pensée ! Que nous, réduits à la seule douceur de ce lait bienfaisant ! N'ayant approché d'aucune terre depuis que nous quittâmes les îles humides Rawak et Waigiou, où nous avons pris une partie des maux qui nous affligent, nous les voyons s'accroître journellement. Vous jugerez bien que la pénurie des secours et mes inquiétudes augmentent ; je dérobe de celles-ci ce que je puis à mon meilleur ami dont le cœur a bien assez des siennes propres. Notre santé toujours bonne au milieu de ces misères soutient notre confiance. Ce bonheur me paraît si miraculeux, que je suis persuadée qu'une sage providence veille sur nous et ne veut qu'éprouver notre courage. Ces réflexions sérieuses nous expliquent mon long silence : Oserais-je vous entretenir plus souvent, n'ayant que des plaintes à exprimer ?

14 mars. — Après avoir vu, mais seulement de loin, les petites îles des Anachorètes et celles de l'Amirauté, flottant toujours entre les calmes et les orages, le seul événement qui ait pu m'intéresser quelques instans, ça été la rencontre que nous fîmes il y a peu de jours d'une troupe de gros poissons, de la forme d'une raie, mais d'une énorme grosseur, et ayant de longues cornes à la tête : le hasard a voulu que ce soit moi qui les aie assez bien vus pour en tracer un croquis ; et je l'ai fait, parce qu'il paraît que cette espèce de poissons n'est pas connue.

Nous avons atteint le 12 de ce mois les îles Carolines. Nous ne nous y sommes pas arrêtés, espérant arriver sous peu de jours aux îles Mariannes, où il y a un établissement espagnol, tandis qu'aux Carolines il n'y a que des sauvages : mais qu'ils sont aimables !

Dès que notre corvette put être aperçue, un grand nombre de pirogues grandes et petites, très remarquables par la manière dont elles sont faites et leur élégance, vinrent autour du vaisseau, et des échanges commencèrent qui nous fournirent du poisson frais, des cocos, des pagnes, etc… Les Carolins ne tardèrent pas à monter à bord : ils sont

en général de figure gracieuse. Presque tous nus, à la réserve du langouti ou ceinture, comme les autres sauvages, ils ont les bras et les
jambes tatoués en bleu ; les chefs portent un pagne, à travers lequel
une ouverture laisse passer la tête, ce qui donne à ce vêtement la forme
d'une chasuble. Ils ont les oreilles fendues et pendant très bas, quelques-
uns passent dans cette fente de grosses fleurs jaunes et des branches
garnies de feuillages. Leur teint est cuivré clair et leur physionomie
ouverte, vive et spirituelle : leur gaîté est surtout remarquable, la moindre chose les fait rire tous aux éclats : sur la plus légère provocation ils
se mettent à danser. Une parfaite bonne foi règne dans leurs échanges,
et ce qui dépose en faveur des dispositions pacifiques de ces bonnes
gens. c'est qu'ils n'avaient entre eux tous qu'une sagaïe, qu'ils ont consenti à céder fort indifféremment. Ils manient avec une adresse incroya-
ble leurs pirogues, dont le travail est vraiment admirable ; elles sont
de la forme la plus gracieuse, peintes et vernies en rouge avec le bord
noir, comme les vases qui viennent de Chine. Non seulement ils ne sont
pas étonnés de voguer en pleine mer sur ces frêles embarcations, mais
tandis qu'il y en avait un grand nombre autour de la corvette. elles
s'embrouillèrent de telle sorte que l'une d'elles chavira : aucun des sauvages n'en parut effrayé ; et, par une manœuvre fort adroite, la pirogue
culbutée fut bientôt remise à flot et ceux qui la montaient aussi gais
que s'il ne leur fut rien arrivé.

17 mars. — Dieu soit loué ! depuis près de cinq mois que nous
vivions à bord, nous voici enfin tout près d'une relâche. qui, sans doute,
aidera nos malades à se rétablir et nous procurera des provisions fraîches. Nous pouvons juger de ce que nous devons espérer, par ce que
déjà nous éprouvons : nous n'étions pas encore au mouillage, qu'un
canot accosta le bord, portant un officier qui venait de la part du gouverneur espagnol, Don José de Médinilla y Pineda. s'informer qui nous
étions : satisfait à cet égard, il nous laissa louvoyer et retourna à terre.
Nous n'avions pas eu le temps de laisser tomber l'ancre, qu'un autre
canot arriva rempli de provisions fraîches et disponibles à l'instant.
même : c'était de la viande, du poisson, des plantes potagères, des
fruits, etc... La manne du désert ne fut pas accueillie par les Israélites,
avec tant de joie et de reconnaissance, mais quelle attention de la part
de ce bon gouverneur ! Je ne l'avais pas encore vu, que ce trait seul me

l'a fait croire d'avance un excellent homme ; et il n'a pas tardé à se montrer tel, ainsi que vous allez le voir.

C'est hier soir que nous mouillâmes dans cette rade, et que nous fûmes si gracieusement prévenus. Louis a, ce matin à 7 heures, envoyé son 1er lieutenant au gouverneur, pour le remercier, traiter du salut et annoncer qu'à midi il irait faire visite à Son Excell. et lui présenter l'état-major de l'*Uranie*. M. Lamarche de retour, les 21 coups de canon ont été tirés respectivement ; puis, dès 9 heures, à notre grand étonnement, est arrivé M. de Médinilla, accompagné du Sergente major, Don Luis de Torrel.

Le bon gouverneur s'est informé de notre situation avec grand intérêt, il a promis de pourvoir à nos besoins, autant que le permettent les faibles ressources qu'offre sa colonie, nous assurant que tout ce qu'il y possède est à notre service. Peu après le départ de D. Medinilla, Louis et son état-major sont allés lui rendre visite, et mon mari vient de me faire dire ne pas l'attendre pour dîner. Je n'en suis pas étonnée. Le séjour à terre étant le remède qu'on doit procurer le plus tôt possible aux malades, après une longue navigation, Louis avait le projet de s'occuper sans délai d'un local pour recevoir la partie souffrante de l'équipage. Ce soin et d'autres le retiendront probablement à terre le reste de la journée. Quant à moi, je ne me suis mise à causer avec vous, qu'après avoir préalablement savouré quelques figues bananes et une jatte d'excellent lait, sans préjudice d'une salade de pourpier fort tendre. Ne riez pas de ces objets de ma sensualité ; ils tirent leur prix des privations qu'on éprouve pendant un séjour si prolongé loin de terre.

La baie d'Umata n'est ni profonde ni fermée ; d'où je la vois, la ville me paraît peu considérable : on n'aperçoit que quelques édifices en pierres, l'un est le palais du gouverneur, l'autre une église attenant à un couvent. C'est l'espagnol qu'on parle ici ; ce que je sais d'italien m'aide plus que je ne l'aurais cru à entendre cette langue ; d'ailleurs le provençal, avec lequel je me suis un peu familiarisée à Toulon et à Marseille, n'y nuit pas non plus.

18 mars. — Louis revint hier de bonne heure bien content d'avoir trouvé où loger ses malades, dans un ancien couvent d'augustins déchaussés : ils y seront d'une manière saine et commode ; cependant ce ne sera que pour peu de jours, car Umata n'étant pas la demeure habi-

PLANCHE XI

VISITE AU RAJA DE L'ILE ROTTY

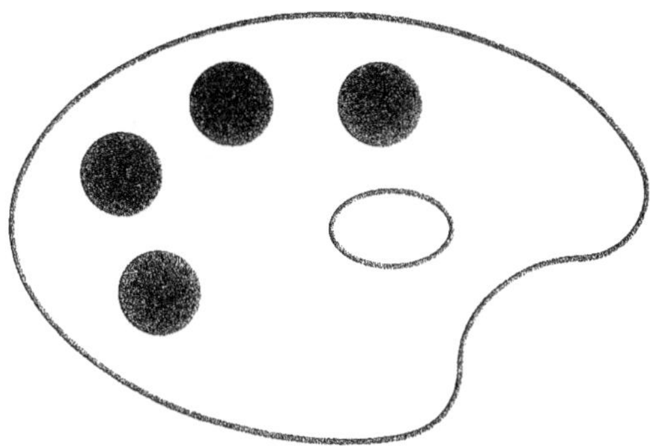

Original en couleur
NF Z 43-120-8

tuelle du gouverneur, il n'y est venu qu'à cause de nous ; d'ailleurs, excepté de l'eau, qui y est très bonne et plus facile à embarquer qu'à Agagna, il faudrait faire venir tout le reste de cette capitale de l'île ; c'est pourquoi il est convenu, avec Don Medinilla, que, sitôt la provision d'eau faite, la corvette ira au port de San Luis de Apra, près d'Agagna, et que nous, personnellement, nous resterons à bord jusqu'à la translation, ce qui me plaît assez. Lorsque Louis et ses officiers allèrent hier faire leur visite d'étiquette au gouverneur, il les invita tous à revenir dîner avec lui, ajoutant très gracieusement que désormais il voulait que, sans nulle cérémonie, ces messieurs regardassent sa maison comme la leur. Après avoir accepté très volontiers une offre si aimable, chacun se mit à courir la ville, mon mari s'occupant de choisir des logemens, trouva ce que je vous ai dit. Accablé de fatigue et de chaud, il retourna chez le gouverneur : la table était mise et couverte de fruits et de pâtisseries légères, au milieu desquels on plaça deux grands bols de punch. En voyant ce service qui lui parut étrange, Louis rêva que, peut-être, il était jour maigre dans le pays, et ce qui dut ajouter à ces idées de mortification c'est que ce repas, qu'il croyait être le dîner, se faisait debout. Cependant, comme on doit se conformer aux usages des lieux où l'on se trouve, Louis ne pensa plus qu'à satisfaire, aux dépens des mets qui lui étaient présentés, le bon appétit dont il est ordinairement pourvu. Mais bientôt, autre sujet d'étonnement ! la table débarrassée se retrouva de nouveau couverte de toutes sortes de viandes arrangées de mille manières, enfin un très beau dîner. La collation qui l'avait précédé se nomme *refresco*, et n'est destinée qu'à mettre en appétit. C'est un ancien usage qui vient de Manille. Il eût été bon de savoir cela d'avance. Je ne l'oublierai pas, aujourd'hui que je suis invitée à dîner chez le gouverneur.

20 mars. — Les malades sont tous à terre, depuis hier de bon matin. Les palanquins ne sont pas en usage ici, pour transporter les personnes qui ne peuvent marcher : on se sert de hamacs en filet, qui y suppléent très bien. Louis escorta lui-même M. l'Abbé de Quélen qui fut porté dans son hamac chez le gouverneur, qui veut le loger et en prendre soin. Je descendis aussi pour me rendre à l'invitation de D. Medinilla. Nous étions environ cinquante personnes à table, car outre l'état-major de l'*Uranie* et les principaux fonctionnaires du pays,

il s'y trouvait aussi les passagers et les officiers du vaisseau espagnol,
La Paz, qui part après-demain. J'étais seule de femme. Quel dîner,
bon dieu ! Ce serait bien le cas de s'écrier avec certains voyageurs :

> Toi qui présides aux repas,
> O Muse ! sois-moi favorable ;
> Décris avec nous tous les plats
> Qui parurent sur cette table.

Mais la description serait longue, car quelqu'un prétend y avoir
compté 44 plats de viande à chaque service, et il y en eut trois complets.
Le même observateur dit qu'il a été tué, en l'honneur de ce repas, deux
bœufs et trois gros cochons, sans parler du menu peuple des forêts,
de la basse-cour et de la mer. Depuis les noces de Gamache, il ne
s'est pas vu, je crois, une telle tuerie. Le gouverneur a cru, sans doute,
que des gens qui avaient souffert longtems les privations qu'on éprouve
à la mer, devaient être traités avec profusion. Le dessert ne fut ni moins
abondant, ni moins varié, et ne fit pas cependant la clôture du repas :
les restes en furent levés et remplacés par le thé, le café, la crème, les
liqueurs de toutes les sortes, et comme le *refresco* n'avait pas manqué
d'être servi une heure auparavant, suivant l'usage, vous conviendrez
que certains amateurs que nous connaissons n'auraient eu à regretter
là que le peu de capacité de leur estomac. La fête du Gouverneur, que
l'on célèbre aujourd'hui, doit nous réunir chez lui de nouveau *in fiocchi*.

Hier, après dîner, on me fit jeter un coup d'œil sur la ville d'Umata,
ce qui fut bientôt fait, car elle n'est ni grande ni belle, ni très peuplée.
Ce que j'y ai trouvé de plus agréable, c'est une longue allée couverte et
bien ombragée formée de deux rangs d'orangers et de citronniers, en
dehors desquels s'aperçoivent de chaque côté des maisons entremêlées
de grands cocotiers. Ce chemin conduit, le long du bord de la mer, de
la maison, ou si vous voulez, du Palais du Gouverneur au fort animé
de San Angelo qui se trouve sur une hauteur. Je me promenais le soir
avec délices, sous cet ombrage, avant de retourner à bord. Il me fut
présenté, pendant cette promenade, une requête dont, assurément,
vous ne devineriez pas l'objet. Il est tel que je n'oserais vous le faire
connaître qu'au moyen d'une périphrase, si mes récits depuis quelque
tems n'avaient dû vous familiariser avec des choses fort étranges : la
femme d'un sergent sortit de sa maison pour saluer le gouverneur ;

ILE TIMOR

VISITE CHEZ M. J. M. TILLEMAN A COUPANG

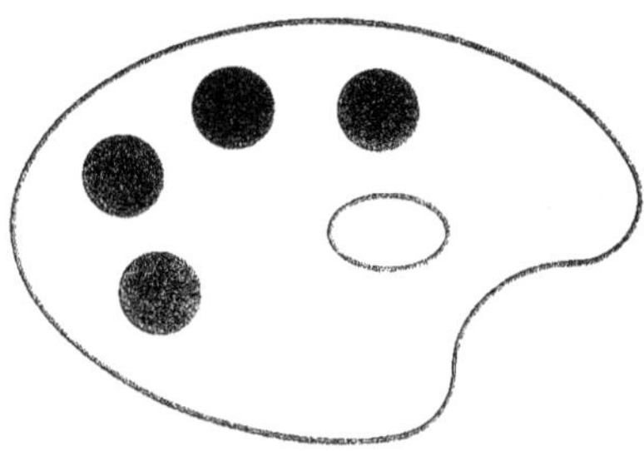

Original en couleur
NF Z 43-120-8

ensuite, s'approchant du secrétaire de Louis, qui parle espagnol et nous sert quelquefois d'interprète, après lui avoir adressé mille propos flatteurs et mille exclamations, sur ce qu'elle appelait ma charmante figure et mes cheveux si bien bouclés, elle me supplia, avec instances, de me demander pour elle la grâce de venir à bord... tuer mes poux. Figurez-vous que cette pauvre femme ne pouvait se persuader que ma chevelure fut inhabitée et ne revenait pas de l'étonnement que lui causa celui à qui elle s'adressait, quand il l'assura que ses services m'étaient absolument inutiles.

Je pense que sous peu de jours nous quitterons Umata, pour aller nous établir dans la capitale de l'île. J'y aurai probablement tout le loisir de vous entretenir de ce peuple des Mariannes qui ne ressemble à aucun autre que j'aie vu.

4 avril 1819 (Agagna). — Nous voici de nouveau établis, et très bien établis, assurément, chez le bon gouverneur de Guam qui nous a donné dans son palais un appartement agréable et commode, meublé simplement, mais où il ne manque rien de ce qui est nécessaire.

12 avril (jour de Pâques). — Il faut vous attendre que je vous entretiendrai plus d'une fois de scènes religieuses, pendant cette relâche, que le besoin de nos malades rendra nécessairement longue. Le peuple des Mariannes n'est pas seulement porté aux pratiques extérieures de la religion, parce qu'il est soumis aux Espagnols; il l'est encore plus par une autre raison. Les jésuites ont fait autrefois des missions dans ces îles, avec beaucoup de fruit; plusieurs d'entre eux y ont souffert le martyre, après y avoir mené une vie très sainte. Ce dut être un double motif pour porter ces peuples à la piété; car, si, suivant la pensée de Tertullien, le sang des martyrs fait naître des chrétiens, le bon exemple journalier de ceux qui conduisent les hommes leur est bien aussi salutaire. Les fêtes sont ici très multipliées et les processions fréquentes : j'observe même que tous les habitans, hommes et femmes, portent le scapulaire par-dessus leur vêtement, et ceux qui en ont le moyen ajoutent un grand chapelet.

Jeudi dernier, qui était le jeudi saint, il y eut de grandes cérémonies. Le Gouverneur fit ses pâques. A la fin de la messe, et après qu'on eut déposé le saint sacrement au tombeau, le curé passa au cou de Louis

11

un ruban tressé d'or auquel était attachée la clef du tabernacle. C'était un honneur que D. Medinilla déférait au commandant, et qui ne fut pas sans inconvénient pour celui-ci ; car à cela tient l'obligation de porter une croix à la tête de la procession, qui fait le tour de la ville, et la chaleur était grande. Aussi le gouverneur crut-il devoir faire beaucoup d'excuses à Louis de la peine qu'il lui avait occasionnée, en lui cédant, en cette circonstance, les honneurs de sa place. L'état-major de l'*Uranie* suivit la procession avec beaucoup de décence.

Ce matin, grand'messe et nouvelle procession ; mais Louis n'y a porté que son maintien grave et recueilli, que je trouve d'un si bon exemple. Il a fallu l'ordre sévère de notre docteur pour retenir à la maison M. l'Abbé de Quélen : il ne peut encore se traîner qu'à l'aide d'une canne ; on lui fait espérer qu'il pourra aller à l'église, dimanche prochain. Je le désire de tout mon cœur.

13 avril. — Lorsque je goûtais hier la douceur de causer avec vous tranquillement, je fus tout à coup arrachée à ce plaisir par l'effroi que me causa un tremblement de terre, qui ne dura guère qu'environ une demi-minute, mais qui occasionna un tel craquement dans toutes les parties de la maison, que je crus qu'elle s'écroulait sur nos têtes. Louis était alors chez le gouverneur, chacun se sauva de son côté ; mon mari, devinant ma frayeur, accourut vers moi, j'avais déjà fui vers une jolie terrasse, sur laquelle donne notre antichambre. Figurez-vous que les secousses faisaient onduler la terre, comme on voit des flots agités, et qu'au cliquetis des tuiles, on eût dit qu'il n'en allait pas rester une en place, cependant nul accident n'en résulta. Ces événements ne sont pas rares dans le pays, à ce qu'il paraît, car cette nuit même nous avons été réveillés par une nouvelle secousse, qui dura très peu et qui était accompagnée d'un sifflement sourd.

Nous assistâmes l'après-dîner au combat des coqs. C'est le spectacle dont se régalent les habitans, les jours de fête. Il dura depuis 5 h. jusqu'à 7, que sonne l'angelus, qui est apparemment la retraite ; car je me rappelle que, le soir de notre arrivée à Agagna, le gouverneur dit à Louis qu'il nous avait fait préparer une salve, mais qu'elle ne pouvait être tirée, parce que l'Angelus était sonné.

C'est une chose pitoyable que la manière dont on dresse de pauvres coqs à se battre, et même à se tuer l'un l'autre : non contens des armes

ILE TIMOR

CHINOISES JOUANT AU JEU APPELÉ TJONKA

XIII

que la nature leur a données, les hommes y ont ajouté de petites lames
fort acérées qu'on leur lie aux pattes, et desquelles un de ces animaux
tue quelquefois son adversaire du premier coup.

L'intérêt de ce jeu consiste dans les paris qu'on fait pour ou contre
les combattans. Ce spectacle ne me plaît pas du tout. Nous en eûmes un
le soir un peu plus agréable : ce fut la représentation des danses qu'on
exécutait au Mexique, et dont toutes les figures font, dit-on, allusion à
l'histoire de cette contrée. Les acteurs sont des écoliers du collège de la
ville ; leurs costumes en soie et richement décorés ont été apportés de la
Nouvelle Espagne, par les Jésuites. Ces danses, qui ressemblent assez à
nos ballets pantomimes, furent exécutées devant le palais du gouverneur,
sur une place illuminée par des flambeaux et des lampions remplis de
suif. L'empereur Montezuma, en grande tenue, la couronne sur la tête,
un éventail de plume à la main, ayant à sa suite deux pages richement
vêtus, est le principal personnage. Ensuite douze danseurs, coiffés d'un
diadème et fort bien habillés aussi, parmi lesquels l'empereur se mêle
dans certains momens : tout cela forme des marches, des évolutions et
des groupes de dessins différents ; tantôt les danseurs ont à la main une
ou deux castagnettes, et tantôt seulement leurs éventails de plumes. Les
deux derniers actes de cette pièce, qui en a cinq, sont remplis de danses
guerrières. Des bouffons se chargent d'égayer la scène, pendant les
entr'actes, et même durant le spectacle, par des gambades et mille
folies grotesques qui font beaucoup rire les enfans et la populace. Ces
bouffons sont masqués et costumés ridiculement et portent à la main
un sabre en bois dont ils s'escriment à droite et à gauche. Il faudrait
avoir présente à la mémoire l'histoire de l'infortuné Montezuma, pour
saisir les allusions qu'offrent ces diverses scènes, ou qu'on nous en
eut fourni le programme. Sans vouloir contester l'origine qu'on donne
à ces danses, Louis leur trouve singulièrement de ressemblance avec ce
qu'on nomme en Provence les olivettes, et qui probablement y étaient
usitées bien avant la conquête du Mexique.

Quoi qu'il en soit, après la danse mexicaine on en exécuta une
espagnole, nommée *el palo vestido y desnudo*, c'est-à-dire, le mât vêtu et
dépouillé. Un mât est planté, au haut duquel sont attachés par un bout
8 ou 12 longs et larges rubans, les uns rouges, les autres jaunes ou
bleus : suivant le nombre des danseurs les couleurs sont plus ou moins
variées : chacun d'eux tient le bout d'un ruban et passe et repasse

autour du mât, de manière à ce qu'il résulte, des tours que font les danseurs, un réseau ou entrelacs, formé par les rubans qui s'appliquent au mât, et dont l'agrément naît de la diversité des couleurs et de la régularité du dessin. Pour dépouiller le mât, les danseurs refont leurs tours en sens contraire de ce qu'ils ont fait d'abord : le mérite consiste à faire et défaire le tout, sans embrouiller les rubans.

Ce jeu fini, les mêmes écoliers qui avaient été acteurs dans les scènes précédentes, revinrent encore, plusieurs d'entre eux habillés en femme : tous ensemble se mirent à danser des danses européennes et s'en acquittèrent aussi bien qu'ils avaient fait de leurs divers rôles.

Nous passâmes cette soirée dans une galerie couverte, en forme d'un large balcon qui règne au premier étage tout autour des appartemens du palais : c'est là que le soir nous prenons le frais, ou bien sur la terrasse du jardin, si toutefois on peut nommer jardin une assez grande étendue de terre, à peu près vague, où il y a des orangers et des citronniers, mais nulle autre plante cultivée que le tabac. Louis a établi en diverses places tous les instrumens qui lui servent à ses diverses observations. Le Vendredi Saint, nous passâmes plusieurs heures de la plus belle nuit du monde, sur la terrasse, à observer une éclipse totale de lune que j'ai très bien vue.

21 avril. — Ayant beaucoup plus de loisir ici que mon mari, je reviens souvent causer avec vous. Peut-être que les détails de ce séjour vous paraîtront peu piquans ; mais vous voulez, m'avez-vous dit, être partout avec moi ; il faut donc consentir à vous ennuyer un peu, quand je ne m'amuse guère. Ce n'est pas, au reste, que l'excellent gouverneur de Guam n'y fasse de son mieux, et qu'il ne me comble de soins et d'attentions ; ce n'est pas sa faute si les combats de coqs, qu'on fait si régulièrement tous les dimanches et fêtes, me répugnent plus qu'ils ne m'amusent ; non plus, si les chants et les danses des naturels de Sandwich me semblent, les uns monotones, les autres ridicules.

Comment, direz-vous peut-être, y a-t-il à Guam des naturels des îles Sandwich. C'est que les Américains ayant eu l'idée de former, il y a quelques années, un établissement dans l'île d'Agrigan, l'une des Mariannes, y amenèrent des naturels de Sandwich pour leur y élever des bestiaux. Or, le gouverneur actuel de Guam, stipulant pour les droits du roi d'Espagne son souverain qui l'est aussi des îles Mariannes,

envoya, sans autre forme de procès, des troupes à Agrigan, qui enle-
vèrent les Sandwichiens et les amenèrent à Guam, où le gouverneur
les a, depuis lors, appliqués à la culture de ses terres et aux travaux
domestiques, à peu près comme on se sert des noirs dans la plupart
de nos colonies. Ces gens sont esclaves et tous au service du gouverneur : les femmes, à peu d'exceptions près, sont de mœurs fort dépra-
vées.

De ce que je vous disais plus haut, que je ne suis pas fort divertie par
les plaisirs de Guam, ne concluez pas, je vous prie, que je m'y ennuie :
je jouis au contraire, avec délices, de la vie douce et paisible que j'y
mène : ni orages, ni coups de vent à redouter ; un ciel presque toujours
serein, un air pur, malgré la chaleur, un grand repos d'esprit, puisque
nous sommes traités journellement chez le gouverneur, sans autre soin
du ménage, que de dire l'heure à laquelle nous voulons que les repas
soient servis, ce que Don Médinilla veut bien surbordonner aux occupations de mon mari. Pour de pauvres voyageurs, n'est-ce pas un vrai bonheur, qu'un mois ou deux d'une telle vie? Je passe une grande partie
du jour dans notre chambre à coucher, que six croisées, de deux côtés
opposés, rendent saine et fraîche. Là, tantôt brodant, tantôt écrivant ou
lisant, je tâche d'oublier qu'il faudra se rembarquer de nouveau. « *Cor-
rer dell'onde a cimentar los degno.* »

Ce qui ajoute encore au calme dont je jouis, c'est l'activité de nos
compagnons de voyage, et la satisfaction qu'a mon mari de voir nos
malades se rétablir et les observations ainsi que tous les travaux avancer
et produire les résultats désirés. Nous ne faisons pas la sieste, comme
chacun la fait ici : le gouverneur se couche à midi, tout à fait, comme
si c'était le soir, et ne se relève qu'à trois heures. Lorsque, chaque jour,
un peu avant l'heure de dîner, nous allons au salon, nous y trouvons
ordinairement D. Médinilla et notre bon Abbé, qui a son appartement
tout près du nôtre. Quelquefois, je fais après le dîner un piquet avec
l'Abbé, tandis que Louis s'entretient avec le gouverneur ou le major,
pour tirer d'eux tous les renseignemens possibles sur ces îles et sur ce
qui regarde les sciences. Le dernier lui est surtout d'une grande ressource : c'est le savant du pays. A beaucoup de jugement, il unit la plus
belle mémoire et le goût de l'observation : il s'est livré à des recherches
curieuses sur l'état ancien de ces îles et leurs premiers habitans. Je vous
laisse à juger quel parti mon mari sait tirer des conversations de D. Luis

et avec quel soin il note tout ce qu'il en recueille. L'avidité de l'un ne peut se comparer qu'à l'inépuisable complaisance de l'autre.

Habitant ainsi la plus belle maison de la ville, je n'en sors que rarement ; je puis néanmoins vous donner une idée de ce qu'est Agagna. Cette ville située dans une plaine très basse, sur le bord de la mer, est inondée dans la saison des pluies abondantes et par les grandes marées, c'est pourquoi les maisons y sont élevées sur des piliers ; quelques-unes ont un rez-de-chaussée en pierres, mais il est inhabitable, à cause de l'humidité. La plupart des rues sont larges et assez bien alignées, presque toutes les maisons sont isolées les unes des autres, et, dans l'espace qui les sépare, on cultive ordinairement un peu de tabac : cet isolement n'est pas inutile, il prévient, en cas d'incendie, une communication qui serait dangereuse entre des cases construites, presque toutes en bois, en nattes et en paille.

Il y a pourtant quelques édifices assez considérables, tels que la caserne avec son hôpital, dans lequel sont établis nos malades ; le magasin général des vivres et autres effets appartenant au gouvernement : ces deux bâtimens sont annexés au palais du gouverneur : en outre le collège de S' Jean de Latran ; l'ancien couvent des Jésuites, et les écoles de garçons, qu'on a fort sagement placées à l'extrémité de la ville, opposée à celle où se trouve la case qui sert d'école aux jeunes filles. La maison du major D. Luis et quelques autres appartenant aux principaux officiers sont assez grandes et bien bâties ; mais la plus élégante, sans contredit, est celle que le gouverneur a donnée pour loger les personnes qui composent l'état-major de l'*Uranie*, quoiqu'il ait assigné, dans son palais même, une ou deux pièces pour les officiers qui peuvent s'y trouver retenus momentanément, pour les observations. Dans toute la ville d'Agagna, il n'y a pas un seul jardin, pas un arbre, si ce n'est quelques-uns en approchant des bords de la rivière. Vis-à-vis le palais du gouverneur, est un champ en clos, où il fait cultiver du maïs : c'est la seule plantation, je crois, qui ne soit pas du tabac. Ainsi pas de parterres, pas de fleurs, quelle triste chose ! pas de ces légumes qui varient si agréablement nos potagers : le peu de fleurs qu'on voit sont sur des arbres. Des plantes usuelles que nous connaissons, on ne trouve ici que des oignons, du pourpier, des tomates, qui viennent de la campagne, où le gouverneur fait cultiver quelques terres.

Mais si les richesses potagères des Mariannais vous paraissent fort

réduites par cet exposé, la surface de leurs îles est couverte d'arbres et de
racines, de je ne sais combien d'espèces différentes, toutes contenant une
substance nutritive, et qui fournissent aux habitans, presque sans autre
travail, que la peine de la recueillir, une nourriture abondante et salu-
bre. Quelle ressource entre autres que le fruit délicieux de l'arbre à pain,
si commun à Guam et dont nous mangeons avec tant de plaisir ! Je
compte en faire une ample provision pour consommer à bord, et en
outre en enfermer dans une boîte de fer-blanc, bien close, pour vous en
faire goûter.

Le produit de la pêche, dans la mer la plus poissonneuse qu'il y ait
au monde, et la chasse toujours faite avec succès, aux cerfs, aux bœufs
et aux cochons sauvages, dans de belles et vastes forêts, sont encore des
avantages naturels qui expliquent et justifient en quelque sorte la
répugnance que les habitans des îles Mariannes ont généralement pour
la culture des terres dans un sol où la chaleur du climat rendrait le travail bien pénible : ne vous semble-t-il pas en effet que l'homme soit ici
moins qu'ailleurs condamné à ce travail ?

Je m'étonnais de ne pas voir dans la ville une seule boutique : c'est,
m'a-t-on dit, que tout ce qui s'apporte de Manille, est mis dans le magasin du gouvernement ; on y fournit aux habitans les étoffes et autres
objets dont ils ont besoin. Manille, cette capitale des îles Philippines,
est le chef-lieu des possessions espagnoles dans ces mers, une sorte
d'échelle entre les Mariannes et la métropole. N'y ayant ici de fabriques
d'aucun des objets servant à l'habillement, tout vient de là ; et il en faut
bien peu, car je n'ai vu dans nulle ville moins de luxe que dans celle-ci.

Les hommes en général n'ont pour vêtement qu'une sorte de petite
blouse, qui ne descend qu'à la ceinture, et de larges caleçons qui ne
viennent pas au genou, l'une et l'autre en toile unie ou rayée ; sur la
tête un chapeau de cuir ou de paille, et voilà tout. Une sorte de gros
couteau, nommé *machette*, pend à leur ceinture et leur sert à divers
usages. La camisole que portent les femmes diffère peu de la jaquette
des hommes, une seule jupe bariolée et assez longue achève de les
habiller. Les uns ni les autres n'ont ni chemises, ni bas, ni souliers :
les hommes qui se sont procuré, je ne sais comment, des chemises, je
crois de quelques matelots, les portent seules et flottant sur leurs caleçons : je vous avoue que la première fois que je les vis nous servir à
table, ainsi accoutrés, j'eus grand peine à ne pas éclater de rire.

On ne distingue une femme d'une autre, que par quelques bagues ou bracelets d'or que portent les plus élégantes ; quelques-unes aussi ont des souliers et parfois leur chemisette ou camisole est de toile de coton blanche un peu plus fine ; mais il en est peu de qui le luxe aille si loin. Elles portent leurs longs cheveux tout plats, partagés sur le haut de la tête et pendans ou noués par derrière en manière de gros catogan.

L'uniforme européen des militaires tranche parfaitement au milieu d'une simplicité absolument générale ; mais tel d'entre les soldats, qui porte à midi son uniforme pour monter la garde aura porté le matin le costume de matelot dans un canot du gouverneur, ou aura été réduit à la presque nudité, c'est-à-dire au langouti, pour se livrer à quelque occupation rustique ; car les gens de ce pays qui travaillent aux champs ne sont pas vêtus comme à la ville ; ils en seraient embarrassés.

Tous les habitans ont le teint plus ou moins basané : assez généralement de taille moyenne, ils sont bien faits. Il y a ici de très jolies personnes, mais si j'ai réussi à vous donner l'idée de la toilette des femmes de ce pays, vous conviendrez que celles qui sont jolies dans ces atours tiennent tout de la nature, et pour mieux dire, que la beauté triomphe de tout. Avec les idées de simplicité que doivent avoir les femmes de cette ville, que penserait l'une d'elles, que l'on transporterait tout à coup à la toilette d'une dame de Paris? Je suis sûre que le prix d'un seul beau cachemire suffirait pour habiller toutes les femmes d'Agagna pendant dix ans. J'ai vu cependant quelque élégance ici, et, assurément, vous ne devineriez pas qui m'a offert cet aperçu. Il n'est pas sûr même que vous vouliez croire que le curé de Guam porte, sous sa soutane de soie noire, un pantalon de taffetas rayé bleu et blanc, rien n'est plus vrai cependant. Au reste, ce curé est un créole de Manille ; il pourrait se faire que le clergé de ces contrées ait sur le costume ecclésiastique des idées et surtout des permissions que ne doit pas avoir le nôtre.

Nous fîmes, hier soir, avec le gouverneur, une jolie promenade à Mongmong, village peu éloigné d'Agagna. Nous rencontrâmes sur notre chemin plusieurs habitans qui revenaient d'assez loin à la ville, portant les uns du bois à brûler, les autres de ces racines qui servent à leur nourriture. On me dit, à ce sujet, que rarement ces gens apportent au delà de la provision quotidienne de leur famille ; d'où je conclus qu'ils passent ainsi une bonne partie de leur vie sur les routes. Il y a dans chaque village un chef, qui dans les uns est nommé *governadorcillo*,

ILE TIMOR

**OCCUPATIONS DOMESTIQUES
BERCEAU D'ENFANT — BATTAGE DU RIZ
FABRICATION DE L'HUILE DE COCO**

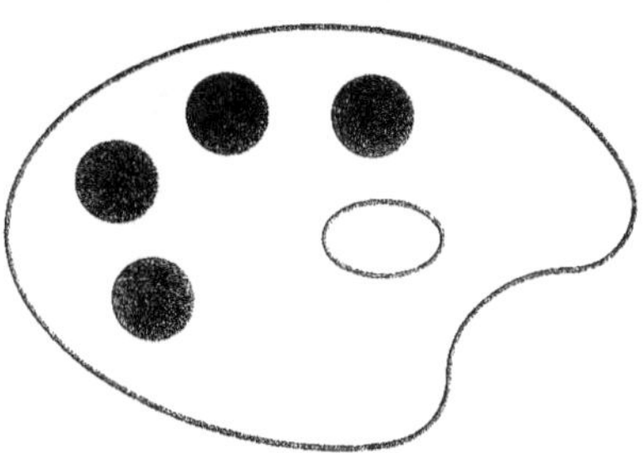

Original en couleur
NF Z 43-120-8

dans les autres *alcade* : peut-être ce dernier est-il militaire et l'autre civil, comme sont les maires de nos communes, c'est ce que je ne sais pas bien. Je laisse à Louis de traiter cela *ex profcsso*. Toujours est-il qu'à Mongmong il y a un *governadorcillo* et qu'aussitôt qu'il aperçut le gouverneur, avant de venir nous recevoir, il se fit apporter sa canne à pomme d'or, marque de sa dignité. Son empressement, qui me parut plaisant, n'était pas déplacé ; car à le voir avec sa petite culotte de toile bleue, sa demi-chemise par-dessus et la machette au côté, il ne fut venu dans l'esprit d'aucun de nous, que ce brave homme fût supérieur aux autres habitans du lieu. On aperçut, à travers les jointures de sa case, sa femme, absolument nue, fumant un cigare, entourée de ses enfans : ils se cachaient tous soigneusement, faisant néanmoins tous leurs efforts pour nous apercevoir : nous devons, en effet, leur paraître aussi étranges qu'ils nous semblent l'être : c'est une réflexion que j'ai souvent l'occasion de faire. Ce bon *governadorcillo*, au reste, voulait nous faire escorter par ses fils, avec des flambeaux ; mais la nuit était si belle que nous préférâmes gagner le bord de la mer à la lueur de cent mille étoiles.

Mais ce que j'ai bien manqué de vous dire plus tôt, c'est que nous voyons ici de ces naturels des Carolines qui m'ont paru si aimables, lorsque nous passâmes près de leurs îles. Vous n'avez pas oublié sans doute ce que je vous en ai dit. Trois de leurs charmantes pirogues arrivèrent ici, il y a quinze jours, dans l'une desquelles était une femme de 25 ans et sa petite fille d'environ 6 ans. Elles étaient toute nues, à cela près du langouti ; on les fit vêtir en arrivant. Comme ces gens sont venus voir le gouverneur, j'ai eu l'occasion d'examiner à loisir la femme et sa petite fille. Elles ne m'ont pas paru moins remarquables que les hommes, par l'agrément de leur physionomie, d'une douceur qui n'a rien de sauvage ; surtout si l'on compare ceux-ci à ceux que nous vîmes à Rawak et à la Baie des Chiens marins. Ajoutez à ce minois gracieux, des dents superbes, des yeux charmants, et, ce qui nous a paru à tous le plus étonnant, des pieds et des mains faits à ravir.

Les Carolins que nous vîmes à bord n'avaient que les bras et les jambes tatoués, plusieurs de ceux qui sont ici le sont sur tout le corps, et avec des dessins aussi réguliers que bizarres. Ils passent, dans la grande ouverture de leurs oreilles pendantes, non seulement des fleurs et des feuillages, comme les premiers que nous vîmes, mais tous les menus objets qu'on leur donne, tels que couteaux, cigares, hameçons, etc. Enfin c'est leurs poches, je dirais même leur *ridicule,* si ce mot ne présentait un équivoque : où voudrait-on en effet que des gens presque nus missent ces petits objets ? Les Carolins qui sont ici ne sont pas d'un caractère différent de ceux que nous vîmes en mer : je les crois fort légers. Cependant ils témoignent de l'intérêt et même de l'étonnement à la vue des objets qui leur paraissent nouveaux. Comme ils sont très gais, ils rient beaucoup, et surtout dansent souvent. Je m'amuse de leurs danses, et eux se divertissent de nos politesses, que sans doute ils prennent pour des grimaces. Lorsque nos messieurs se rencontrent et qu'ils se saluent mutuellement, les Carolins en rient de tout leur cœur. Cependant ils nous semblent bons, doux et même affectueux ; ce sont bien là d'aimables enfans de la nature, et si tous les sauvages leur ressemblaient, je serais tentée de pardonner à l'engouement que certaines personnes ont montré pour ce qu'elles ont appelé l'état de nature. Aussi ai-je appris avec regret qu'il y avait des îles dans l'archipel des Carolines dont les naturels sont méchans.

Non seulement leurs visites à Guam ont fourni à ces messieurs les moyens de mieux examiner les pirogues si étonnantes de ces peuples, mais je les ai moi-même très bien vues, ayant fait sur une de ces barques un petit trajet. Et voici à quelle occasion : trois personnes de l'état-major de l'*Uranie,* un naturaliste, un dessinateur et un officier, furent envoyés par le commandant aux îles de Rota et Tinian, pour y faire diverses études et observations : or, comme je vous l'ai déjà dit, la navigation d'une île à l'autre est difficile pour nos canots, les Carolins, au contraire, ont la pratique de ces mers, et y conduisent si bien leurs légères pirogues que Louis a sollicité du gouverneur le service de quelques-unes, pour le petit voyage de ces messieurs. Ceux-ci le trouvèrent bon. Comme ils n'ont pas de cette manière de naviguer l'habitude qu'en ont les Carolins, nous n'aurions pas été étonnés qu'ils eussent hésité à se fier à ces sauvages. Quant à moi, je vous avoue que je ne les ai pas vu partir sans inquiétude, et, depuis le 22 qu'ils nous quittèrent, je n'ai cessé de penser aux risques qu'ils couraient. Aussi me suis-je sentie débarassée d'un poids, en apprenant, il y a une heure, qu'ils arrivaient tous en bonne santé, ayant fait un voyage heureux et qui produira des détails intéressans sur les îles qu'ils ont visitées.

Ce fut au départ de ces messieurs que nous les accompagnâmes à

ILE TIMOR

INTÉRIEUR D'UN MÉNAGE A COUPANG

quelque distance : un canot nous suivait, qui nous ramena ; mais Louis, le gouverneur et moi, nous montâmes sur la pirogue du principal pilote, *Ouametaou*, qui était comme l'amiral de cette petite escadre. Le moment du départ nous offrit quelque chose de très singulier : on ne peut pas dire que les Carolins lèvent l'ancre, ils n'en ont pas : ils attachent aux rochers, ou aux branches de corail, le câble dont ils retiennent leurs pirogues, et pour cela faire, ainsi que pour le détacher, un de ces hommes plonge comme un poisson. En attendant que vous voyiez les dessins qu'on affait de leurs pirogues, je vous dirai que celle sur laquelle nous étions avait 3o pieds de long, sur 2 pieds 1/2 de large ; mais les balanciers lui donnent un aplomb que de telles proportions sembleraient d'autant moins promettre, que la voile de ces pirogues est d'une grandeur vraiment extraordinaire. Le dessus des balanciers forme une espèce de plate-forme, sur laquelle nous nous tenions. La confiance de Louis reposait sur l'habileté bien reconnue de *Ouametaou*, qui, quoique Carolin, exerce le métier de pilote, depuis plusieurs années. Il y a même été baptisé.

1o mai 1819. — Encore que je ne puisse prévoir par quel moyen vous parviendra la suite de ma relation de cette relâche, je me suis trouvée trop bien de m'être avancée, en d'autres circonstances, pour ne pas continuer de profiter de mes loisirs, en m'entretenant avec vous. Ce n'est que depuis que nous sommes séparées que j'ai réellement senti le prix de cet *art ingénieux de peindre la parole et de parler aux yeux.* J'avoue qu'il me touchait peu, quand je lus ces vers pour la première fois. Qui m'eût dit alors, j'étais encore sous votre aile, qu'un jour la terre entière serait entre nous... ! Cette terre, au moins celle de Guam, trembla encore hier et très fort ; cependant je n'eus pas la moindre peur.

> L'accoutumance ainsi nous rend tout familier.
> Ce qui nous paraissait terrible et singulier
> S'apprivoise avec notre vue,
> Quand ce vient à la continue.

Le *bonhomme* qui a dit cela avait grandement raison ; avec combien de choses ne me suis-je pas apprivoisée depuis deux ans ! Par exemple, avec la fumée du tabac : excepté Louis, tout le monde fume autour de moi et presque continuellement. Les femmes même ont, comme les hommes, le cigare à la bouche. Cet usage est bien plus général ici, que ne l'est en France celui du tabac en poudre, et de même qu'on a vu des personnes s'y accoutumer afin de se parer d'une boîte d'or, j'aurais pu me trouver tentée de fumer, si j'eusse accepté tout un attirail de fumigation, en or, que D. Médinilla m'offrit un jour, espérant peut-être me décider par là à prendre cette habitude : ces bijoux sont si joliment faits, que si la matière n'en eût pas été si précieuse, j'aurais accepté son présent, sans même me croire obligée pour cela de suivre son exemple.

Il me semble que tout en vous parlant souvent du gouverneur de Guam, je ne vous l'ai pas encore mis sous les yeux. C'est un homme d'environ 5o ans, de moyenne taille et fort bien fait : né en Espagne, il a les yeux vifs et spirituels, une physionomie agréable, avec l'air distingué et beaucoup de noblesse dans le maintien. Le soin qu'il prend de sa personne le rend d'aussi bonne compagnie à cet égard qu'à tout autre : ses cheveux sont toujours poudrés et parfumés, son linge très beau et sa chaussure soignée. Occupé constamment du bonheur des gens qu'il gouverne, il est respecté de tous, et d'autant plus aimé, que ses prédécesseurs, bien plus empressés de s'enrichir que d'aider les malheureux, étaient et méritaient d'être généralement haïs.

Nous fîmes, la semaine dernière, en très nombreuse compagnie, une course fort agréable vers un petit village charmant, qu'on nomme Simahagna : on passe pour y aller sur une hauteur, d'où la vue, qui s'étend sur la ville, le port et la campagne, est une chose étonnante. Nous étions tous invités à prendre au retour un verre de limonade chez le major D. Luis, et cette limonade fut un joli souper, très gai et très bien servi.

Depuis deux jours la pluie tombe abondamment : Louis profite de la retraite forcée qu'elle lui impose, pour chambrer D. Luis, et tirer de lui de précieuses informations sur tout ce qui regarde les Mariannes. Ce pays est peu connu en Europe et mériterait de l'être mieux : il le sera, si un jour Louis publie la relation de son voyage. Le caractère des peuples de ces îles offrira matière aux réflexions des philosophes : cruel et féroce avant l'arrivée des missionnaires, la connaissance des lois du christianisme l'a prodigieusement changé; quoique cet effet se soit montré dans bien d'autres régions, il me semble avoir eu ici une influence toute particulière, et qui mérite d'être étudiée par des esprits plus profonds que n'est le mien.

Depuis plus de trois semaines, on a commencé de porter à bord nos provisions de campagne, et comme aussi nos malades se rétablissent de jour en jour, je pense qu'avec le mois finira cette relâche, qui nous était à tous si nécessaire.

Si je ne craignais de vous paraître user du privilège des voyageurs, je vous dirais qu'un de mes divertissemens est de donner du maïs, à manger dans ma main à un jeune taureau qui monte quelquefois au salon. nous rendre visite. Je n'aurais pas cru qu'un animal de cette espèce fût susceptible de devenir familier, comme celui-là l'est; à la vérité le naturel reparaît de tems en tems, et alors je fais prudemment retraite. Ces animaux servent ici de monture et aux transports, pour suppléer les chevaux qui n'y sont pas en assez grand nombre.

20 mai. — Il y a environ trois semaines que D. Médinilla nous proposa de nous conduire au lieu illustré par le martyre du *Padre Sanvitores*, l'un des premiers missionnaires et le véritable apôtre des Mariannes. Ce bon père fut massacré, en 1672, par Matapan, qui ensuite jeta son corps dans la mer. On a élevé un autel sur la place où il fut tué, et ce lieu est le but de pèlerinage des dévots Mariannais. Comme le gouverneur ne nous parlait plus de cette partie, nous crûmes qu'il l'avait oubliée; nous pensions d'autant moins nous-mêmes à l'en faire ressouvenir, que les travaux de Louis l'occupaient davantage, et que la santé de notre bon Abbé était encore assez chancelante; or il devait être des nôtres. Dimanche, D. Médinilla reparla de Sanvitores et le jour d'hier fut pris pour y aller. Divers moyens furent proposés pour ce petit voyage de deux lieues : les uns y allèrent par terre à cheval; Louis et moi nous préférâmes d'accompagner le gouverneur dans son canot; et comme il ne prétendait pas que la dévotion nous tînt absolument lieu de dîner, un autre nous suivait portant ses domestiques et sa cuisine. Nous partîmes de fort bon matin, le tems était superbe et notre petite navigation fut très heureuse. Nous eûmes sujet d'admirer sur le bord de la mer, le long d'une pointe, le nombre prodigieux de *federicos* qui couvre la côte : c'est un arbre dont le fruit sert à la nourriture des habitans. Ce qui n'étonna pas moins des personnes plus habiles que moi, ce fut de voir, en plein jour, des nuées de grandes chauve-souris, volant aussi haut que les autres oiseaux.

En arrivant au terme de notre voyage, le silence qu'avait gardé depuis quelque tems D. Médinilla, se trouva expliqué : il n'y a dans ce lieu nulle demeure ; il y avait fait aplanir le terrain et dresser, à notre intention, plusieurs cabanes de feuillages enjolivées autant que possible : l'une devait nous servir de salle à manger, une autre de salon, toutes deux bien abritées du soleil, d'autres étaient destinées à y faire la cuisine et pour les gens. Des provisions en abondance avaient été apportées, rien n'y manquait.

Après avoir parcouru les lieux révérés, à cause des circonstances du martyre du Padre Sanvitores, et entendu rapporter par le bon gouverneur les traditions reçues à ce sujet, qui peut-être trouvèrent plus d'un incrédule parmi les auditeurs, nous allâmes nous promener à travers les bois, et, par une route très raboteuse, vers un village voisin. J'y vis avec beaucoup d'intérêt préparer le *federico*, dont le fruit perd, par la macération dans l'eau, ses qualités vénéneuses ; mais la rareté et surtout l'air misérable des habitans de ce village nous étonnèrent, vu la richesse de la végétation et la facilité qu'elle doit leur procurer de se nourrir sainement avec peu de travail. Nous rencontrâmes des pêcheurs qui avaient reçu du gouverneur l'ordre de pourvoir à cette partie de notre repas ; nous les envoyâmes au petit camp, où nous ne tardâmes pas à nous rendre nous-mêmes.

Le dîner répondait à la magnificence ordinaire de notre hôte et à l'appétit que nous avait donné la promenade. Nous y fîmes honneur. A peine nous sortions de table, que nous vîmes arriver une députation des villages environnants, dont les habitants avaient eu connaissance sans doute de la présence du gouverneur, et, comme il est fort aimé, ils venaient lui présenter leurs agrestes hommages. Chacun apportait ce qu'il pouvait : les uns des poules, les autres des œufs; l'alcade était à la tête de la troupe, se démenant fort. Or, à l'instant où il criait : « la musique! la musique! » à un méchant violon qui restait en arrière un paysan, qui portait sur son cou un cochon de lait, fit un mouvement et la pauvre bête répondit par ses cris à ceux de l'alcade. Un rire général de toute notre compagnie fit écho, et déconcerta un moment les pauvres villageois ; mais le gouverneur les accueillit avec bonté, refusa leurs présens ; leur fit donner quelques piastres et ordonna qu'on leur servît à manger. Pendant qu'on en faisait les apprêts, ils se mirent à danser à leur manière, d'abord plusieurs ensemble et en rond, faisant des gestes et des contorsions, le tout sur un air assez lent ; puis deux

d'entre eux jouèrent une sorte d'intermède qui n'était qu'une improvi-
sation chantée. L'un des deux raconte à l'autre que la Vierge lui est
apparue; à cela l'autre répond et chante : *mi allegre, mi allegre*. Le
premier rapporte tout ce que la Vierge lui a dit de favorable; à chaque
circonstance il s'arrête et l'autre repart : *mi allegre*. Et, à chaque fois,
tous deux font une sorte de ritournelle, en dansant. Nous remarquâmes
dans la danse générale deux jeunes filles très jolies d'environ 14 et
17 ans, toutes deux d'une timidité extrême et ce qui nous étonna le
plus dans une fille de couleur, la plus grande devenait toute rouge, dès
qu'elle s'apercevait qu'on jetait les yeux sur elle.

Après la danse, on étendit par terre une longue natte, sur laquelle on
apporta des débris de notre dîner. Ces gens s'accroupirent sur leurs
talons, des deux côtés de la natte, et ne parurent nullement embarrassés
de se livrer à leur appétit; ils burent surtout fort amplement, nous en
aperçûmes bientôt l'effet, par le caquet très affilé d'une matrone, qui
auparavant était tout à fait silencieuse.

Après le départ de ces singulières gens, on nous mena voir comment
on s'y prend pour extraire des cocotiers la sève même de cet arbre.
Suivant les diverses préparations qu'on lui donne, il procure de l'eau de
vie, du vinaigre, et même du sucre. Comme vous voyez, cet arbre qui
pare si bien les bords de la mer, où il devient superbe, n'offre pas moins
de ressources que le *federico* et l'*arbre à pain*.

Notre promenade fut ensuite dirigée vers le rivage, pour y voir
pêcher le *magnahac*; c'est un tout petit poisson délicieux à manger, et
dont les Mariannais font une prodigieuse consommation. L'almanach
du pays marque, à certains mois, le jour de la lune où le *magnahac* doit
arriver, et il n'y manque pas; les habitans se portent en foule au bord
de la mer le jour indiqué, pour y faire leur provision. Nous retrouvâmes
parmi les pêcheurs les gens qui étaient venus complimenter D. Médinilla. Cherchant des yeux nos deux jolies filles, nous les vîmes, comme
les autres, dans l'eau jusqu'à la ceinture, occupées à recueillir cette
denrée précieuse : elles avaient ôté leur camisole et se l'étaient nouée
en cravate autour du cou; leur jupe était relevée de manière à ne plus
les couvrir, que comme un langouti ; aussi en sortant de l'eau nous
parurent-elles extrêmement embarrassées de leur personne, mais ce
qu'il y avait de plus plaisant, c'est que tout en se hâtant de repasser
leur chemisette, elles paraissaient plus soigneuses de cacher leur dos

que leur poitrine. Je pense que nos messieurs ne furent pas tentés de leur en faire querelle.

Il était nuit close lorsque nous reprîmes la route d'Agagna, de la même manière que nous étions allés; seulement une pirogue allait devant notre canot, portant de grosses torches d'un bois résineux, pour que le patron de notre canot pût éviter les récifs. Je m'amusais beaucoup de voir le fond de la mer, à la lueur de ces flambeaux, et à considérer au milieu des coraux, sur lesquels nous passions, une quantité de poissons gros et petits qui paraissaient endormis.

Sereno é il cielo
L'aure, l'onde son chiare.

Dans toute une journée si bien employée et qui nous avait procuré tant de distractions agréables, je vous assure que rien ne nous avait frappés davantage que l'air de satisfaction du gouverneur. Sa passion est tellement de faire plaisir, qu'on voyait sa figure s'épanouir, dès qu'il pouvait juger que quelque chose intéressait ou amusait sa compagnie : on peut dire exactement qu'il jouit du bonheur des autres.

24 mai. — C'est maintenant que j'entrevois tout de bon le moment de nous rembarquer : il est question de renvoyer demain nos malades à bord : leur longue convalescence a prolongé beaucoup notre séjour dans cette île. Les collections d'histoire naturelle et tant d'autres matériaux précieux, qui y ont été recueillis, sont des monumens du bon parti que ces messieurs ont su tirer d'une si longue relâche. J'ai tâché, quant à moi, d'y faire provision de santé et de courage. A certains égards, j'ai vécu ici comme à bord, toujours avec des hommes : la mère et la femme du major D. Luis de Torrès étaient les seules personnes de mon sexe que je pusse voir; nous nous sommes fait réciproquement quelques visites, mais ces dames ne parlant pas plus le français que moi l'espagnol, nous devions avoir mutuellement peu de plaisir à nous rencontrer.

Ce qui nous occupe le plus maintenant, ce sont nos préparatifs de départ; quant aux provisions, il y a long-tems qu'on en ramasse. D. Médinilla a voulu prendre soin lui-même de veiller à l'approvisionnement de notre propre table; et assurément, rien de ce qui peut se trouver à Guam, ne nous manquera, grâce à sa bienveillance.

PLANCHE XVI

ENTREVUE AVEC LES OMBAYENS

XVI

1er juin. — Hier fut à Agagna un jour qu'on peut nommer une double fête ; car outre la Pentecôte, que l'église célébra, c'était aussi la fête du roi d'Espagne, Ferdinand VII. Toute la ville était en joie : le Gouverneur, pour fêter son souverain, réunit tous les officiers de sa nation et de la nôtre, dans un dîner de 5o personnes. On avait exposé à une des galeries du Palais, qui donne sur la place, le portrait de S. M. ; des soldats montaient la garde dans cette galerie autour du portrait. L'*Uranie* prit sa part à la cérémonie : elle fut pavoisée et fit les salves d'usage.

Mais ce qui nous a paru plus étonnant et plus rare que toutes les fêtes du monde, c'est la conduite du gouverneur de Guam à notre égard. Non seulement après un séjour de plus de deux mois chez lui, avec les attentions et toutes les facilités inimaginables pour nos travaux, il ne veut pas que nous lui fassions les remerciemens que nous lui devons ; mais lorsqu'il s'est agi de compter des provisions qu'il a fournies journellement à bord de la corvette, depuis que nous sommes aux Mariannes, et de celles, plus considérables encore, qu'il a procurées pour le ravitaillement du vaisseau, il n'a pas voulu qu'il en fût question. Le commissaire aux revues étant allé, suivant l'usage, pour acquitter ce compte, est revenu dire au commandant cette générosité inouïe du gouverneur. En vain Louis a-t-il insisté par écrit, en adressant à D. Médinilla l'expression de notre vive reconnaissance et de son étonnement, cet homme incomparable vient de répondre en s'excusant beaucoup de n'avoir pu faire tout ce qu'il aurait désiré, vu la rareté des denrées causée par une sécheresse de 6 mois qui a désolé cette île. Il ajoute à cela les témoignages les plus aimables de l'intérêt que lui inspire l'expédition, et ceux de son estime particulière pour la personne du commandant.

Depuis ce matin, nous sommes occupés à chercher dans ce dont nous pouvons disposer, tout ce que nous croyons qui pourra faire plaisir à ce bon gouverneur, ne regrettant aussi que l'exiguïté de nos ressources. Vous conviendrez que ce n'est pas trop faire, que le tour du monde, pour trouver deux hommes comme M. Smith et Don Médinilla.

C'était un besoin pour mon cœur de vous écrire cela avant de quitter la terre ; je retourne à mes malles et aux préparatifs de notre départ. Ma lettre me suivra à bord : ce n'est pas chose qu'on trouve fréquemment ici que des vaisseaux qui aillent en Europe.

8 juin 1819. — Vous verrez à ces caractères mal assurés, que j'ai un peu perdu l'habitude d'écrire en mer : elle sera bientôt retrouvée. Le 4 de ce mois, tous nos effets nous ayant précédés à bord, nous y sommes venus nous-mêmes, dans le canot du gouverneur, avec lui, le major D. Luis, le curé d'Agagna, D. Justo de la Cruz, directeur du collège, qui tous ont désiré nous reconduire. Il était 2 h. 1/2 lorsque nous montâmes sur l'*Uranie*. Nos dispositions avaient été faites pour que nous pussions offrir à dîner à cette compagnie, augmentée de l'état-major de la corvette, également invité. C'était notre tour de traiter, nous le fîmes de grand cœur : les toasts et les coups de canon marchèrent de concert, ceux-ci ripostés par un fort de l'île. Tant fut opéré qu'on sortit de table trop tard pour que nos convives quittassent le bord ; ils y couchèrent, excepté le major D. Luis qui se trouvant là à portée de sa maison de campagne, voisine du mouillage, y alla passer la nuit.

Le lendemain nous comptions nous trouver devant Agagna et y remettre en passant le gouverneur et sa suite ; on avait gardé un canot à cet effet ; mais le vent contraire ne permit d'exécuter ce projet que le 6 de bonne heure. Ce fut donc avant-hier que se firent nos adieux définitifs.

8 août 1819. Owihée (îles Sandwich)[1]. — Je ne sais quel auteur dit que les noms d'hommes et de lieux devraient tous être courts, pour se prononcer et se retenir aisément : ces noms aux îles Sandwich ne sont pas ce qu'elles offrent de moins bizarre : nous sommes mouillés, depuis ce matin, devant un village qu'on appelle *Kayakakoa*, assurément je ne retiendrai pas celui-là ; et d'autant moins qu'il est très probable que je n'y mettrai pas pied à terre, si le mal de tête continue de me tourmenter. C'est ce qui m'a empêché de voir les naturels, dont les pirogues s'approchent chaque jour de notre bâtiment, depuis que nous sommes près de la terre. Cependant nous donnâmes hier à dîner au chef du village de Koknassi, vis-à-vis duquel nous étions. Ce chef qui se nomme Pouï est un homme d'environ 45 ans, grand et fortement constitué ; il a l'air noble, pour un sauvage, mais un peu farouche ; les bras nus ainsi que les épaules et la poitrine, il portait, drapée autour de son corps, une pièce d'étoffe du pays, d'un blanc jaunâtre ; sur la tête, un chapeau de paille à très haute forme et à larges bords. Avec cela un langouti de même étoffe, et tout le reste du corps nu et couvert de cicatrices : sur

1. C'est là qu'a péri Cook.

PLANCHE XVII

CARACORE DU ROI DE GUÉBÉ

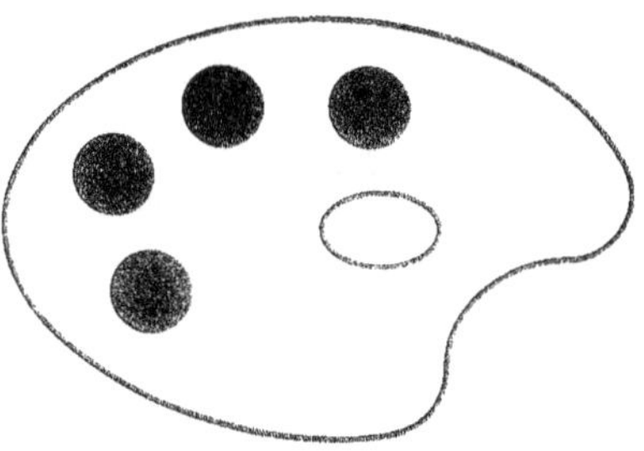

Original en couleur
NF Z 43-120-8

XVII

un de ses bras étaient tracés fort distinctement les caractères que voici :

Poe died may 5 1819
Tamaahmah
died may 8 1819.

Comme il sait quelques mots d'anglais, il nous confirma la nouvelle que Louis avait apprise déjà, de la mort du vieux roi Tamaahwah, et de plus que le fils de ce Roi Hourio-Rio, lui avait succédé.

Pouï, en arrivant, fit cadeau au commandant d'un cochon, de cocos, d'oignons et de bananes, en échange de quoi il reçut plus que l'équivalent ; ensuite il accepta très volontiers de déjeuner avec nous, ainsi qu'un autre qui l'accompagnait et demanda la permission d'aller chercher sa femme qui était restée dans sa pirogue. Oumaye, femme de Pouï, était entourée d'un pagne roulé autour de la ceinture et qui fait jupe, elle en portait un autre, tantôt sur les épaules et plus souvent dessous, lorsqu'elle avait besoin de ses bras pour s'aider à manger. Je serais plus exacte en disant dévorer, car si je n'eusse pas vu les sauvages de Rawak, j'aurais été épouvantée de la voracité de ceux-ci, ils engloutissaient avec une telle rapidité tout ce qu'on leur servait, qu'on eût dit qu'ils étaient affamés et poursuivis. Ce n'est pas tout, il fallut ensuite, pour avoir la paix, leur donner le verre, l'assiette, la bouteille et même la serviette dont ils avaient fait usage, et loin de paraître satisfait, Pouï n'en devint que plus âpre. Il voulait avoir l'habit du commandant : pour 4 cocos, il voulait un fusil, de la poudre de guerre, des étoffes, que n'eût-il pas voulu ? Enfin on lui fit bien entendre qu'on ne lui donnerait plus rien, qu'en échange de cochons qui sont nécessaires pour l'approvisionnement du vaisseau. Il s'en alla en promettant d'en apporter un grand nombre aujourd'hui, il n'en a encore rien fait.

J'observai à table que, malgré le grand appétit dont Oumaye nous donna la preuve, elle refusa de la chair de cochon, en disant que cette viande était tabouée, c'est-à-dire interdite aux femmes.

Ce Pouï, tout sauvage qu'il est, a l'air d'avoir l'habitude de commander et de se faire servir. Louis m'a raconté qu'étant avec lui sur le pont et voyant des personnes de l'état-major, ce chef lui avait demandé si ces messieurs étaient *Eri*, c'est-à-dire nobles, et que, sur la réponse affirmative, il leur avait touché la main, mais qu'apercevant à côté d'eux un des matelots, il lui avait présenté son pied d'un air de mépris, qui semblait dire : retire-toi d'ici. Cette boutade, qui n'amusa pas le matelot, fit beaucoup rire ses camarades à ses dépens.

Le chef de Kayakakoa est venu ce matin à bord, accompagné d'un seul officier et d'un jeune enfant portant un émouchoir en plume. Ce chef est un des plus grands seigneurs des îles Sandwich ; fils d'un ancien roi de l'île Mowi et beau-frère du feu roi Tamaahmah, il se nommait autrefois Kaïouva, mais il a pris les noms anglais de John Adams. Il paraît avoir à peine 3o ans : son excessif embonpoint s'accorde avec l'élévation de sa taille, qui est au moins de 6 pieds 3 pouces ; c'est un vrai colosse. Je n'avais jamais vu d'homme à la fois si grand et si gros. Il parle très bien l'anglais et a fait à Louis une question qui annonce plus d'instruction en géographie, qu'on n'en doit attendre d'un sauvage, même prince. Sa conversation fournira beaucoup de renseignements utiles.

1o août. — Louis alla avant-hier à terre avec ce prince John Adams, il y est retourné tous les jours depuis. En même tems qu'il fait tous ses efforts pour se procurer une entrevue avec le roi à l'effet d'obtenir les vivres pour l'approvisionnement de la corvette, il continue de faire, avec son état-major, les observations savantes, et prend mille renseignemens curieux sur les gens et sur les usages du pays. J'entends de tout cela le soir les relations les plus intéressantes : mais outre que je n'aime guère à vous écrire que ce que j'ai vu moi-même, je vous avoue que mes souffrances me rendent paresseuse d'entrer dans ces détails. Prenez patience : si Dieu nous ramène dans notre patrie, et que mon mari publie les travaux de cette expédition, vous ferez connaissance avec tous les gens qu'il voit, avec des lieux dont je ne soupçonnais pas même l'existence, et avec des usages qui ne ressemblent guère à ceux que nous connaissons.

Aujourd'hui il a ramené John Adams dîner avec nous, ayant l'intention de lui faire des présents, pour répondre à ceux que l'insulaire lui a faits de diverses denrées. Nous étions encore à table lorsqu'à notre grande surprise Kéohoua, femme de ce prince, est arrivée, avec une de ses amies. Sa stature ne m'a pas moins étonnée que sa présence : figurez-vous une femme d'environ 3o ans, haute de 5 pieds 1o pouces, grasse, non pas à proportion, mais sans proportion, énorme enfin. Or, jugez ce qu'est un tel embonpoint, tout à découvert : un pagne l'enveloppe bien

de la ceinture en bas, mais, de la ceinture en haut, presque rien du tout
que de la chair ; quelquefois elle drape un peu son second pagne sur une
épaule, mais pas toujours. Louis l'avait vue à Kayakakoa, mais ce qu'il
m'en avait dit ne m'a pas empêchée d'être fort étonnée en la voyant. Sa
compagne est à peu près de mêmes dimensions. Toutes deux avaient des
boucles d'oreilles et des colliers de très jolies graines, de je ne sais quelles
plantes et de formes diverses. Elles apportaient aussi leurs présents : ce
sont de fines étoffes du pays. Elles ont reçu avec grand plaisir quelques
aunes de gaze, des miroirs et d'autres bagatelles. Toutes deux en m'abor-
dant m'ont dit : *ocowa*, ce qui signifie : comment vous portez-vous,
phrase plus laconique que les noms. Le prince, sa grosse femme et
l'amie s'en sont retournés tous à terre avant la nuit.

Ce matin, un pilote surnommé Jack, et un autre homme sont venus,
de la part du Roi, inviter le commandant à aller mouiller dans la baie
de Koaï-haï : ce roi nous fait promettre que nous trouverons là tout ce
dont nous avons besoin. Nous devons donc quitter demain ce mouillage,
pour un autre, où le pilote Jack doit nous conduire. Cet homme malgré
son nom actuel de Jack et son costume presque anglais, est un naturel
de ces îles : il portait auparavant le nom de Kaïké-Kou-Kouï. En attendant que nous changions de mouillage Jack est devenu notre commen-
sal ; mais en quittant son nom, il a conservé ses manières sauvages, et
je crois que son vêtement à moitié européen les rend encore plus cho-
quantes. Par exemple, si la chaleur l'incommode, tandis qu'il est à
table, avec nous, sans façon, il quitte son habit et le jette à côté de lui ;
d'autres fois, il se mouche avec sa serviette, et sans paraître se douter
du dégoût qu'il nous cause, dès qu'il a très goulûment satisfait sa voracité, non moins étonnante que celle de ses compatriotes, il se lève de
table comme eux, en se frappant le ventre et s'écriant : *Mahoha*, c'est-à-
dire : mon ventre est plein ; puis il court se promener sur le pont.

12 août, baie de Koaï-haï (île d'Owighée). — On n'a jamais vu un aspect
plus aride et plus épouvantable que celui de la partie de l'île d'Owighée
que nous avons en vue : le sol n'offre pas un arbre, pas la plus petite
plante, on dirait que le feu y a passé ; c'est là cependant que le nouveau
Roi a choisi sa demeure. Louis a reçu ce matin une députation de la
part de Sa Majesté Sandwichienne, qui lui a fait dire qu'elle l'attendait
à terre avec beaucoup d'impatience. L'un des députés était un prince,

frère de John Adams, de taille aussi gigantesque que la sienne ; l'autre
est un français gascon, qui a pris ici, en cette qualité probablement, et
qui paraît être bien à la cour. Louis est descendu à terre avec eux ; si je
le puis, je vous donnerai l'histoire de sa réception.

Dans notre dernière traversée, j'ai pris, ainsi que je le fais ordinairement, le soin de lire le voyage de Vancouver, où il est fort question
des îles Sandwich : j'y avais fait, pour ainsi dire, connaissance avec le
vieux roi Tamaahmah. Il est fâcheux qu'il soit mort : Louis craint que
cet événement ne rende ses approvisionnemens très difficiles ; c'est ce
qu'il va apprendre aujourd'hui.

13 août. — Ah ! la singulière cour que celle du roi des îles Sandwich !
cependant Louis a trouvé qu'au milieu de la sauvagerie, il y règne un
certain air de grandeur, que lui a sûrement imprimé le feu roi qui fit
tant de choses nouvelles pour cette nation. Le roi, vêtu en grand costume
de capitaine de vaisseau anglais, attendait Louis sur la plage, vis-à-vis
de sa maison ; toute sa cour se tenait un peu en arrière. Ses femmes
étaient non loin de là, sous une sorte de hangar léger, construit près
du rivage. Le Roi donna lui-même l'ordre de tirer les coups de canons
dont il voulait honorer la visite qu'il recevait. Après qu'on eut exécuté
l'ordre, il fit à Louis un petit mouvement de tête, puis l'invita à venir se
reposer dans sa maison. Louis ne le suivit qu'après avoir été saluer les
reines, qui, sans façon, lui tendirent la main. Cette maison du roi est
une hutte en paille de 10 à 12 pieds de long, et un peu moins large ; le
sol en était tapissé de nattes, sur lesquelles S. M. s'étendit et fit asseoir
mon mari à côté de lui, l'interprète était en face d'eux. Les chefs s'accroupirent pêle-mêle en dedans de la case. Près de la porte, et en dedans
aussi, un officier portant une grande lance en bois semblait être le
garde du corps de S. M. Le costume des chefs était fort varié, les uns
portaient de grands manteaux de drap rouge donnés autrefois par Cook
et Vancouver, d'autres, des manteaux en plumes rouges et jaunes,
quelques-uns n'avaient que des pèlerines de même sorte. Les soldats
n'ont pas d'uniforme, et chacun d'eux tient son fusil comme bon lui
semble ; beaucoup étaient nus, c'est-à-dire n'avaient que le langouti : en
général ces soldats offrent, dit-on, un coup d'œil assez grotesque ; et
puis, au lieu de tambour, c'est une sonnette qui indique la présence de
la troupe.

Après que Louis eut exposé au Roi les besoins de vivres dont il avait à l'entretenir, et auxquels Sa Majesté promit de pourvoir, le roi qui regardait toujours l'épée du commandant, et en parlait à ses chefs avec vivacité, finit par témoigner le désir d'en avoir la lame, et demande si Louis n'en avait pas une autre. Celui-ci, devinant sa pensée, la remit tout de suite dans le fourreau et l'offrit au roi, en le priant de l'accepter. Il hésita un moment, disant que c'était désarmer le commandant, qui ne manqua pas de répondre aussitôt « qu'on n'avait pas besoin d'être armé lorsqu'on était entouré d'amis ». Le roi ne fit plus de difficulté, mais crut devoir offrir en retour la belle lance de son garde du corps. Ensuite il proposa un verre de vin qui fut accepté, mais qu'il fallut aller boire dans une autre case éloignée d'environ une portée de fusil et qui est sans doute la salle à manger, car l'usage de ce pays est d'avoir une case tout à fait séparée pour chaque objet. Deux fauteuils étaient préparés là, pour Louis et pour son 1er Lieutenant qui l'accompagnait. Ces messieurs s'y assirent, mais le roi et les chefs se couchèrent sur les nattes.

De là, Louis alla voir les vieilles reines, veuves de Tamaahmah. Excepté Kaoumanou, dont parle Vancouver et qu'il avait réconciliée avec le feu roi, toutes les autres sont vieilles ou laides. Louis les trouva toutes couchées à plat ventre, le menton appuyé sur un petit coussin, suivant l'usage du pays, entourées de gens armés d'émouchoirs en plumes. Cette Kaoumanou se disait malade et se plaignait beaucoup plus qu'on n'était tenté de la plaindre en voyant sa bonne mine. L'embonpoint paraît être le caractère distinctif des Sandwichiennes d'un rang élevé.

Louis alla voir aussi le vieux et respectable M. Young, l'ancien conseiller et l'ami du feu Tamaahmah, dont parle aussi Vancouver. Il n'est pas de mon ressort d'entrer dans les détails de cette visite. Louis vit aussi le premier ministre du roi actuel, qu'il invita à venir à bord, et qui, sans façon, le pria d'y dîner. Mon mari ayant été prendre congé du roi, revint chez ce ministre, dont la maison est près de la mer, étant convenu qu'il le ramènerait à bord. Louis croyait qu'il était rentré chez lui pour s'habiller ; mais il le trouva n'ayant que son langouti et une chemise à l'européenne, plus sale que propre : c'est dans cet élégant costume que Kraïmoukou, surnommé *William Pitt,* premier ministre de S. M. le roi des îles Sandwich, vint dîner avec nous. Il avait demandé à Louis d'amener avec lui sa femme favorite, Rikériki, ce qui lui fut aisément accordé; mais la pauvre créature n'en profita guère, car sous le prétexte qu'elle était tabouée, son mari la fit rester sur le pont, où nous lui envoyâmes quelques confitures qu'elle mangea très volontiers. Quand son mari fut sorti de table, elle vint prendre sa place, et se dédommager en avalant plusieurs verres d'eau-de-vie, avec un air de délectation tout à fait remarquable.

Cette femme est fort jeune et assez agréable de figure; moins grasse que celles que j'ai vues précédemment, la légèreté de son costume est moins choquante. Dès que la nuit fut venue, Pitt pria qu'on fît lancer quelques fusées; elles excitèrent l'admiration des Sandwichiens, qui s'écriaient de toutes leurs forces *météï, météï*. très beau, très beau !

Le ministre Pitt, trois autres chefs, le pilote Jack, l'interprète gascon, Rikériki, femme de Pitt et celle d'un des chefs sont venus dîner à bord aujourd'hui. L'un de ces trois chefs n'a pas plus de 24 à 25 ans, sa figure est fort agréable et son air très distingué; on le nomme Kioravaya : c'est encore un frère de John Adams. Après dîner, Pitt se promenant sur le pont a rencontré M. l'abbé de Quelen. et s'est informé des fonctions qu'ils remplissait à notre bord. Sur la réponse qui lui a été faite, il lui a fait dire par l'interprète que depuis longtems, il avait le désir d'être chrétien et qu'il le priait, en conséquence, de vouloir bien le baptiser; que déjà sa mère, à son lit de mort, avait demandé le baptême et avait été ondoyée par un Anglais ou un Américain alors présent. Après quelques observations de M. l'Abbé, le jour de demain a été pris pour la cérémonie qui doit avoir lieu sur la corvette. Je n'y assisterai probablement pas, car dans une heure je vais être saignée au pied pour ces maux de tête continuels, auxquels notre docteur ne voit pas d'autre remède et dont je voudrais bien être débarrassée. Louis ayant été lui-même indisposé ce matin n'est allé à terre que ce soir pour voir le Roi. il vient de revenir à bord avec un énorme cochon dont S. M. lui a fait présent.

16 août, au mouillage de Reina. — La cérémonie faite avant-hier, a eu bien plus d'assistans que nous ne nous y attendions. Louis était retourné le matin à terre pour assister au conseil du roi, où il devait être question de ce qui regarde les vivres dont nous avons besoin. Après avoir terminé ses affaires, tant bien que mal, et avoir pris congé du roi,

PLANCHE XVIII

ILES DES PAPOUS

MOUILLAGE DE L' " URANIE " DANS L'ILE RAWECK

XVIII

il se disposait à revenir à bord dans l'intention de lever l'ancre aujour-
d'hui, pour aller mouiller près de l'île Mowi, où l'on doit faire la
provision d'eau et quelques autres, lorsque le roi lui fit dire qu'il
désirait assister avec toute sa cour au baptême de son premier ministre ;
qu'ainsi il le priait de lui renvoyer son canot, dès qu'il aurait conduit
Pitt à bord de la corvette. Ce qui se fit aussitôt. On ne tarda pas à voir
arriver le Roi, ses femmes, la reine douairière Kaoumanou, un jeune
prince frère du roi, et un grand nombre de pirogues doubles et simples
remplies des chefs et principaux personnages de la cour, hommes et
femmes. Le roi fut salué de 11 coups de canon. Le gaillard d'arrière
était décoré avec des pavillons et tout le pont couvert de tapis pour
asseoir tout ce beau monde ; l'autel était dressé près de la dunette.
Deux sièges avaient été placés auprès, pour S. M. et la reine favorite,
Kamahamarou. Ne vous semble-t-il pas lire les mille et une nuits ?

Encore affaiblie de ma saignée, je me tins renfermée dans le cabinet
de mon mari, dont la fenêtre donne sur le pont et de là je vis la cérémonie et les assistants. M. l'abbé de Quélen baptisa Pitt, qui parut fort
ému tout le tems des cérémonies. Le commandant fut le parrain et lui
donna le nom de Louis. Cela fini, une collation fut servie, au Roi, à
ses femmes et à sa cour : c'était merveille de voir disparaître tout ce qui
fut offert, mais surtout le vin et l'eau-de-vie. Nous en étions au point
de craindre que le roi se mît hors d'état de s'en retourner ; heureusement le jour baissa et l'on pensa à partir ; mais auparavant, il fallut
faire cadeau au Roi de quelques bouteilles d'eau-de-vie, dont il voulait,
dit-il, boire à la santé du commandant et à son heureux voyage. La
reine mère en reçut autant, et tous les chefs se montrèrent trop bons
courtisans pour n'imiter pas leurs maîtres. On peut dire qu'en deux
heures ces hôtes intrépides burent ou emportèrent ce qui eût suffi à la
consommation de notre table pendant plus de 3 mois.

La favorite du roi, la jeune Kamahamarou, est à la fois sa femme et sa
demi-sœur, elle est grande et jolie : deux autres de ses sœurs sont
aussi femmes du monarque, qui en avait en tout cinq avec lui sous ce
titre, dont l'une Kaourohi fut une de celles de son père. J'ai trouvé que
toutes ces femmes drapaient leurs pagnes avec beaucoup d'élégance et
de grâce, et que, malgré leur teint cuivré, les jeunes surtout peuvent
passer pour jolies. Toutes sont des filles de chefs, et nous avons
observé que ces chefs ont généralement une taille et une corpulence

fort au-dessus de la classe vulgaire. La manière dont ces personnages disposent leurs cheveux est fort variée : la forme qui m'a paru la plus originale est celle qu'ils donnent, en les coupant tout ras sur les tempes et laissant à partir du front jusqu'à la nuque, une élévation tout à fait en forme de casque hérissonné : la favorite du roi était la seule qui eût des cheveux pendans autour du visage, les autres les avaient plus ou moins coupés en vergette et de formes diverses.

Le soir même du baptême il vint à notre bord un de ces chefs qui régit l'île Mowi près de laquelle nous sommes mouillés depuis midi, c'est encore un très bel homme qui a quitté le nom de Kiaïmoukou pour celui de Cox, sous lequel il est connu maintenant; le roi a voulu qu'il vînt avec nous dans son île, d'où il est absent depuis quelque tems. Louis est descendu à terre avec M. Lamarche, ce chef et sa suite, pour aller visiter l'aiguade et trouver un lieu qui convienne à l'observatoire. Il m'a raconté qu'en se promenant sur le rivage, plusieurs vieilles femmes les suivaient. faisant des lamentations et pleurnichant; on a appris à Louis que ces grimaces étaient d'usage et témoignaient la joie qu'avaient ces femmes du retour du gouverneur. Celui-ci conservait une gravité parfaite, mais les pleureuses souriaient en voyant les regards étonnés de ces messieurs. Cette scène m'en rappelle une que Louis me raconta et dont il fut également témoin à Kayakakoa, entre le pilote Jack et le prince John Adams. Ces deux chefs qui ne s'étaient pas vus depuis longtems, après s'être salués à la manière du pays en se touchant le nez, se mirent à pleurer en poussant de grands cris, se roulant par terre et donnant tous les signes de la douleur la plus vive. Les Français spectateurs d'une telle scène étaient émus : ne sachant pas, ce qu'ils ont appris depuis, que c'est chose du bel usage dans ce pays, et qu'on ne doit pas prendre plus à l'affirmative que le *très obéissant serviteur* qu'on met en France au bas d'une lettre. Je regarde comme inspiré par le même esprit l'usage que les chefs de ces sauvages ont de se casser une ou plusieurs dents de devant, en signe de douleur, à la mort de ceux qu'ils ont révérés; comme aussi de se faire sur le corps des cicatrices en nombre plus ou moins grand, suivant le degré de respect ou d'amour. C'est ainsi que plusieurs ont comme Pouï, le nom de Tamaahmah et la date de sa mort gravé sur un de leurs bras.

Le commandant vient d'acquérir la preuve que le gascon Rives, qui lui servit d'interprète à Koaï-haï, est un impudent fripon. Par bonheur,

PLANCHE XIX

PROH DES ILES CAROLINES

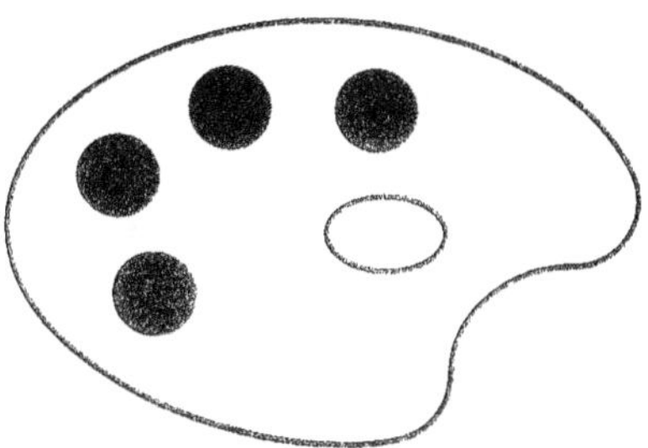

Original en couleur
NF Z 43-120-8

XIX

il n'avait pas reçu d'avance le prix des cochons qu'il se vantait de nous
faire livrer sur ses prétendues propriétés à Mowi, où il n'a pas un pouce
de terre, ni quoi que ce soit, si ce n'est la réputation, bien méritée,
dit-on, d'être un intrigant.

21 août. — J'ai enfin mis pied à terre à mon tour sur l'île Mowi, il
y a quelques jours, parce que je me porte mieux, et que toute la
semaine on y a été occupé aux observations du pendule et autres, qui
demandent la présence presque continuelle de mon mari ; cependant
nous sommes chaque jour revenus dîner et coucher à bord.

Ce n'était pas une chose sans intérêt pour nous que d'examiner la
fabrication des singulières étoffes qu'on porte ici. Louis est entré dans
tous les détails, dont je n'ai eu qu'un aperçu. C'est l'écorce d'un arbre,
le mûrier à papier, qu'on macère dans l'eau pour la ramollir et en diviser
les couches, qu'ensuite on bat et rebat au point de les rendre aussi
minces que du papier : il y en a de plus épaisses qui servent aux étoffes
grossières, et de fines, qui, lorsqu'elles ont reçu toutes leurs façons,
sont d'un très beau blanc et peuvent recevoir des dessins qu'on imprime
dessus. Le jaune est la couleur en vogue parmi ces peuples : les élégantes
ont des pagnes de cette couleur, imprimés de dessins en rouge et en
noir. Il me semble que ces étoffes qui ressemblent beaucoup au papier,
ne supporteraient peut-être pas d'être cousues comme les nôtres, mais
portées flottantes, ainsi que les hommes et les femmes les emploient
dans ce pays, elles ont un moelleux qui leur permet d'être drapées
souvent avec beaucoup de grâce. C'est sans doute ce qui fait qu'aucun
de ces sauvages ne va absolument nu ; les petites-filles mêmes ont leurs
petits pagnes tournés autour d'elles. Il n'y a qu'au bain où l'on voit
hommes et femmes pêle-mêle et absolument nus, sans aucune honte.

26 août, port de Bonorouro (île Woahou). — Aujourd'hui, sitôt qu'on
a eu jeté l'ancre, Louis a été à terre pour voir Bokii gouverneur de l'île,
qui est un frère de Pitt, mais qui n'a pas, dit-on, autant d'intelligence
que lui. A son débarquement, mon mari a été accueilli par Bokii et par
deux autres personnes qui l'accompagnaient, MM. Davis et Marin : le
premier, Américain, est à la fois capitaine, propriétaire et armateur de
plusieurs navires pour la traite des pelleteries à la côte N.-O. d'Amérique. M. Marin est un Espagnol né à Xerès, en Andalousie. Venu fort

jeune aux îles Sandwich, il s'y est livré avec succès à l'agriculture et à l'éducation des bestiaux. Il réside ici depuis plus de 26 ans, il y a naturalisé la plupart des légumes et des fruits d'Europe : son expérience lui a appris que le sol de ces îles est très convenable à la culture de la vigne, il a fait goûter à Louis du vin récolté dans ses vignes, et que mon mari a trouvé passablement bon. M. Marin parle parfaitement la langue de ce pays et est à portée de donner des renseignements précieux, et en grand nombre. Mon mari regrette beaucoup de n'être pas tout de suite venu à Woahou : il eût gagné du tems et se fût épargné bien des tracasseries ennuyeuses, au sujet de nos provisions : ces changemens de mouillage prennent tant de tems !

Le but de notre présente relâche était d'acheter le riz et le biscuit que M. Wildes, capitaine du *Paragon* avait à vendre : ce but est atteint. Le commissaire aux revues, descendu à terre avec le commandant, en a fait le marché et le capitaine Wildes y met même la grâce de faire porter ces provisions à notre bord par ses propres embarcations. De plus, l'obligeant M. Marin s'est entremis pour nous faire fournir du bois à brûler : Bokii, dont l'indolence a besoin d'être stimulée, a sur le champ envoyé 150 de ses gens dans les forêts, pour couper ce bois. Louis a été invité à dîner chez le capitaine Davis avec qui il a ensuite été promener au cimetière des Européens et visiter divers endroits de l'île. Ils sont ensuite revenus chez le gouverneur ; celui-ci ayant entendu dire à M. Davis que son frère Pitt avait été baptisé à notre bord, a dit qu'il avait le désir de l'être aussi et en conséquence a chargé le capitaine de traiter cette affaire avec Louis, qui a promis que, si M. l'Abbé n'y voyait pas d'inconvénient, la cérémonie se ferait demain.

De là ces messieurs sont allés à bord du *Paragon* faire une visite au capitaine Wildes, que Louis a invité de venir dîner demain avec nous, ainsi que quelques autres Américains ; M. Marin, que la santé soumet à un régime austère, a refusé d'être de la partie, il veut employer ce tems à être utile de toutes les manières à l'expédition. Je dois accompagner Louis à terre demain matin : nous sommes priés d'aller déjeuner chez le capitaine Davis.

29 août. — Dans la promenade que je fis à Woahou, jeudi, ce qui m'a le plus intéressée, c'est la maison de M. Davis qui réside ici depuis quelques mois. Sa fortune et ses manières lui donnent ici beaucoup de considération ; il est neveu, d'ailleurs, de M. le Général Amosa Davis, gouverneur de la province de Massachusets aux États-Unis d'Amérique. Sa maison est grande, et quoique construite à peu près dans le genre de celles des Sandwichiens, elle en diffère à beaucoup d'égards et surtout par l'ameublement, puisqu'on s'assied chez lui sur des chaises et même sur un canapé, qu'on y mange sur une table, toutes choses dont l'usage est inconnu à des gens qui ne savent que se vautrer sur des nattes. La case la plus ornée que Louis ait vue à Kayakatoa (celle d'une princesse) avait pour tout meuble un bois de lit à l'européenne sur lequel étaient étendues quelques nattes, autour pendait un rideau d'indienne. Je suis entrée dans quelques-unes à Woahou, je n'y ai rien vu que des nattes.

M. Davis est marié, comme on l'est ici, à la fille d'un Américain, son voisin, établi depuis 26 à 28 ans à Woahou, et qui serait fort riche, si les propriétés avaient quelque garantie dans ce pays. La nombreuse famille de M. Home, c'est le nom du beau-père de M. Davis, nous a paru extrêmement intéressante ; la plus jeune de ses filles est la plus aimable enfant que j'ai vue. Nous avons fait tous nos efforts pour obtenir de l'emmener avec nous ; mais ses parens, et surtout la mère, n'y voulurent pas consentir.

Nous ramenâmes dans notre canot le gouverneur qui venait de se faire baptiser : il avait avec lui la seule femme qu'il possède : ce Bokii est plus grand et plus gros que son frère Pitt, mais il a les jambes si remplies d'ulcères et si entortillées d'étoffe, qu'il ne marche qu'avec peine. Aussi n'a-t-il pas l'air intelligent du ministre et des autres chefs que nous avons vus jusqu'à présent. Je crois vraiment qu'il n'a demandé le baptême que par imitation de son frère. Son apathie peut bien être aussi le résultat de sa mauvaise santé.

L'entrée du port étant assez difficile, nos hôtes nous quittèrent tout de suite après le dîner. Je vous avoue que je n'en fus pas fâchée, et que je prétextai le lendemain avoir une indisposition, qui n'était que mauvaise volonté, pour m'exempter d'aller à terre. Louis alla chez le capitaine Davis avec plusieurs personnes de l'état-major de l'*Uranie*. Nous devions partir le lendemain ; mais retenus par la lenteur que met le tranquille Bokii à nous faire livrer le bois à brûler qu'il doit fournir, nous avons été forcés de différer malgré nous. Après avoir été encore à terre ce matin pour ce malheureux bois, Louis est allé avec M. l'abbé de Quélen et plusieurs autres personnes, dîner à bord du *Paragon*. Le capitaine Wildes les a reçus et traités avec distinction, et leur a donné le spectacle, qui les a amusés, de la danse d'un sauvage des îles Marquises de Mendoce, qu'il a à son bord.

J'ai beaucoup mieux aimé rester au nôtre et causer avec vous : je commence à m'ennuyer des sauvages et de leurs manières qui étonnent d'abord, mais qui ne tardent pas à causer plus de dégoût que d'amusement. Cependant la dernière île près de laquelle nous venons de passer 4 jours est moins sauvage que les premières que nous avons vues d'abord : on doit sans doute attribuer cette différence au grand nombre d'Américains qui y vivent et y abordent très souvent. Néanmoins ce peuple est encore loin de la civilisation.

Parmi les Sandwichiens que nous avons vus chaque jour sur la corvette, le chef de leurs prêtres y est venu plusieurs fois, mais il ne s'avança jamais plus loin que le bord du vaisseau, parce que, disait-il, sa religion lui défendait de passer dans un endroit où il eût pu avoir une corde au-dessus de sa tête. C'est apparemment pour lui une occasion de tabou. Ce mot que j'ai employé plusieurs fois sans vous l'expliquer, exprime une sorte de défense ou d'interdiction, qui a sûrement pour origine des idées religieuses et qui est toujours soigneusement observée. Par exemple, quand Louis désirait qu'un emplacement lui fût accordé, soit pour faire des observations, soit pour y déposer ses instrumens de physique et autres, et qu'il exprimait la crainte des curieux ou des voleurs, le chef qui désignait le lieu ne manquait pas de le *tabouer*, et cela se fait en plantant un pieu fiché en terre sur le haut duquel s'attache un morceau d'étoffe blanche ; cela suffit pour que personne n'en puisse approcher, sous peine de mort. Louis a recueilli je ne sais combien de détails curieux sur ce sujet.

Je ne suis pas encore sûre que nous puissions lever l'ancre demain : c'était aujourd'hui grande fête à Honorouro ; on y faisait des jeux auxquels présidait Bokii ; toutes les instances de Louis n'ont pu le décider à quitter la partie un moment, pour donner les ordres nécessaires. Ces retards sont désespérants.

12 septembre. — Il n'y a que six jours qu'enfin, approvisionnés avec plus d'abondance que de choix, nous avons perdu de vue les îles Sandwich. Une centaine de cochons vivans, quelques chèvres et un assez bon

nombre de cabris, voilà à peu près tout ce que nous avons pu nous procurer. J'aurais bien voulu avoir un grand nombre de poules, nous n'en
avons, au contraire, que très peu : on ne sait pas élever la volaille dans
ces îles. Ce que nous avons pu trouver de légumes frais n'ira pas loin.
Nous devrions être en route pour le port Jackson ; mais, à mon grand
regret, cette traversée sera fort allongée par un prodigieux écart vers
l'Est, que le cher commandant fait faire, et qui a pour but des recherches sur l'Équateur magnétique : je respecte fort la science, mais je ne
l'aime guère ; ce n'est pas le moyen de nous réconcilier, que d'allonger
en sa faveur une traversée qui ne peut rien m'offrir de très piquant. Il
est vrai que ce travail est un des objets principaux du voyage, que le tems
y est très favorable, et que nous voguons sur une mer, qu'à bon droit
on a nommé *Pacifique*. Encore si nous avions le bonheur qu'ont tant de
navigateurs d'y découvrir quelque nouvelle île ! J'ai la promesse de
Louis, que s'il en trouve quelqu'une toute neuve, et qui ne soit pas
encore connue, il lui donnera mon nom. En attendant, *per poco mi con-
solo*, j'amuse mon imagination en prévoyant ce qui nous attend au bout
de la traversée. L'ouvrage qu'a publié Louis et le voyage qui l'a déjà
conduit au port Jackson, me font assez connaître cette colonie, pour
doubler l'intérêt qu'elle m'inspire. Nous y trouverons sans doute encore
quelques-unes des personnes qu'il y vit, il y a 18 ans.

1er octobre. — Je frémis quand je vois sur les cartes jusqu'où la
science nous a menés : vous frémirez bien autrement, si tout à coup en
examinant la mappemonde, sur laquelle je sais bien que vous nous sui-
vez, l'*Uranie* vous apparaissait au point où elle se trouve ces jours-ci.
Tant il y a que nous aurions bien moins de chemin à faire pour arriver
en Californie, que pour aller gagner la partie orientale de la Nouvelle
Hollande, vers laquelle nous nous dirigeons assurément par le chemin des écoliers. Quand je me récrie là-dessus, on ne manque pas de
me vanter la douceur de la mer sur laquelle se fait ce long trajet ; mais
je trouve que la mer Pacifique est comme les personnes d'un si bon
caractère, qu'elles paraissent toujours de votre avis, cela plaît d'abord,
mais à la longue on en est affadi, on préférerait quelques légères dis-
putes qui animent la conversation.

Dans les courts momens de loisir que laissent à Louis les travaux
continuels qu'il fait ou qu'il surveille, notre passe-tems favori est de

faire des projets : depuis que nous savons qu'à notre retour rien ne s'opposera au bonheur de vivre avec vous, chaque jour nous bâtissons… peut-être hélas ! des châteaux en Espagne… ! au moins, dans tous, vous y avez une place ; et, comme dans notre cœur, ce n'est pas la moins bonne. Une retraite à la campagne s'offre souvent à nous comme la terre promise, et à cet égard votre goût, qui nous est bien connu, entre pour beaucoup dans notre choix : alors que ne faisons-nous pas ? nous plantons, nous traçons, nous arrosons : il n'est pas de folie qui ne nous passe par la tête, mais quand au réveil de ces jolis rêves, je vois toute la terre entre vous et nous, le charme s'évanouit ; et je me trouve réduite à espérer ces bienheureuses lettres, qui, j'espère, nous attendent au port Jackson, et qui seront les premières que j'ai reçues de vous depuis deux ans !

21 octobre. — Permettez-moi, Madame, de vous faire part que la corvette l'*Uranie* a découvert, à l'Est de l'archipel des Navigateurs, une petite île qui ne se trouve sur aucune des cartes les plus récentes de ces mers, et que le commandant de la susdite corvette a nommé cette île, *Rose*. C'en est donc fait, voilà mon nom attaché à un petit point du globe ; bien petit, en effet, car les envieux ne lui accorderont peut-être que le nom d'îlot, tel qu'il est, rencontré de nuit, il eût pu nous devenir funeste, au lieu que désormais, marqué sur les cartes de l'expédition, on s'en gardera, et personne, j'espère, ne périra sur les dangers qui entourent l'île *Rose*.

31 octobre. — A force d'aller et de voir au jour succéder l'autre, on vient à bout des mois les plus longs et des traversées les plus pénibles, nous trouverons donc le bout de celle-ci ; mais comme il y a long-tems que nous avons trouvé la fin de presque toutes les provisions agréables faites pour ce voyage, il me tarde beaucoup qu'une bonne relâche vienne nous réparer un peu. Les dépenses que nous fîmes à Toulon pour ce chapitre furent énormes : si le voyage n'eût duré que deux ans, elles nous eussent suffi. D'ailleurs la plupart des provisions n'ont pu être remplacées convenablement dans les dernières colonies où nous avons séjourné.

On reproche aux marins d'être amateurs de bonne chère lorsqu'ils sont débarqués ; doit-on s'en étonner ? Les privations nombreuses qu'ils

ILES MARIANNES

RADE D'HUMATA

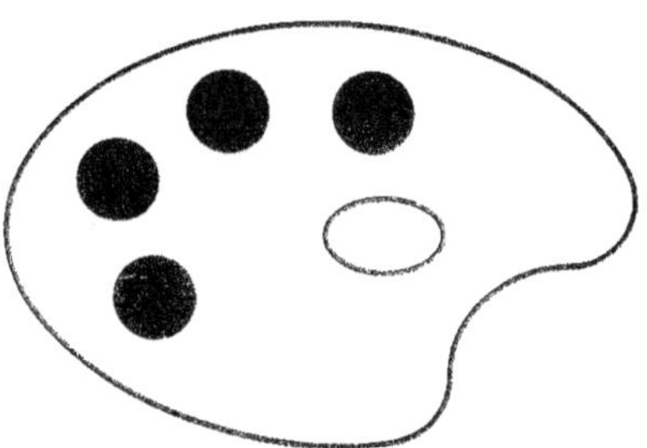

Original en couleur
NF Z 43-120-B

XX

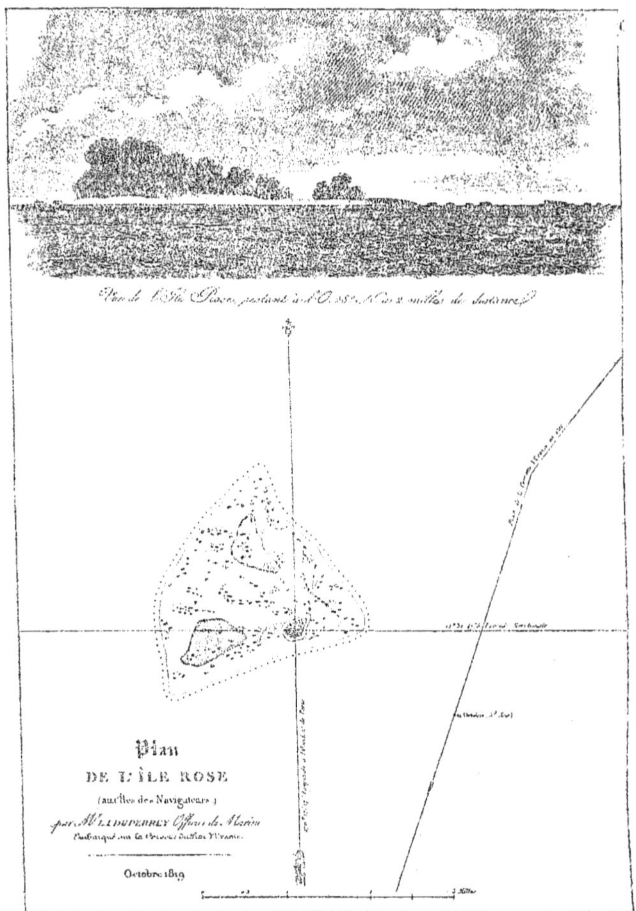

Vue de l'Île Rose, restant à l'O. 38° N. à 2 milles de distance.
Plan
DE L'ÎLE ROSE
(aux Îles des Navigateurs)
par Mr. L. DUPERREY Officier de Marine
embarqué sur la Corvette du Roi l'Uranie.
Octobre 1819
Échelle

supportent en mer doivent avoir cet effet-là. Quant à moi, si indifférente jadis aux plaisirs de la table, je me surprends parfois, rêvant à l'accueil que je ferais à une bonne poularde grasse, ou seulement à des œufs ou du laitage frais. C'est encore une de mes rêveries favorites, que le désir de cueillir une rose ou un œillet : une fleur fraîche me causerait un vrai plaisir. N'allez pourtant pas croire par ce qui précède que je sois devenue gourmande ; mais figurez-vous notre régime marin, depuis tant de mois : le bœuf ou le cochon salé pour bouilli, le cochon frais rôti, du poisson sec, du riz, des haricots, voilà le cercle dans lequel nous tournons, sans autre variété que celle dont ces mets sont susceptibles. Heureusement je mange peu, et notre cuisinier sait faire d'assez bons potages : un morceau de chocolat, un peu de confitures, telles sont mes ressources, contre un régime dont mon estomac est aussi las que mon goût.

Le petit nombre de volailles que nous pûmes nous procurer aux îles Sandwich, encore qu'elles ne valent guère, sont soigneusement réservées pour le cas possible de maladie ; et les conserves, si précieuses du bon M. Appert, sont gardées aussi pour la longue et non moins pénible traversée, qui doit nous conduire du port Jackson au cap de Bonne Espérance.

Ce qui me parait miraculeux, c'est qu'au milieu de tout cela notre santé continue de se soutenir : Louis ne s'est pas enrhumé sérieusement, depuis que nous sommes embarqués ; et moi, pas une seule fois : la saignée du pied a rendu mes maux de tête fort supportables : voilà ce qui soutient le courage.

17 novembre. — Je ne comprends pas mieux la fatalité qui veut que le Port Jackson nous ayant été signalé dès le 13, par la vigie, un coup de vent très violent et qui a duré deux jours, nous a forcés de nous tenir au large.

> Scherza il nocchier tallora
> Coll' aura che si desta ;
> Ma poi divien tempesta
> Che impallidit lo fa.

Nous y sommes encore, et retenus maintenant par le calme, presque en vue de cette terre qu'appellent nos vœux, nous la désirions bien assez sans que ce double contre-tems vînt aiguiser nos désirs. La belle

occasion de prendre une leçon de patience, si j'y avais plus de dispositions ! mais j'avoue que je ne m'en trouvai jamais moins qu'aujourd'hui.
Mais,

Sistanca la fortuna,
Resiste la costanza,
Esi triomfa al fin.

Vous reconnaîtrez, je pense, que notre auteur favori m'a amusée pendant cette longue traversée : plus d'une fois, en effet, la douce harmonie
de Métastase a charmé mes ennuis ; je pense que, parfois, il trompe
ce que vous cause notre absence.

CHAPITRE VII

SYDNEY. LES ILES CAMPBELL. LES MALOUINES.

Nous reçûmes à Sydney plusieurs invitations que nous fûmes
obligés de refuser. Le 8 novembre, le capitaine Piper[1] donne une fête à sa
maison de campagne qui se trouve sur une pointe donnant sur la rade
et dans une situation très pittoresque. Cette maison n'est pas encore
finie ; elle sera très belle et bien distribuée. Il y eut un bal champêtre
après un repas et il paraît qu'on s'y est bien amusé. M. Carling, avocat,
reçut également et MM. Piper et Wilde donnèrent à dîner. Étant
souffrante, Louis y alla seul. Peu de jours après, M. Wilde donna un
bal. J'étais encore si souffrante que je ne pus m'y rendre ; Louis y
fut encore seul. Ce bal fut très beau, très brillant.

Ma santé s'étant un peu remise, je suis allé, avec Mr et Mme Field,
sur le phare. Mme Macquarie m'avait promis de m'y mener ; mais une

---

1. La presqu'île Piper, qui doit son nom à ce célèbre colon, appartient à un puissant
millionnaire, qui s'y est construit un véritable palais, entouré de pelouses et de jardins,
où, parmi l'opulente verdure des grands arbres européens et tropicaux, se montre en
repoussoir le feuillage noirâtre de quelques arbres indigènes pieusement conservés
(L'Océanie, Saint-Yves).

indisposition très grave de M. le Gouverneur[1], le retenant au lit, l'empêcha de venir à Sydney. Mme Field nous prêta son cab; lui, sa femme et le jeune Macquarie allèrent à cheval. La route me parut extraordinaire par le soin avec lequel elle est entretenue et aussi à cause des difficultés qu'il a fallu vaincre pour ne pas la rendre trop rapide, le phare étant construit sur une montagne assez haute. Les bords de la route sont sauvages à deux milles de la ville, ce côté n'étant point aussi fertile que celui de Parramatta. La vue est admirable sur la montagne. Le bâtiment du phare est construit en pierre. Il y a plusieurs chambres. Le phare vient d'Angleterre[2].

M. Field avait fait apporter un déjeuner très substantiel et tandis qu'on l'apprêtait, nous allâmes faire une promenade pour jouir d'un des jolis points de vue de la rade. Nous descendîmes une côte dont la pente douce nous conduisit à une petite anse de pêcheurs. On y remarque un arbre si grand et dont l'ombrage est si épais et si étendu qu'on peut y dresser une table de 20 couverts et qu'elle se trouve aussi bien abritée que sous un toit. L'appétit et la chaleur se faisant sentir, nous regagnâmes le phare, et après nous y être reposés, nous reprîmes la route de la ville.

M. Macquarie étant toujours très malade, Mme Macquarie me fit prier d'accepter un déjeuner au gouvernement pour visiter à notre aise le bâtiment et ses jardins. Comme elle était restée à Parramatta, son neveu vint nous prendre avec un canot à notre bord, où nous avions été pour entendre la messe. Le major Autil, sa femme et le jeune Macquarie nous firent les honneurs. Nous visitâmes les jardins et le bâtiment qui n'est pas beau à cause de ses irrégularités. L'intérieur est mieux : il y a deux salons magnifiques.

Nous allâmes encore ce jour-là voir le jardin botanique[3] et le

---

1. Le major général Lachlau Macquarie dont le nom est resté très populaire dans l'Australie. Il était gouverneur de toutes les possessions anglaises de la Nouvelle-Calédonie. Il quitta ce poste en 1822.

2. A l'entrée d'une passe assez étroite sur la gauche se dresse un phare élégant et élevé, qui aurait trahi à l'instant même la civilisation anglaise, quand même un pilote monté à bord et dirigeant le navire n'eût pas mieux encore rappelé les coutumes d'Europe, transportées sur la côte australienne (Dumont d'Urville).

3. Ce qui fait surtout le charme de la cité australienne ce sont ses admirables parcs, surtout le jardin botanique, créé là où se fit la première moisson de la colonie, il s'étend sur la rive de Port-Jackson, à deux cents pas du centre de la cité et sa collection de

singulier bâtiment qu'on construit pour les écuries du gouvernement [1].

Il a absolument l'air d'un vieux château fort, avec des tourelles, des créneaux, etc.,. On n'a pas pu nous dire qu'elle était l'idée du gouverneur. Moi je pense que c'est pour faire un joli point de vue de la rade, d'où on aperçoit cette construction sur une colline près de la ville.

Le bâtiment des hôpitaux est magnifique ; les casernes, le logement des officiers qui y est joint et le logement des convicts forment de très beaux monuments qui ne seraient point déplacés dans nos capitales, ainsi du reste que quelques maisons particulières [2].

M. Wilde, désolé de ce que je n'avais pu voir le bal et voulant donner encore une fête, nous invita à un bal le 16 décembre. La salle était jolie, ornée de fleurs et de peintures ; les armes de France et d'Angleterre y étaient peintes, ainsi que celles de Louis. Sur le parquet on avait figuré le vaisseau de Cook, l'*Aventure*, la *Mermaid* [3] de Mr. King, et l'*Uranie*. Toutes les peintures de la salle étaient faites intentionnellement et avaient trait plus ou moins à la France et à nous.

Le souper très beau couronna l'œuvre : les toasts furent portés un peu trop longuement et chacun fut l'occasion d'un discours.

Quoique je ne susse pas danser les anglaises, je ne pus m'en dispenser. Je m'en tirai assez mal. Mais ce qui me parut affreux ce fut la chaleur trop forte pour danser [4].

Dépourvus après une longue navigation de beaucoup d'objets nécessaires pour représenter, nous nous décidâmes cependant à offrir un dîner à bord à toutes les personnes desquelles nous avions reçu des

plantes cultivées en plein air égale, si elle ne le surpasse pas, celle du célèbre jardin de Kew. Les feuillages et les fleurs des tropiques s'y mêlent aux arbres et aux arbustes de l'Europe méridionale et entre les bambous et les palmiers surgissent de blanches statues. Le jardin botanique et ses annexes occupent une superficie de plus de 80 hectares. (L'Océanie, Saint-Yves).

1. Le palais du Gouvernement est une résidence agréable et commode, entourée d'un vaste parc, de jolies promenades et de bosquets délicieux. La partie de cet édifice qui frappe l'œil le plus vivement sont les écuries, construction bizarre et hors de proportion, anomalie monumentale dans laquelle l'architecte a employé le gothique au milieu d'une cité qui date d'hier (Dumont d'Urville).

2. Les maisons de Sydney sont presque toutes bâties avec un grès que fournissent les rives du canal de Port-Jackson. Aussi remarque-t-on déjà dans cette ville des édifices importants, tels que d'élégantes casernes (Dumont d'Urville).

3. Mot anglais. En français : *la Sirène*.

4. Mme Rose se plaint fréquemment de la chaleur. Il est utile de se rappeler que la moyenne annuelle de la chaleur à Sydney est de 17°.

politesses. Ce fut très modeste ; mais nous comptions sur l'indulgence
qu'on doit accorder dans la position où nous étions. Le pont fut dégagé
de tout ce qui pouvait l'embarrasser, jusqu'au grand mât. Cela fit deux
salles, séparées et ornées avec des pavillons et des guirlandes de
feuillage et de fleurs. Nous eûmes la musique du régiment qui joua
pendant tout le repas.

Un jeune homme du bord, qui savait dessiner, composa deux
transparents. dont l'un représentait le roi d'Angleterre et l'autre le roi
de France. Ils restèrent cachés jusqu'au moment où Louis porta la santé
du roi Georges, accompagnée par 21 coups de canon. Celui de
Louis XVIII fut également découvert lorsque le gouverneur porta sa
santé. C'était un bruit, un tapage dont tu ne peux avoir une idée. Non
plus que de la désolation de notre cuisinier qui, un quart d'heure avant
de servir, m'envoya dire que tout était perdu et manqué. L'espace
accordé pour la cuisine est si étroit à bord que le brave homme avait
empiété sur un canon, y avait posé une planche et s'était fait une table
où il mit toutes les pièces montées. L'ordre étant venu de préparer la
salve pour le dessert, les canonniers avaient un peu brusquement enlevé
tous les monuments de la gloire de notre chef, dont la symétrie se
trouva ainsi un peu dérangée. Jugez de la colère de cet orgueilleux qui,
quelques jours avant, me refusa d'apprendre d'un cuisinier anglais à
faire des poudings, parce que, disait-il, un cuisinier français n'a rien à
apprendre des cuisiniers anglais.

Le 14, nous allâmes passer deux jours à la maison de campagne de
M. Mac Arthur. Sa fille a 26 ou 27 ans : elle est remplie d'esprit,
d'instruction et d'amabilité. J'aurais voulu pouvoir cultiver sa connaissance ; mais sa mauvaise santé et mon court séjour m'en ont privé. Elle
est venue nous chercher dans la voiture de son père.

Nous arrivâmes à Parramatta pour l'heure du dîner. M. Mac Arthur
nous attendait avec une autre de ses filles, plus jeune. Sa maison est
simple à l'extérieur, mais très bien meublée de tout ce que l'aisance et
l'élégante simplicité peuvent offrir de plus agréable. Sa famille est très
nombreuse : il a encore une plus jeune fille, restée à la ville près de sa
mère, et deux de ses fils arrivèrent peu après nous. Ils revenaient
d'une ferme magnifique près de la rivière de Nepean[1] où M. Mac

1. En face de Queenscliff.

PLANCHE XXI

———

DANSE D'HOMMES NUS

———

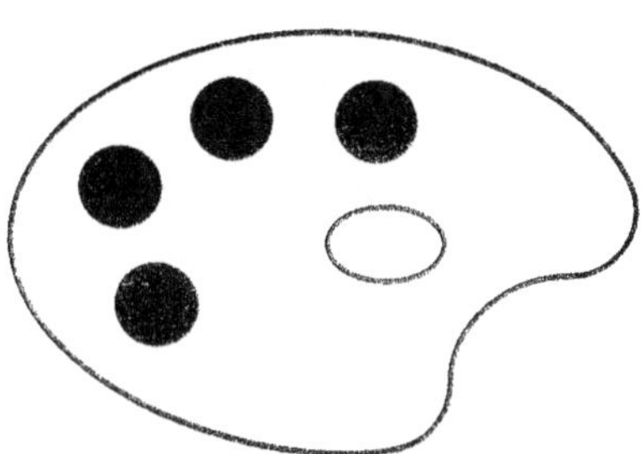

Original en couleur
NF Z 43-120-8

XXI

Arthur a un troupeau de mérinos de 6 636 moutons, dont plus de moitié est de race pure[1].

Les jardins sont fort jolis et bien cultivés. On y élève surtout beaucoup de plantes et d'arbres européens, entre autres l'olivier qui réussit très bien.

Pendant mon séjour à Parramatta, je voulus faire mes adieux à M. Mac Arthur. Le gouverneur était trop souffrant pour que nous puissions le voir ; sa femme nous reçut avec une affabilité extrême.

Elle dit à Louis qu'elle était chargée, de la part du gouverneur de lui offrir les pièces d'argenterie qui nous avaient été volées ou bien l'équivalent en argent. Nous le refusâmes absolument, malgré de vives insistances. Entre autres raisons pour nous faire accepter, elle allégua que c'était de la faute de la police et que c'était le gouvernement qui devait réparer cette perte. Nous tînmes bon et les remerciâmes.

Nous allâmes voir Mme King[2] et Mme Hannibal Mac Arthur, avec laquelle nous avions dîné la veille; elle est fille de M. King, l'ancien gouverneur. Elle assura Louis que son père, le lieutenant King, qui commande le cutter *Mermaid* en découverte autour de la nouvelle Hollande aurait beaucoup désiré le connaître et le remercier de tout ce qu'il a dit d'obligeant de son père dans son ouvrage[3].

J'ai vu très souvent Mme Field. Son obligeance pour moi est extrême (elle m'envoya un abricot il y a quinze jours, le premier qui fût mûr, je n'en avais pas mangé depuis France !). Nos derniers jours se passèrent ensemble. Nous dînâmes très souvent chez elle. Elle a un charmant caractère. Elle est très instruite et connaît bien la littérature française. Son physique n'est pas moins agréable ; très jolie, avec un pied ravissant à ce qu'a remarqué Louis. Je puis assurer que j'ai passé près d'elle des moments délicieux.

Le jour de mon départ pour le bord, j'allai déjeuner chez elle et j'eus le cœur bien serré lorsque je la quittai. Elle me donna une petite cornaline montée en bague, sur laquelle est écrit : *remember*. Je n'avais pas besoin de ce mot pour me rappeler toutes ses amitiés et ses bons procédés à mon égard.

1. Au delà de la pointe Dawer se trouvait un bel établissement dirigé par M. John Mac Arthur, qui, en 1804, introduisit, en Australie, un second troupeau de mérinos. Le premier y avait été apporté en 1797 (Saint-Yves, L'Océanie).
2. Femme du Gouverneur Philipp Gidley King.
3. Voyage de découvertes aux terres australes (1800-1804, 1807-1816, 2 vol. in-4).

Nous arrivâmes à bord le 24 et ce ne fut que le 25, au matin, jour de Noël, qu'on mit à la voile, après que M. l'abbé eut dit la messe. Tous les matelots anglais nous voyaient partir avec peine un vendredi, parce que, disent-ils, c'est un jour de malheur.

Le chagrin que j'éprouvais de quitter cette terre où on m'avait si bien accueillie ne fut diminué que par l'idée que c'était de ce moment que nous allions effectuer notre retour vers la France.

La brise étant fraîche, nous nous éloignâmes de terre et, le lendemain, nous étions loin lorsqu'on s'aperçut qu'il y avait dix convicts qui s'étaient cachés à bord. Afin de ne pas nous retarder et la saison étant déjà avancée, Louis se décida à les garder, en les employant à divers objets.

J'ai oublié de dire que le 20, M. Mac Arthur écrivit à Louis d'envoyer une embarcation pour prendre deux mérinos qu'il nous offrait, avec un casoar. Nous emportions déjà deux autres jeunes casoars, 8 cygnes noirs et un cassican, qui chantait très bien et qui m'avait été donné par le capitaine Piper. Mme Mac Arthur m'envoya deux chèvres de la part de son jeune fils. Le gouverneur y ajoutait une vache, un veau et une douzaine de beaux moutons. Cela nous encombrait un peu, mais c'était un bon supplément à nos provisions. Aussi nous empressâmes-nous d'offrir nos remerciements au gouverneur.

J'étais extrêmement triste en quittant Sydney. L'idée de doubler le Cap Horn m'effrayait et j'avais besoin de me rappeler que nous voguions vers la France pour ranimer mon courage un peu abattu par un si long séjour loin de mon pays.

Nous eûmes une fort grosse mer en passant le détroit de Bass. Le bâtiment fatigua et il se déclara une voie d'eau qui faillit nous forcer à relâcher à la terre de Diémen ou à la Nouvelle Zélande pour nous réparer; cela nous aurait encore retardé et aurait remis à une mauvaise saison notre passage du Cap Horn. Heureusement cette avarie ne s'aggrava point; il suffit de pomper chaque jour quelques instants et nous pûmes continuer notre route.

Nous vîmes en passant les îles Campbell[1] qui nous parurent tristes,

1. L'île Campbell fut découverte en 1810. C'est une terre montueuse, de dix lieues de circonférence. Le commandant de Freycinet dans son ouvrage « Voyage de découvertes aux terres australes » (1807-1816), a écrit que l'île n'offre que des rochers anguleux, entrecoupés de couches blanches horizontales. Il ajoute « à l'intérieur s'élèvent plusieurs

les arbres étaient d'un vert foncé, les rochers noirs, enfin l'aspect affreux. Nous plaignîmes beaucoup les pêcheurs qui, pour un malheureux gain, se condamnent à séjourner dans cet horrible lieu. Un vent un peu frais, mais venant de l'arrière, nous poussait vers l'Amérique, sans une trop grosse mer, ni mauvais temps.

1820. — Le 21 janvier, nous avons vu une île de glace, de moyenne hauteur ; elle ressemblait à un cône mal formé. On l'estimait à 90 ou 100 pieds de haut. D'un blanc terne, elle tranchait sur la couleur de la mer d'un gris foncé par temps couvert.

Le 7 février, on aperçut la terre. C'était une côte hérissée de rochers noirs, peu d'arbres et une végétation sombre. Le lendemain, nous doublâmes enfin ce fameux Cap Horn qui n'est lui-même formé que par un rocher stérile. Le temps était très beau, le vent faible et variable : nous fûmes obligés de louvoyer pour doubler le cap et la brise était si légère que nous eûmes tout le temps de le considérer. Le soleil brillait et la mer était très tranquille. Est-ce vraiment là ce fameux cap, tant redouté et qui a été si funeste à la flotte de l'amiral Anson [1], il nous traitait en amis et nous dirons partout qu'il n'est pas si diable qu'il est noir.

Nous voguions enfin dans les mers qui baignent les côtes de France et nous nous croyions déjà chez nous. En avançant vers le Nord, le temps s'obscurcit et la mer un peu plus forte nous permit cependant de nous diriger vers le détroit de Lemaire, où nous devions relâcher. Nous aperçûmes la baie du Bon Succès et nous y entrions, en admirant la différence de l'aspect de ses terres avec celles de l'extrémité de l'Amérique. Toute la côte était boisée et la végétation fort belle. Chacun faisait des

rochers escarpés et considérables, dont le plus grand forme un cône droit, à sommet aigu. Sur quelques plateaux élevés on distingue des apparences de verdure, mais on n'aperçoit pas d'arbres. »

1. Baron Sobeston Anson, amiral anglais, né en 1697, mort en 1762. Il a laissé de son voyage autour du monde une narration qui a été traduite en français. A son passage au cap Horn, son escadre fut emportée, par la *violence réunie de la tempête et du courant*. Les vagues étaient si hautes, écrit-il, et si courtes qu'on ne voit rien de semblable dans aucune mer connue ; nous frémissions à leur vue... et ces vents furieux étaient accompagnés de pluies froides et de neige, qui nous couvraient de glace et gelaient nos voiles, ce qui rendait les uns et les autres si cassants qu'ils ne pouvaient résister au moindre effort... Je ne finirais point, ajoute-t-il, si je voulais rapporter tous les maux où nous fûmes exposés dans le cours de cette navigation (2ᵉ édition, 1764).

projets : le chasseur voyait avec envie les belles oies et tout le gibier dont les bois semblaient remplis ; les naturalistes brûlaient d'aller recueillir les trésors qu'ils comptaient trouver dans un pays si peu visité.

Le temps s'obscurcissant encore, la brise devenait très forte ; mais on n'y faisait pas attention. L'ancre jetée, on se croyait à l'abri de tout. Cependant, mon mari, attentif à la sûreté du bâtiment, était préoccupé et ne songeait qu'à se garantir de l'ouragan qu'il voyait venir. Tout d'un coup j'entends résonner dans le bâtiment ces mots *coupez le câble* et il ordonna qu'on hissât les voiles. Toute occupée du pays nouveau qui me frappait, ces mots me réveillèrent. Je regardai la situation du bâtiment et je vis qu'il marchait. Mais si les voiles qu'on avait mises n'avaient pas dirigé le bâtiment, nous aurions été infailliblement jetés sur les rochers qui bordent la côte et que nous rasâmes de fort près. L'ancre avait chassé et le vent poussait avec une grande violence l'*Uranie* à la côte. Nous gagnâmes en très peu de temps l'extérieur de la baie et nous nous trouvâmes dans le détroit. La terre était de chaque côté ; il me semblait à tous moments que le vent, très violent, allait nous y faire fracasser. Je ne l'oublierai de ma vie.

La dernière voile venait de se déchirer, on ne pouvait plus gouverner. On cria alors *terre de l'avant*. Je crus que c'était fini pour toujours. Je remis mon âme à Dieu et j'étais abîmée dans l'idée de la mort affreuse que nous allions souffrir tous. Mes vœux étaient de me briser la tête contre quelque chose, pour ne pas rester longtemps dans l'alternative de la vie et de la mort. On s'aperçut alors que cette prétendue terre n'était pas autre chose qu'une vague fort haute qui se dessinait sur l'horizon.

Nous eûmes au moins deux jours et deux nuits de cette affreuse tourmente, pendant laquelle le vent, qui venait du Sud, nous poussa vers le Nord et décida Louis à relâcher aux îles Malouines, près desquelles nous étions, plutôt que de descendre de nouveau à la baie du Bon Succès ce qui nous aurait fait perdre beaucoup de temps. Louis se dirigea donc de manière à rencontrer promptement ces îles. Nous les aperçûmes le 12 février, mais pendant peu de temps à cause de la brume qui s'était formée et qui nous obligea à n'avancer que lentement vers le mouillage.

Le 14, le temps étant plus beau, nous nous dirigeâmes vers la baie

Française, où nous devions relâcher. On était près de doubler la dernière pointe qui en cachait l'entrée lorsque le bâtiment toucha sur une roche. Sa marche fut arrêtée un moment ; on le remit en route. Les visites qu'on fit au fond du bâtiment ne rapportèrent tout d'abord rien de nouveau. Cette première visite fut suivie d'une autre à la suite de laquelle on constata que l'eau entrait dans la cale avec assez de violence, ce qui fit supposer qu'un morceau de la roche heurtée par l'*Uranie* était restée dans la coque et que le sillage du bâtiment l'avait arraché.

L'endroit où nous devions mouiller était fort loin, tous les rivages qui nous entouraient étaient escarpés et bordés de rochers : le bâtiment s'y serait complètement perdu. Louis mit alors tout son monde aux pompes et résolut, si les pompes pouvaient soutenir le bâtiment, de gagner une plage sablée pour sauver tout au moins ce que contenait l'*Uranie*, c'est-à-dire les instruments et les résultats de l'expédition. N'était-il pas cruel de voir ainsi s'engloutir deux années de travaux et de peines !

Cependant l'eau gagnait toujours, le vent était faible et la force des hommes, qui n'avaient pas mangé depuis longtemps, commençait à s'épuiser. La nuit vint nous surprendre dans cette cruelle position !...

Retirée dans mon appartement, livrée à toute l'horreur de notre situation, je ne pouvais rien faire d'utile pour le salut commun [1]. J'étais entièrement à mes réflexions, bien affligeantes, de quelque manière que dût se terminer l'événement qui nous affectait ; le bâtiment allait peut-être couler bas et à grand peine nous sauverions nos personnes. Quel serait ensuite notre sort. Jetés sans aucune ressource sur cette île

1. Ce que faisait Mme de Freycinet ? J. Arago, qui fut l'un des témoins de sa courageuse conduite dans ce terrible moment, nous le dit :

« Pendant la durée de ce drame si terrible, que faisait à bord la jeune et pieuse dame qui avait bravé tant de fatigues ? Elle priait, mais sans faiblesse ; elle pleurait, mais sans lâcheté. On avait sauvé des soutes quelques centaines de biscuits, et la pauvrette, dans la chambre de laquelle ils venaient d'être jetés, les arrimait avec un soin tout évangélique ; elle aurait cru faire en y touchant un larcin impie à tous ces hommes de fer qui luttaient avec tant de courage depuis près de douze heures, et on la voyait de temps à autre aller là, à sa petite croisée, chercher à saisir une espérance sur les traits des matelots qui passaient et repassaient, chargés de quelque utile butin arraché aux flots. Hélas ! que de fois, épouvantée d'un de ces jurons frénétiques dont le matelot se sert si poétiquement pour peindre sa colère et ses joies, elle retirait brusquement sa jolie tête et poussait au ciel une naïve et suave exclamation de terreur ! »

déserte ! Je fus tirée de mes pensées par l'arrivée de M. l'abbé qui, fatigué d'avoir pompé, venait près de moi pour me consoler de ma solitude et prier avec moi l'Etre suprême de jeter un regard de pitié sur nous.

L'eau gagnant toujours, malgré les efforts inouïs, on monta le biscuit dans notre dunette pour qu'il ne soit pas mouillé. Il était 1 heure du matin et le temps tout à fait calmé.

Le courage des matelots se soutenait d'une manière étonnante : les officiers, occupés avec eux, les animaient et les excitaient à chanter, de sorte que cette malheureuse *Uranie*, à moitié sous l'eau, retentissait de chants et de cris, peu en rapport, dans une situation aussi pénible, avec l'état d'esprit de l'équipage !

CHAPITRE VIII

ÉCHOUAGE ET ABANDON DE " L'URANIE ".

Dieu eut pitié de nous : il nous envoya une petite brise qui nous fit
avancer vers la plage où l'on croyait trouver du sable.

Louis avait envoyé un canot avec un officier chercher l'endroit le
plus convenable pour y jeter la corvette. Sur ses indications, l'échouage
se fit doucement sur le sable, à 3 heures du matin. Bien que cette
situation pour un bâtiment fût la plus redoutée, c'était notre seule
ressource et certes elle venait à temps pour nous sauver, car les forces
étaient épuisées. Il fallut encore travailler pour mettre du soutien au
bâtiment, afin qu'il ne tombât point tout à fait sur le côté ; comme nous
ne pouvions aller vite, la corvette s'inclina un peu, ce qui rendait déjà
le séjour à bord fort désagréable ; on marchait sur un plan continuellement incliné.

Quelques heures de sommeil furent accordées à chacun.

Le réveil fut affreux, lorsque le jour permit d'apercevoir la nature de
la côte sur laquelle nous étions ainsi jetés. L'aspect en était aride et
sablonneux et l'on ne voyait pas un arbre qui pût diminuer l'uniformité
de ces collines de sable et d'herbes desséchées. Peu d'apparence de
ressources pour une centaine d'hommes obligés de chercher là leur
nourriture, pendant peut-être quelques mois !

On y dépêcha un canot et un officier chargé de choisir un endroit
convenable pour y établir des tentes et les objets sauvés. Le temps fut

beau tout le jour et permit d'envoyer ce qui était nécessaire à l'établissement du camp. Des chasseurs furent chargés d'autre part de nous fournir du gibier pour la nourriture, car ce qu'on avait pu sauver des provisions fut religieusement gardé pour le moment où l'on reprendrait la mer.

16 février. — Louis descend à terre pour porter une partie des papiers et des instruments de l'expédition ; il donne des ordres pour le camp et pour son approvisionnement par les chasseurs.

On avait heureusement sauvé plusieurs barils de poudre et du plomb. Ce fut notre principale ressource.

18 février. — On envoie un canot à l'emplacement d'un ancien établissement français, dont les restes pourraient être d'une grande utilité pour nous. Ces Messieurs reviennent le lendemain : ils n'ont trouvé que des ruines. Les murs des maisons subsistent, mais aucune n'est couverte. Ils ont couché dans un grand four [1].

Nous sommes toujours à bord, Louis ne voulant pas quitter le bâtiment avant que le plus essentiel n'y soit enlevé.

Le temps devient mauvais. Il paraît qu'il vente beaucoup au large. Nous avons une houle abominable qui soulève le bâtiment et le laisse retomber avec violence. Il semble à chaque fois qu'il va se fendre en deux.

20 février. — Le temps est horrible : il pleut, il fait froid et la houle soulève toujours la corvette. Ces mouvements sont si forts que je suis toujours prête à partir dans la crainte qu'il n'arrive quelque catastrophe et que nous soyions obligés de nous sauver à la hâte. Il faudrait alors que je passe par la fenêtre, car, la porte de ma chambre étant du côté qui penche dans l'eau, il me serait impossible de sortir. Toutes ces pensées m'oppressent et seule la faim qui me tourmente me les fait oublier. La nécessité et l'extrême besoin m'obligent à manger de la viande sans pain. Il me semble que je mange du sable, car j'ai beau avaler des verres d'eau, la viande me reste dans le gosier. L'assaisonnement est impossible, tout le sel et le reste des épices sont dans l'eau. Et que peut-il en rester après un tel séjour ! Nous sommes réduits à des oies ou du veau marin cuits à l'eau.

1. Bougainville, parti de Saint-Malo, aborda aux îles Malouines en 1763. Il en prit possession en 1764, au nom du roi de France. On y construisit des cases et des magasins dont il ne restait plus que des ruines en 1817. Les Malouines furent cédées par la suite aux Espagnols.

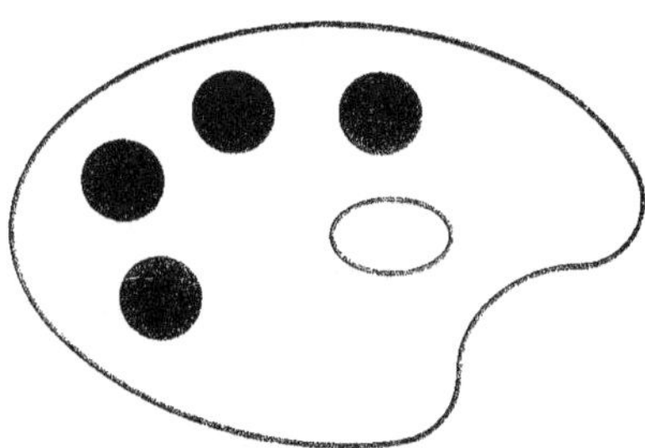

Original en couleur
NF Z 43-120-8

La mer est si mauvaise qu'on ne sait comment nous envoyer le dîner. On finit par l'apporter vers 7 heures.

22 février. — La nuit a été effrayante et a tellement fait craindre pour la sûreté des personnes à bord que Louis se décide à emporter ce qui reste de plus précieux et à faire débarquer tout le monde. Je t'assure que je ne fus pas la moins contente de cette résolution, ces quatre derniers jours m'ayant paru des siècles de martyre.

Ma première nuit à terre n'était pas faite pour me dédommager de celles que j'avais passées à bord. Notre tente n'était pas installée et comme il avait plu toute la nuit, nous fûmes arrosés dans notre lit. Enfin le jour vint. Nous arrangeâmes un peu mieux notre maison de toile et nous fûmes mieux les jours suivants, surtout après l'installation de la marquise. Mais qu'il plût ou qu'il ne plût pas, la fraîcheur de la nuit et la rosée, dont nous n'étions défendus que par une toile, firent que nos draps étaient toujours humides. Heureux si dans nos vieux jours, nous ne sommes pas accablés de rhumatismes ; je m'en consolerai en pensant que j'aurais pu périr sur le rocher même où nous avions touché...

Louis fait ponter la chaloupe pour l'envoyer à Montévidéo y chercher du secours.

29 février. — On tire la chaloupe à terre et une tente est établie pour les charpentiers, une autre pour les forgerons. Notre camp a vraiment l'air d'un petit village. Il y a une tente pour Louis, une pour les instruments et les papiers et où nous mangeons, une pour l'état-major, une pour les élèves de la marine et une pour les volontaires. Trois autres tentes sont dressées pour l'hôpital, la caserne des matelots et pour les maîtres.

Il y a aussi des petites tentes pour les cuisines et pour les approvisionnements. Un peu plus loin et isolée du camp est la poudrière, où sont enfermées toutes les armes et les munitions. On s'occupe toujours à descendre du bord ce qu'on peut sauver. Nous faisons des promenades avec l'abbé pour chercher du céleri sauvage, que nous mangeons en salade. Les chasseurs vont plus loin et découvrent des chevaux : on en tue plusieurs. C'est une grande ressource, car les oies diminuent et le veau marin déplaît à l'équipage. Ce n'est pas étonnant, c'est un manger fort désagréable.

4 mars. — Louis va tous les jours à bord pour surveiller les travaux de sauvetage. On fait manger ce qui pourrait se gâter, et on met en magasin tout ce qui est de conserve. La houle est très forte et la mer bat tellement la côte que les canots qui étaient mouillés dans une petite anse ont été jetés à la côte. Le plus petit a été mis en pièces ; celui de Louis, susceptible de réparations, a été de suite remis en état.

7 mars. — On a tué deux chevaux à la grande satisfaction de l'équipage.

8 mars. — Je me lève de bonne heure aujourd'hui pour profiter du beau temps. Je vais faire une petite promenade avec M. l'abbé et comme il avait à parler à Louis qui se trouvait près de la chaloupe, nous nous dirigeâmes de ce côté. Il y avait quelques jours que je n'y avais été : je trouve les travaux avancés et même au point qu'elle prend déjà la tournure d'un petit bâtiment. Louis fait continuer l'érection de son observatoire.

Les hautes marées empêchent qu'on puisse rien sauver de l'*Uranie*. l'eau ne quittant pas les hauts de la batterie. Je m'occupe tout le jour à ranger notre tente. je mets de l'ordre dans mes malles où tout avait été jeté à la hâte. Aujourd'hui. j'ai trouvé un peu de sel dans un baril de salaison. C'est une trouvaille précieuse !

9 mars. — Il fait un temps sombre. Après les déjeuners, on envoie un canot pour chasser des manchots, sur l'île du même nom. parce que les chasseurs sont fatigués et qu'ils ont besoin de repos. Du reste le gibier devient plus rare autour de nous.

Le temps s'embellit aujourd'hui vers midi ; il me permet d'ouvrir les caisses de biscuit mouillé et de le mettre au sec. Dans l'une d'elles le biscuit n'était plus qu'une véritable pâte salée et amère. Cependant, dans la détresse où nous sommes, nous le mangeons dans le potage, après l'avoir passé dans l'eau douce. Je vais visiter aussi mes pommes de terre et je vois avec un grand chagrin qu'elles se gâtent presque toutes. Je me décide à les faire manger tout de suite, car, quelques jours encore, elles seraient toutes à jeter.

Le soir, un volontaire, en allant se promener sur une des plus hautes montagnes qui nous environnent. aperçoit, à peu près à sept lieues, une fumée très épaisse. Y aurait-il quelque être humain sur cette malheureuse terre ! C'est un voyage bien long et peut-être pour ne rien trouver…

Nous nous imaginons que ce sont quelques pêcheurs de veaux marins occupés à extraire l'huile de ces animaux. Mais quels secours peuvent-ils nous donner ? Ordinairement, ces sortes de gens sont abandonnés pendant 6 à 8 mois pour s'occuper de leur pêche, puis un bâtiment vient les prendre ; dans ce cas, ils nous seraient très utiles... Faire 14 lieues pour une fumée, qui n'est peut-être qu'un nuage !...

On a essayé de nouveau de faire du sel et enfin on y est parvenu. Quoiqu'il ne soit ni blanc, ni beau, il sale et c'est beaucoup.

10 mars. — Louis se trouve indisposé, il ne peut travailler. Le temps étant très beau, on se décide à envoyer les chasseurs camper à 3 lieues d'ici, afin de surprendre des bœufs et des chevaux extrêmement difficiles à approcher. 4 chasseurs et 11 hommes partent à une heure pour porter les bagages nécessaires au campement.

11 mars. — Un des chasseurs arrive ce matin à 6 heures pour annoncer que 3 chevaux ont été tués la veille au soir, et, comme c'est sur le bord de la mer, on y envoie un canot. La joie que cette nouvelle répand dans le camp est inconcevable. Louis va à bord chercher divers objets nécessaires à l'armement de notre petit bâtiment. Il me rapporte plusieurs choses qu'on n'avait pas eu le loisir d'emporter. Le lieutenant jeta la senne pour tâcher de varier notre nourriture. Mais, soit que la mer batte trop la côte, soit que la plage ne soit point poissonneuse, il ne ramena que quelques petits goujons, d'ailleurs délicieux. Le canot expédié pour chercher les chevaux ne paraît point encore. La soirée étant superbe, nous allâmes faire une promenade vers un endroit où nous supposions qu'il y avait plus de poissons : mais les cailloux et les pierres coupèrent les mailles du filet. M. Lamarche, qui a été ce soir à la chasse, m'a envoyé une petite bécassine, un vrai régal.

12 mars. — Aujourd'hui, dimanche, le temps permet qu'on dise la messe et nous y assistons tous, les travaux n'étant pas pressés au point de ne pas employer une demi-heure d'une manière aussi utile. J'avoue que c'est pour moi une grande satisfaction, car c'est dans la religion que je trouve ma seule consolation et l'idée que Dieu me récompensera, dans une autre vie, des peines qu'il m'aura données dans celle-ci, si je les supporte avec patience, adoucit mes privations et soutient mon courage.

Le grand canot est revenu avec trois beaux chevaux. La nouvelle lune ayant ramené les grandes marées, on en a profité pour aller aujourd'hui à bord.

13 mars. — Louis est toujours indisposé et garde le lit. Il se ressent des grandes fatigues qu'il a éprouvées depuis deux mois. Ce matin, en m'éveillant, je vis tout le monde occupé d'un grand feu qu'on apercevait sur l'île aux Manchots. Comme il n'avait pas paru depuis que les derniers chasseurs y étaient allés, on pensa que c'était quelque habitant et on s'empressa d'y envoyer un canot. Mais, M. Raillard, qui commandait cette embarcation, vint dire qu'il n'avait vu personne et que ce feu était celui des chasseurs que le vent avait rallumé. La basse marée a permis de tirer beaucoup d'objets de notre misérable *Uranie*. On a pu pénétrer dans une soute à biscuits et on en a retiré une grande quantité, bien précieuse pour les soupes de l'équipage qui ne mange plus que de la viande. Les hommes ne veulent pas même boire le bouillon quand il n'y a rien dedans : ils prétendent que cela ne les nourrit pas.

14 mars. — J'ai bien dormi cette nuit sur un lit que je m'étais fait avec une planche, deux chaises et un coussin long en guise de matelas. C'est dans ces cas-là que ma *Japonika* fait merveille : l'épaisseur de son coton la rend d'une chaleur extraordinaire, au point que, couchée toute habillée et enveloppée seulement par elle, je n'ai pas senti un moment de froid. Louis est d'une faiblesse extraordinaire.

J'ai eu aujourd'hui une satisfaction dont on se fera une idée si l'on se figure bien la position dans laquelle nous sommes. Privés de toute espèce de pain depuis un mois, le cuisinier de l'état-major, qui a été boulanger, a bâti hier un petit four pour mieux cuire les viandes et pour qu'elles ne sentent pas la fumée, comme cela arrive tous les jours en brûlant des bruyères. Nous avions trouvé à Guam[1] une espèce de farine faite avec le fruit d'un arbre, que nous avions jugé utile à plusieurs objets. Le gouverneur en avait donné un grand sac à M. l'abbé, parce que ce dernier avait trouvé qu'elle poudrait les cheveux mieux que l'amidon[2] et qu'il lui serait agréable d'en avoir même en France. Ce sac sauvé et apporté à terre tomba sous la main du cuisinier pendant la construction de son four. Il pétrit cette farine aujourd'hui. M. l'abbé m'envoya un petit pain que je trouvai exquis. Après m'être assurée que c'était véritablement de la farine de Gago[3], j'en fis bien vite

1. Guam est une île des Mariannes, où l'*Uranie* avait abordé pendant son voyage (1818).

2. C'est avec cette poudre que les coquettes des Mariannes blanchissaient leurs cheveux.

3. C'est une racine féculente particulière de ces îles : elle croît sans culture.

ramasser plusieurs autres sacs qui avaient été pris à Guam pour nourrir nos cochons. Aussi nous voilà bien contents : M. l'abbé de manger sa poudre à friser et moi le dîner de mes pourceaux !

Cette journée a été féconde en événements et comme je suis libre je puis causer longuement avec toi. Tout dort dans le camp, la sentinelle exceptée, qui vient de tourner son sablier et qui sonne minuit avant d'aller se mettre au lit. Le seul bruit qui me dérange et qui m'agitera longtemps, c'est celui des vagues frappant les rochers du rivage, à peu de distance de notre tente. Puis quand cette mer furieuse retient quelques instants ses vagues écumantes, mon attention est attirée par le bouillonnement d'un quartier de volaille qui cuit à côté de moi, sur la table où j'écris à la chaleur de ma lampe, pour faire du bouillon pour mon pauvre Louis. Lassée des bouillons de tablettes, je me suis décidée ce soir à faire tuer une de mes cinq ou six volailles sauvées du naufrage, que je conservais avec soin pour une occasion comme celle-ci.

Tu vois, chère Caroline, que le temps et le papier ne me coûtent guère pour tracer de semblables bagatelles. Mais peut-être lorsque tu me sauras tranquillement de retour dans ma pauvre patrie, liras-tu mes misères avec intérêt. Dans des circonstances comme celles-ci, tout devient un événement et je ne peux parler que d'après ce que je ressens.

On a sauvé aujourd'hui encore beaucoup de choses. Mais ce qui m'a fait remercier Dieu plus que je ne l'avais encore fait jusqu'ici c'est que le lieutenant, apercevant au fond de la mer, presque sous la corvette, une grande pièce de bois, l'a fait draguer et il a reconnu un des bordages de l'*Uranie*, portant une entaille de 7 pieds au moins. C'est à cet endroit qu'elle toucha la roche et les secousses de la mer l'ont détachée. Les marins qui s'y connaissent disent que c'est un miracle que nous ayions eu le temps de gagner la côte, car avec une avarie de cette importance, l'*Uranie* aurait dû couler quelques instants après avoir reçu une telle secousse ! Enfin nous sommes sur une terre... mais une terre bien ingrate. Dieu veuille protéger notre retour... ma reconnaissance sera sans bornes, s'il me permet d'embrasser encore et ma mère et mon amie.

15 mars. — A 8 heures, nous vîmes une éclipse de soleil qui nous occupa pendant plusieurs heures. On fit des observations qui seront sûrement utiles. Louis se trouve aujourd'hui un peu mieux.

16 mars. — On vient annoncer du camp des chasseurs qu'on a tué
4 chevaux et 2 poulains ainsi qu'un cochon. Tu juges quelle joie dans
le camp. Quant à moi, je fus particulièrement charmée du cochon,
bien meilleur que le cheval. Toute répugnance à part, la chair du
cheval est coriace et fait de mauvais potages ; en daube, à la poêle elle
est supportable. Faute de pommes de terre, je fais des pains de gago :
mais ils ne sont pas aussi bons que ceux de M. l'abbé ; je les avais d'ailleurs goûtés chauds. froids ils sont très durs. Les miens sont si durs
qu'il faut les casser à coups de marteau. Le goût n'est pas mauvais ;
mais le pain le plus noir des paysans de France me paraîtrait du gâteau
en comparaison de tout ce que nous mangeons.

17 mars. — Le feu allumé par les chasseurs il y a déjà longtemps
s'étend chaque jour. Il nous donne aujourd'hui un peu d'inquiétude
paraissant se rapprocher de nous. Le vent est heureusement favorable
et l'empêchera au moins de gagner trop vite. J'ai employé une essence
de houblon achetée au port Jackson, avec laquelle on peut faire de la
bière en y ajoutant du sucre. Je l'ai préparée d'après les instructions
qui m'avaient été données, je l'ai mise en bouteilles et nous l'avons
goûtée aujourd'hui : c'est une bière d'autant plus agréable pour nous,
que nous buvons, depuis un mois, du vin mêlé dans l'eau salée ou
seulement de l'eau.

18 mars. — Il fait encore très beau temps aujourd'hui et mon mari
se décide à faire une promenade sur le chantier de construction. Nous
y trouvons la chaloupe très avancée, elle sera prête, sous deux ou trois
jours, à être mise à la mer. Sa mâture et son gréement sont prêts.
Hier, on a sauvé du bord une chose bien précieuse pour la chaloupe :
c'est un tonneau de goudron. On a également extrait une caisse contenant 66 fromages en bon état. C'est aujourd'hui qu'on a distribué le
cochon. Chaque table en a eu sa part. petite certes, mais qui nous a
paru délicieuse, il y a si longtemps que nous mangeons d'une manière
si éloignée de nos habitudes !

19 mars. — Aujourd'hui dimanche, nous sommes obligés de nous
lever de bonne heure pour assister à la messe. Cela me paraît pénible.
car je souffre un peu. Après le déjeuner, le temps étant fort beau,
Louis, M. l'abbé et moi nous décidons à faire une longue promenade à
la recherche d'une plage de sable pour y envoyer pêcher. Nous allâmes,
en passant, rendre visite à la chaloupe peinte et vraiment charmante.

Nous poursuivions notre promenade, lorsque nous entendîmes des cris extraordinaires qui partaient du camp. Tout le monde grimpe sur le monticule de sable qui borde la mer : nous ne distinguons rien, mais tous les regards sont fixés vers l'entrée de la baie.

Un canonnier nous fut envoyé pour nous annoncer qu'on apercevait un bâtiment. En effet, Louis vit bientôt un cutter qui louvoyait pour entrer dans la rade. Le grand canot n'était pas là. Malheureusement il était allé chercher deux chevaux tués la veille. On arma le canot de Louis, tout mauvais qu'il fût, on tira trois coups de canon et on hissa un pavillon blanc à l'endroit le plus élevé. Le vent étant favorable, en quelques heures le canot accosta. A peu près à la même heure, le grand canot étant revenu, on l'envoya aussi vers le petit bâtiment pour lui porter le peu de rafraîchissement que nous sommes capables d'offrir. Juge de notre joie en pensant que notre exil sera abrégé.

A 5 heures et demie, l'embarcation qui était allée porter des vivres au petit bâtiment revint et le volontaire qui la commandait nous rapporte que ce bâtiment est un sloop appartenant à un baleinier mouillé à 20 lieues sur la côte ouest des Malouines. Il fait la pêche des veaux marins depuis 18 mois et ne doit compléter son chargement que dans dix autres mois. Le sloop n'était pas encore mouillé quand le canot le quitta, mais une heure après le capitaine vint lui-même voir Louis et lui confirma les premières nouvelles. Il parut peu disposé à faire ce que Louis désirait, qui était de retourner sur-le-champ vers son bâtiment avec un officier chargé de demander au capitaine principal de venir nous prendre, nous et tous nos effets, pour nous conduire à Rio de Janeiro, lui assurant qu'on le défrayerait de ses pertes. Il répondit qu'il avait encore huit jours à pêcher avant de retourner et qu'il n'osait prendre sur lui de rentrer sans sa petite cargaison. Cela n'arrangeait pas Louis. Néanmoins, ne désespérant pas de le décider, il le fit entrer dans sa tente, lui fit boire un petit verre de rhum et lui montra le passeport des États-Unis qui ordonne à tout bâtiment quel qu'il soit, de donner secours et aide à l'*Uranie* dans son voyage. Il lut et relut ce papier qui lui fit plus d'effet que tout ce qu'on avait pu lui dire jusque-là.

Quand Louis eut écrit au capitaine principal et donné l'ordre et les instructions écrites à l'officier que devait emmener le capitaine du sloop, Louis recommença ses sollicitations, qui furent courtes du reste.

Il fut entendu qu'on allait se rendre de suite à bord du baleinier. L'officier partit en effet sur-le-champ avec le capitaine avec l'intention, si le vent était bon, de prendre la mer dans la nuit même.

Je n'ai pas besoin de te dire l'effet que ces nouvelles ont produit sur moi. J'en suis encore abasourdie et je ne puis assez me réjouir en pensant que notre cruelle attente ne sera pas aussi longue que nous le craignions. Quoique je ne sois pas sûre encore que le baleinier voudra bien nous emmener, l'idée que c'est possible me charme infiniment. Au moins, si je suis déçue, ces quelques jours d'erreur auront été moins pénibles que les autres. J'avais commencé mes lettres pour que la chaloupe les emporte, je les laisse toutes là jusqu'à nouvel ordre, avec d'autant plus de plaisir que j'aime bien mieux vous écrire d'un lieu où nous serons en sûreté que d'un pays où vous nous jugeriez plus malheureux que nous le sommes réellement.

20 mars. — Le premier bruit que j'ai entendu ce matin en m'éveillant a été bien agréable et pour moi et pour tout le camp. C'était l'envoyé des chasseurs annonçant qu'ils avaient tué 3 bœufs. T'imagines-tu quel délice pour des gens qui ne mangent que du cheval depuis un mois !

La faiblesse du vent n'a permis au sloop d'appareiller que vers 6 heures. Toute la journée nous l'avons vu louvoyer pour sortir de la baie. Nous avons été faire une grande promenade, Louis et moi, vers le haut des montagnes qui bordent le Sud de la plaine où nous sommes campés. Il faisait beau temps et nous avons joui d'une vue magnifique sur les sommets, d'où l'on découvre une grande partie de l'île. A 7 heures du soir, l'embarcation du sloop est venue au camp dire qu'il avait été obligé de relâcher dans une baie voisine, à cause d'un très fort vent qui régnait au large. Cette embarcation qui ne portait qu'un patron et des matelots, est retournée après s'être arrêtée peu de temps au camp. Le feu des chasseurs qui brûle toujours et dont nous avions aperçu la fumée de loin en loin, vient de reparaître ce soir avec assez de force sur l'extrémité des montagnes qui bordent notre plaine. Dieu veuille qu'il ne vienne pas nous tourmenter, car il serait bien pénible de transporter ailleurs tout notre matériel. Le bord de la mer qui est sablonneux serait notre asile ; mais ce feu détruirait aussi toutes les bruyères qui nous servent à faire la cuisine, faute de bois à brûler.

21 mars. — Tourmentée de l'idée que le feu pourrait venir jusqu'à

MANIÈRE DE VOYAGER PAR TERRE A GUHAM

XXIII

nous, je n'ai pu fermer l'œil de la nuit. Je me représentais le terrible embarras où cela nous mettrait et je ne pouvais m'empêcher de me désoler en songeant que le peu que nous avions sauvé de la violence des flots allait peut-être devenir la proie des flammes ! Enfin, me soumettant à la volonté de Dieu, je le suppliais de nous épargner. Ce Dieu de bonté a eu pitié de ses pauvres naufragés et n'a pas voulu les accabler par ce dernier coup. Une pluie abondante est venue mettre fin à nos inquiétudes.

Les travaux de la chaloupe sont entièrement achevés, elle a été mise à l'eau ce matin ; mais son voyage projeté se trouve arrêté par l'arrivée du petit navire américain. M. Duperrey s'en servira pour faire en détail la géographie de la baie. La violence du vent empêche de travailler à bord de l'*Uranie*. Il faut attendre la pleine lune pour faire de nouvelles tentatives de sauvetage de ce qui reste dans les fonds du navire. Le bœuf est arrivé assez à temps pour pouvoir faire un potage aujourd'hui. Je n'ai pas besoin d'exprimer l'agréable sensation que nous avons éprouvée : c'était un taureau dur et vieux, qui nous a paru à tous délicieux.

J'ai été enchantée de voir arriver la pluie qui a éteint le feu des montagnes ; mais elle a duré tout le jour, accompagnée d'un vent très violent, et nous a fort incommodés. Nos tentes en général sont mal installées, et le froid produit par le vent ne peut être tempéré par des clôtures de toile mouillée. Sitôt que la nuit est venue, nous prenons le parti de nous mettre au lit : là seulement nous sommes chaudement et sainement.

22 mars. — Le mauvais temps a continué tout le jour malgré qu'il ne tombât pas autant d'eau qu'hier et le vent, toujours extrêmement fort, empêche d'aller travailler à bord. L'équipage est occupé à ranger les cordages et divers objets sauvés de l'*Uranie*. La chaloupe ne peut pas non plus penser à sortir. Je suis tranquille dans ma tente à lire ou à travailler, tout en soufflant dans mes doigts. Louis transcrit diverses observations arriérées et en même temps fait continuer l'érection de son observatoire.

22 et 23 mars. — Nous ne savons à quoi attribuer le nombre considérable de malades que nous avons. Si on excepte 4 à 5 hommes qui sont dehors avec la chaloupe et les 6 qui se trouvaient dans le canot envoyé à la chasse aux manchots, 10 hommes à peine sont en état de travailler. Beaucoup ont des coliques et des diarrhées, d'autres des douleurs ou des blessures. Le lieutenant lui-même, à peine remis de la chute qu'il fit à bord à la suite de laquelle il se froissa plusieurs côtes, vient de prendre un effort.

La journée d'hier et celle d'aujourd'hui ont été superbes. Je profite du beau soleil pour faire sécher beaucoup d'objets mouillés sous nos tentes par les fortes pluies. Mon linge particulièrement est tout moisi. Il ne manquait plus que cela après l'accident de Rawak[1] et les vols de Port Jackson.

Les chasseurs ont encore fait bonne prise et ils nous envoient un taureau, une vache et un cheval. Pour moi, je me régale des bécassines, car notre bon docteur, ayant appris que ce gibier me plaisait, a eu la bonté de m'en tuer plusieurs. La santé de Louis est toujours assez bonne, mais je vois qu'il est encore faible, car il se trouve aujourd'hui fatigué d'observations qu'il faisait facilement autrefois. Il continue la construction de son observatoire et compte mettre demain les instruments en place. Mon mari vient de me faire part d'un moyen dont il se servirait pour forcer le bâtiment à nous emmener, s'il ne s'y prêtait pas de son plein gré. J'avoue que cette idée me fait beaucoup de peine. J'aimerais cent fois mieux que la chose se passât à l'amiable. Il saisirait le sloop à son retour, l'armerait de son monde, partirait avec lui, la chaloupe, des munitions et des armes, ne laisserait au camp que le lieutenant avec le monde nécessaire pour le garder et me mettrait sous la protection de M. l'abbé. Louis irait commander l'abordage.

Tout cela serait pénible, même si on ne tirait pas un coup de fusil, et prolongerait de beaucoup notre séjour ici. Dieu veuille nous en préserver et ramener le sloop avec de bonnes nouvelles !

26 mars. — Louis souffre encore beaucoup, aujourd'hui et il est de nouveau forcé de garder le lit. Le temps a été horrible toute la nuit : il a venté, éclairé, tonné avec une pluie abondante. Quoique ce soit aujourd'hui le dimanche des Rameaux, M. l'abbé ne peut dire la messe à cause du mauvais temps.

27 mars. — Je n'ai pas été étonnée ce matin, en sortant de bonne heure, de voir de la glace ; j'avais trouvé la nuit très froide et je m'étais sentie plus désagréablement sur mes deux chaises. Les chasseurs, en

1. Île de l'Océanie au Nord de l'île de Waigiou.

demandant aujourd'hui du monde pour changer de place leur camp,
autour duquel ils ne trouvent plus de gibier, ont envoyé un lapin qui,
bien que vieux, ne manquera pas d'être agréable à cause de sa rareté.
Il y a déjà quelques jours que le sloop est parti avec l'officier de
l'*Uranie*; il doit être arrivé au bâtiment et peut-être en ce moment
plaide-t-il la cause de ses compagnons d'infortune! trouve-t-il quelqu'un
disposé à entrer dans nos vues, ou rencontre-t-il quelque cœur de
roche que rien ne peut attendrir. Notre perplexité est grande et malgré
notre espoir que le capitaine américain accédera à notre demande,
puisque nous l'assurons de le dédommager de tout, tant de circonstances peuvent le faire refuser que nos inquiétudes sont malheureusement fondées. Les Américains, en général, n'ont que leur commerce
en vue et des mœurs un peu rudes. Mais le capitaine du *Général Knox*
a été en France, il parle notre langue et peut-être aura-t-il, en voya-
geant dans notre pays, adouci l'âpreté ordinaire de ces baleiniers du
nouveau monde.

28 mars. — On s'est occupé toute la matinée d'une baleine échouée
à 3 milles du camp[1]. On essaie de la tuer et, après avoir reçu 10 balles,
elle semblait morte, mais quand on a voulu l'amarrer sur les roches
pour l'empêcher d'être emportée par la mer, elle s'est fortement agitée
et est parvenue à se mettre à flot. Je n'ai pu voir tout cela et j'en ai
été d'autant plus fâchée que la voilà perdue pour nous et je n'aurai
peut-être plus occasion d'en revoir d'autre dans d'aussi bonnes
conditions.

La chaloupe qui louvoie dans la baie vient mouiller près de nous vers
3 heures. A peu près vers la même heure, nous aperçûmes un bâtiment à trois mâts qui entre dans la baie et nous nous reprochons les
doutes que nous avons eus sur la bonne volonté de notre baleinier.
Nous trouvons au contraire qu'il a mis beaucoup de célérité et qu'il n'a
pas dû délibérer longtemps puisqu'il n'y a que 9 jours que le sloop a
quitté la baie et que le patron pensait qu'au bout de 10 jours nous

1. Comme on le verra plus loin du reste, la baleine, après avoir rompu le filin qui la
retenait au rivage, fut rejetée sur la grève par la marée montante. Elle était morte.
Dumont d'Urville en parle dans son voyage autour du monde. « A peine, dit-il, les
oiseaux de proie eurent-ils vu ce corps énorme (plus de 17 mètres de long) qu'ils fondirent
sur lui pour le déchiqueter. Leurs coups de bec firent bientôt jaillir une huile énorme qui
rendit les alentours glissants et presque inabordables. »

pouvions avoir une réponse. Le vent étant contraire, notre sauveur, ne voulant pas louvoyer la nuit, mouilla au milieu de la rade.

M. Duperrey part à 8 heures pour aller à son bord avec la chaloupe. Il est de retour à 1 heure du matin et vient rendre compte à Louis que ce trois mâts n'est pas le baleinier que nous attendons, mais un navire américain le *Mercury* qui, se dirigeant vers l'Océan Pacifique, avait déjà doublé le Cap Horn lorsqu'une voie d'eau l'a forcé de venir dans cette baie pour se réparer. Il apprend notre malheur avec peine et fait dire à Louis qu'il est prêt à faire tout ce qui peut lui être agréable et le conduire, lui, son équipage et ses bagages à Rio de Janeiro. Tu vois, chère amie, que Dieu ne nous abandonne pas et qu'il nous envoie des réponses au moment même où nous y comptions le moins. Le froid commence à devenir très vif et je souffre surtout du froid aux pieds : ce sera ainsi tant que nous serons ici, à cause du sable sur lequel nous marchons et qui est souvent humide.

29 mars. — M. Duperrey est reparti de nouveau ce matin pour aller à bord du *Mercury*, parce que le vent toujours contraire l'empêche de venir mouiller au fond de la baie, son équipage étant trop faible pour louvoyer à petits bords. Louis envoie à son aide 12 de ses meilleurs matelots et, sitôt qu'il sera bien mouillé, les ouvriers, excellents en tous genres que nous avons, iront visiter sa voie d'eau et la réparer promptement. Le beau temps qui avait permis d'aller à bord de l'*Uranie* ces deux derniers jours n'a pas continué et rien n'a pu être sauvé, quoique nous soyions aux marées de pleine lune. Le dernier mauvais temps a beaucoup incliné la corvette et l'eau ne quitte plus la batterie ; il faudra faire forcément le sacrifice de ce qui reste.

Le *Mercury* a mis à la voile vers 7 heures et a mouillé vers midi. A 3 heures le capitaine américain est venu saluer Louis, accompagné d'un passager. Quoique mon mari fût encore couché, il allait un peu mieux. Cet Américain nous apprit qu'il naviguait sous pavillon des insurgés, aux ordres desquels il est et que le but de son voyage était de porter des canons à Valparaiso. Soit qu'il se soit mal expliqué sur la nature de sa bonne volonté pour nous, soit que l'officier ait mal compris ce qu'il disait, le fait est qu'il ne demandait pas mieux de nous transporter au Chili, mais qu'il ne se déciderait qu'avec peine à nous mener ailleurs. Il allégua qu'il n'était pas assez riche pour manquer ses affaires de commerce et malgré l'assurance de Louis de lui rembourser les pertes que cela lui occasionnerait, il ne voulut rien promettre en ce moment. Néanmoins, mon mari lui offrit que les maîtres charpentiers et calfat allassent à son bord pour visiter le mal et le réparer. Il lui prêta également un canot pour s'en retourner à son bord, parce qu'il allait faire réparer le sien, en fort mauvais état. Le capitaine eut l'obligeance de m'apporter des raisins secs, des noix, des amandes, du beurre, du fromage, pensant que cela me serait agréable. En retour, Louis lui fit envoyer des oies magnifiques.

30 mars. — Nous faisons bien maigre chère : depuis plusieurs jours, les chasseurs ne nous envoient rien et les oies deviennent si rares dans les environs du camp que nous sommes réduits à manger des oiseaux de mer détestables. Le froid est très désagréable tout le jour et la pluie ne cesse de tomber. Je suis vraiment gelée, les pieds surtout restent douloureux. Il n'est pas étonnant que je sois si sensible au froid : depuis 2 ans, nous sommes dans des pays extrêmement chauds ; le peu d'abri que nous donnent nos tentes dans un climat froid et pluvieux nous éprouve beaucoup ; enfin j'ai toujours faim et cela ne réchauffe pas. Je ne mange absolument que pour ne pas défaillir, étant dégoûtée de tout ce que nous avons. Quand aux petits pains de gago, outre qu'ils sont mauvais, ils ne nourrissent pas, cette farine ne provenant pas d'une graminée, mais d'une racine.

31 mars. — Nous avons aujourd'hui la visite du capitaine Américain. Louis a appris, par ses maîtres, l'état pitoyable du bâtiment dont les membres sont disjoints par le gros poids qu'il a dans le fonds, poids dû au chargement de canons placés dans la cale. Il faut faire des réparations qui ne sauraient être exécutées sans notre secours, puisque l'Américain n'a pas un seul morceau de bois, pas de cordages, pas un seul ouvrier capable de réparer la moindre avarie : nos deux pauvres bâtiments vont ainsi se rendre service mutuellement.

L'avarie de l'Américain est si considérable que tout ce que nos maîtres peuvent faire, est de lui permettre de naviguer un mois encore dans des mers douces. Il est donc indispensable qu'il retourne ensuite dans un port pour se radouber avant de passer le Cap Horn.

Si Louis n'avait pas su ces détails, il aurait pu en deviner une partie par la manière dont lui parla le capitaine. Son langage était si différent de la surveille qu'on voyait bien qu'il avait autant besoin de nous, que nous de lui. Sa visite fut employée à demander tout ce qui était nécessaire à la réparation de son bâtiment et aux arrangements à y faire pour pouvoir nous y loger, ce qui sera facile car l'entrepont est superbe et nous pouvons même y loger facilement tout ce qu'on a sauvé de la pauvre *Uranie*.

Le capitaine va à bord avec le lieutenant pour demander tout ce dont il a besoin et Louis donne ordre qu'on lui envoie des ancres, des cordages, des pompes, du bois de construction, etc., etc., avec tous les ouvriers capables de travailler et des matelots pour aider aux manœuvres.

Nous sommes si misérables pour la nourriture que nous sommes obligés de nous excuser de ne pas les inviter à dîner. Nous nous bornons à offrir du vin qu'ils boivent avec beaucoup de plaisir et qu'ils trouvent d'autant plus exquis qu'ils n'en ont point à bord. Le capitaine demande qu'on lui prête du rhum pour ses passagers. Ils sont très à court de vivres et sont forcés d'alimenter leur équipage de la chasse, de les sevrer de biscuit, comme nous le faisons depuis un mois et demi, afin de conserver pour la mer le peu de vivres qui leur reste. Cela te paraîtra bien étonnant lorsque tu sauras qu'ils ont quitté la rivière de La Plate le 16 février. Mais les Américains sont comme cela : ils ne prennent que juste les vivres qu'il leur faut pour une traversée, de sorte que lorsqu'ils sont retardés, ils manquent de tout. C'est ce qui arrive à ces Messieurs. Ils devraient à ce moment être rendus à Valparaiso. Néanmoins, avec les précautions qu'on prend et vu le peu de durée de la traversée, d'ici à Buenos-Ayres, 12 à 15 jours environ, nous aurons les vivres en quantité suffisante. Le capitaine repart pour son bord vers 5 heures et emmène avec lui divers ouvriers.

1ᵉʳ avril. — Nous avons été très occupés tout le jour à l'emballage des livres et nous nous empressons de faire faire des caisses pour tous nos effets. Louis qui ne peut encore faire lui-même des observations, se fait suppléer par ses officiers, à la boussole de déclinaison terrestre.

2 avril. — Aujourd'hui M. l'abbé nous a dit la messe pour Pâques et je suis émue en comparant la modestie de notre office avec l'éclat de ceux de notre pauvre France. Peut-être Dieu permettra-t-il, dans l'année 1821, de célébrer enfin ce jour dans ma patrie.

Le temps étant assez beau, nous en avons profité pour aller voir la baleine échouée qui commence à sentir mauvais. Je ne te ferai pas la description de cette énorme masse. Tu peux la voir très bien décrite dans les livres, puisque c'est une espèce connue (la baleine à museau pointu de Lacépède). Celle-ci a 54 pieds de long.

M. Duperrey revient faire un tour au camp. Il continue son hydrographie. Les chasseurs n'envoient toujours rien. On va à la chasse aux manchots : on en rapporte pour deux jours. Louis ordonne de nouvelles dispositions pour le camp des chasseurs, dont il fait augmenter le nombre. Grâce aux largesses du capitaine Américain, nous recevons un peu de pharmacie. On n'avait rien pu sauver de ce genre de l'*Uranie*. Quel plaisir d'être malade en pareille circonstance !

Le temps a été assez beau et Louis a fait quelques observations. Il en est un peu fatigué. Je m'occupe tout le jour des caisses.

Vers 4 heures on aperçoit un bâtiment qui entre dans la baie et on croit distinguer une goélette. La brume qui survient nous empêche de voir s'il mouille ou s'il continue de louvoyer. Nous croyons que c'est l'envoyé du baleinier, car, outre son petit sloop, il a une goélette pour l'aider à la pêche. Probablement ne veut-il pas se déranger et nous envoie-t-il seulement ce petit bâtiment.

4 avril. — Louis part de bon matin pour aller à bord du *Mercury*. Il est accompagné de M. Lamarche. L'un et l'autre vont voir les divers changements à apporter pour nous y loger tous, sinon d'une manière large, au moins à couvert. Le capitaine se prête avec complaisance à tout ce que Louis demande : il nous cède sa propre chambre et se contente d'une chambre où il peut à peine avoir la place de se déshabiller à côté de son lit. Ces Messieurs conviennent que nous mangerons ensemble en réunissant nos provisions et que les repas se feront dans la grande chambre occupée par 4 passagers mangeant également avec nous. On fait une grande chambre pour l'État-major, lequel mangera avec les officiers du bâtiment, une autre pour les aspirants et les volontaires, et enfin une autre séparation pour les maîtres.

Louis va à bord de la goélette que nous avons aperçue la veille et qui est venue mouiller près du *Mercury*. Il avait rencontré le matin M. Dubaut, il en avait appris que cette goélette était un baleinier, le *Général-Knox* ; que le capitaine de ce bâtiment venait pour lui dire qu'il acceptait de le conduire et faire des arrangements avec lui pour l'indemnité à lui payer et pour diverses autres considérations. Son bâtiment, dans le port où il est, est entièrement déchargé et dégréé pendant la la pêche et il ne voulait pas le gréer sans être sûr que cela ne nuirait pas à ses intérêts. Tu vois les âmes généreuses !

Ses conditions étaient un peu onéreuses, il ne demandait pas moins de 5o ooo piastres comme dédommagement de son déplacement. En bataillant beaucoup et en le laissant grapiller sur l'*Uranie,* il rabattait de 1o ooo, ce qui était appréciable. Néanmoins, il est content que nous ayions une autre occasion, parce qu'il va continuer sa pêche qui, dit-il, est fort lucrative. C'est un cruel métier, ils ne mangent que de la viande et ne boivent que de l'eau et vivent dans de très petits bâtiments, où ils souffrent du froid et de l'humidité, sans bois de chauffage. Ils brûlent la chair des veaux-marins pour fondre leur graisse et en faire de l'huile. Le capitaine du sloop montre à Mr. Dubaut six endroits où des bâtiments ont fait naufrage récemment. Ces malheureuses îles sont entourées de roches inconnues. Le capitaine dit à Louis qu'il y avait peut-être là 5o bâtiments naufragés. Il connaissait la roche où nous avons touché et il dit que si nous avions passé plus près de terre, nous aurions pu l'éviter. Mais qui pouvait prévoir cela. C'est ainsi qu'on trouve sa destinée par le chemin qu'on prend pour l'éviter.

Louis fut absent tout le jour parce qu'il profita de cette course pour aller voir l'ancien établissement français. J'ai été occupée tout le jour à faire encaisser les livres.

5 avril. — Louis pendant toute la matinée a fait des observations magnétiques. Le capitaine du *Général Knox* vint lui rendre visite. Il lui donna des notes et des détails sur les Malouines ; mais il engagea Louis à presser son départ, parce que, à la fin de ce mois, le temps devient très mauvais et nous souffririons du froid sous nos tentes. Les charpentiers travaillent à force à bord du bâtiment et Louis envoie tout ce qui peut être nécessaire. L'officier qui est à bord croit entendre, dans la conversation des passagers avec le capitaine, que ceux-ci engagent ce dernier à partir sans nous dès que les réparations seront finies. Que dis-tu de cet égoïsme ? Cependant comme ce jeune homme entend peu l'anglais, Louis ne dit rien encore dans la crainte qu'il se soit mépris.

Après avoir eu une longue conférence avec le capitaine du *Général-Knox,* Louis lui offre les objets qui peuvent lui être agréables et ce dernier demande de la poudre, du plomb, des pierres à fusil, du fil à voiles, de la toile, etc... et on lui promet de faire cela avec autant de générosité que notre position le permet ; son déplacement jusqu'à ce

ILES SANDWICH

BAPTÊME DU PREMIER MINISTRE DU ROI

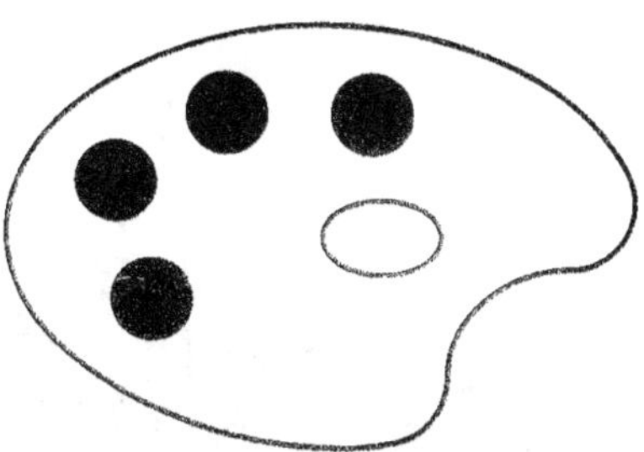

Original en couleur
NF Z 43-120-8

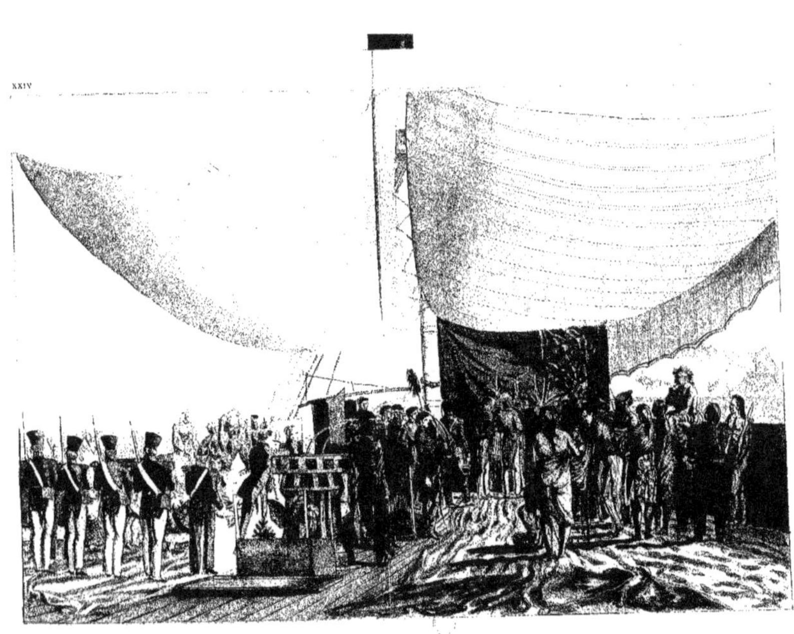

moment n'a pas été fort onéreux pour lui, puisqu'il a pêché en venant
tout le long de la côte et qu'il en fera autant en s'en allant. Il vient au
camp deux passagers qui demandent du plomb de chasse. Louis leur
en fait donner pour la troisième fois depuis 4 jours. Je continue toujours de surveiller le travail de nos caisses.

6 avril. — Les observations magnétiques recommencent ce matin.
Louis en fait une partie du jour avec M. Lamarche et ce dernier, l'après-
midi, avec les élèves. On envoie à bord, pour hâter le travail, des
charpentiers et pour savoir si le capitaine a débarqué ses canons,
comme il en était convenu avec Louis.

Ce soir on apporte une lettre de M. Guérin qui dit positivement que
le capitaine lui a confié l'insistance des passagers pour qu'il parte sans
nous. Cet homme est faible et bon. Il s'en laisse imposer. C'est pourquoi je supplie Louis de lui envoyer du monde promptement afin de
hâter l'embarquement de tout et même d'envoyer des effets. D'un
autre côté le capitaine du *Général-Knox* assure le capitaine du *Mercury*
que, s'il veut venir au port où est son bâtiment, il lui fera ses réparations. Ce sont de mauvaises raisons suscitées par les passagers en vue
de faire renoncer le capitaine à nous donner passage. Pour terminer et
nous assurer le bâtiment, Louis compte y envoyer le lieutenant avec
une vingtaine d'hommes et comme ils sont au plus 12 ou 16 nous
aurions le dessus s'il fallait en venir à se fâcher.

Le capitaine du *Général-Knox*, qui devait partir aujourd'hui avec sa
goélette, se décide à la laisser partir sans lui pour porter des ordres au
port où est son navire et lui reste au poste des malades de notre camp
pour soigner un de ses hommes qui s'est coupé une artère.

On lui délivre encore 5o kilogrammes de poudre et presque tous
les objets qu'il désire. On dirait que ces mauvais étrangers se donnent
le mot pour nous piller et ensuite nous abandonner. Mais nous sommes
plus forts qu'eux réunis et nous restons sur nos gardes.

7 avril. — Dans sa lettre d'hier M. Guérin disait que le capitaine
demandait à Louis d'envoyer le plus tôt possible ses effets et ceux de
de l'équipage; mais il ne réfléchit pas que les ouvriers travaillant encore
au bâtiment on ne saurait où les placer. Louis est donc parti ce matin
à 5 heures pour parler au capitaine. Toute la nuit les forgerons ont
travaillé à faire des grandes fiches pour cheviller les pièces de bois
qu'on a mises pour consolider le fond du navire.

Louis a un peu remonté le moral du capitaine du *Mercury*, il lui a fait sentir combien il serait peu généreux à lui de nous abandonner après les services que nous lui avons rendus ; que d'ailleurs, avec le nombre d'embarcations que nous avons, l'embarquement de nos effets ne le retardera presque pas ; que ses passagers n'avaient aucun droit de se plaindre puisque jusqu'ici nous n'avions travaillé que pour eux. Il paraît qu'il y en a un qui monte la tête aux autres : c'est un jeune capitaine de la marine Chilienne qui m'a tout l'air d'un fat ou d'un étourdi. Il offrit ce matin à Louis de prendre le café avec lui et lui fit beaucoup de civilités. Nous les invitons tous à dîner dans deux jours.

Louis fut de retour vers 10 heures et le reste du jour il fit des observations magnétiques pendant que je continuai à surveiller mes caisses. Tu ne seras pas étonnée que ce travail m'occupe encore quelques jours, puisque cet emballage comporte tous les livres, cartes, etc... de l'expédition, et, en plus, de tout ce qui nous est particulier. J'ai numéroté aujourd'hui la vingt-deuxième caisse et j'en ai encore peut-être dix.

8 avril. — Le capitaine du *Général-Knox* n'a pas fait partir sa goélette aujourd'hui comme il en avait l'intention. Il a prêté secours au capitaine du *Mercury* en recevant à bord une partie de ses canons et les allant jeter à la mer. Ce travail est déjà fort avancé et va permettre d'envoyer enfin notre matériel à bord. Louis a reçu aujourd'hui une lettre de ce même capitaine baleinier qui a entendu dire que nous avions l'intention de brûler les restes de l'*Uranie*. Il lui demande la permission de prendre avant tout ce qui pourrait rester lui être utile. Mais comme Louis ne veut rien détruire, ni rien laisser prendre, ne sachant pas si le gouvernement n'enverra pas sauver tous ces objets, dont beaucoup sont d'un grand prix, tels que les ancres, les canons, les bas mâts, etc... il va lui répondre qu'à moins de payer il n'a aucun droit sur ce matériel. Je crois qu'il n'a pas l'intention d'acheter quoi que ce soit et que sa conscience sera assez large pour revenir, après notre départ, prendre hardiment ce qu'on lui aura refusé.

Les chasseurs, qui depuis quelques jours nous envoyaient des chevaux, nous forcent par leur silence à avoir recours aux pingouins, mais ces amphibies n'ont point une chair aussi nourrissante que les chevaux, il en faut beaucoup pour 12 bouches.

Il y a deux jours, on envoya senner dans un endroit où on avait vu

du poisson, mais on n'en rapporta qu'une trentaine de livres et des
petits. Aujourd'hui, le capitaine du *Mercury*, qui a fait pêcher ailleurs,
a été beaucoup plus heureux. Il m'a envoyé six poissons magnifiques et
excellents, nous nous en sommes régalés. L'embarquement des effets
demande plusieurs canots. Louis fait dire à M. Duperrey de revenir au
camp. Sa chaloupe a mouillé dans la baie vis-à-vis de nous vers
4 heures. Fort heureusement il avait presque entièrement achevé la
géographie détaillée de cette grande baie, travail assez mal fait jusqu'ici.
Le temps ayant été brumeux, Louis s'est occupé d'observations magnétiques qui ne demandent pas l'apparition du soleil. Nos caisses vont
toujours leur train et je crois que j'aurai presque fini demain.

8 avril. — C'était hier samedi 8 et c'est encore aujourd'hui même
jour et même date, parce que, en tournant autour du globe, nous avons
gagné un jour. Mais, pour avoir le même dimanche que les personnes
qui ne nous ont pas suivis et pour ne pas perdre deux jours dans la
semaine en célébrant notre dimanche un autre jour que l'équipage du
Mercury, nous nous sommes décidés à avoir une semaine de deux
samedis.

Je m'abusais en croyant finir aujourd'hui mes emballages, il semble
que les objets se multiplient malgré ceux que j'abandonne, et en
n'emportant que ceux qui peuvent nous être absolument utiles. Louis
de son côté est toujours à ses observations magnétiques. On envoie à
bord une quantité de barriques. Le capitaine avait demandé un câble,
comme on ne lui envoyait pas aussitôt, il fit écrire à Louis que, s'il ne
l'avait pas dans 3 jours, il mettrait à la voile sans nous. Ce n'était qu'une
colère, car il n'est pas en état, sans le secours de notre équipage, de
partir avant huit jours. Néanmoins Louis lui enverra demain matin ce
qu'il désire. Aujourd'hui on profite du beau temps pour transporter le
biscuit.

9 avril. — M. l'abbé nous a dit la messe pour le dimanche de Qua-
simodo.

Je n'ai pu faire faire de caisses aujourd'hui ; car, outre que c'était
dimanche, j'avais à m'occuper de faire préparer mille choses pour
recevoir le moins mal possible les étrangers que nous avions invités.

A 3 heures, j'étais prête à les recevoir, et, sans me flatter, je
puis dire que je leur ai offert un dîner assez passable pour des naufragés. Je vais t'en donner le détail pour que tu puisses en juger toi-

même : un potage, une bouillie d'oie et un jambon ont occupé successivement le milieu de la table. Ce dernier mets a même gardé sa place tout le reste du dîner. J'avais quatre entrées : l'une d'un pâté chaud de bécassines et de tourdres, l'autre d'oie en ragoût et les deux autres de cochon, dont un d'épaules farcies et désossées ; puis deux rôtis : l'un d'oie et l'autre de cochon, deux plats de petits poissons frais, un de pois et l'autre de haricots verts d'Appert ; il y avait bien deux entremets sucrés, mais comme je n'avais pour tout dessert que des pruneaux et du fromage, je les gardai pour en augmenter le nombre : ils consistaient en une tarte aux cerises et une crème meringuée. Tu vois que c'est grâce aux bouteilles d'Appert que tout a été passable, car en dehors d'elles, ce n'était que cochon et oie. Par un hasard singulier, les volailles qui me restent s'étant un peu fortifiées par la liberté que nous leur avons donnée ici ont pondu des œufs et grâce au lait et aux cerises d'Appert, j'ai apporté un peu de luxe dans mon dessert. Tout cela a été terminé par le café, le thé et les liqueurs dont j'avais encore... une bouteille. Enfin nos convives ayant bon appétit ont trouvé tout excellent.

Nous avons accompagné cela d'un petit morceau de bon pain et voici comment :

On donne chaque jour, à chaque personne de l'*Uranie*, une petite pincée de farine mouillée d'eau de mer pour faire la soupe ; nous en étant privés pendant quelques jours nous en avons réuni assez pour faire du pain pour tout notre monde, ce n'est que depuis qu'il n'y a plus de biscuit mouillé qu'on donne de la farine.

Le dîner s'étant prolongé jusqu'à la nuit et le temps étant devenu très mauvais, il fut décidé que ces Messieurs coucheraient au camp. On s'arrangea comme on put et on réunit coussins et couvertures en nombre suffisant pour nos convives qui se dispersèrent dans différentes tentes.

Ce matin, grâce au jambon conservé de la veille, à quelques oies et aux légumes d'Appert, j'ai pu leur offrir un déjeuner passable.

Tous s'embarquèrent vers les 11 heures pour retourner à bord du *Mercury*. Le capitaine de ce bâtiment s'était excusé sur le temps qui en effet était déjà assez mauvais et sur divers travaux à surveiller. Ses raisons étaient bonnes, mais il y avait peut-être bien encore un peu de mauvaise humeur du retard du câble. Les travaux vont très lentement à son bord et Louis a envoyé M. Lamarche à bord du *Mercury* pour tout diriger et activer l'ouvrage.

Le chien que le baleinier nous a donné est vraiment admirable ; c'est lui qui prend les cochons que les chasseurs nous envoient depuis plusieurs jours.

11 avril. — Le temps promettant d'être beau, Louis en profite pour faire un pendule. Le capitaine vient au camp et peut à peine causer avec Louis, occupé de son pendule. Il venait pour conclure les conditions de notre passage. Nous voulions l'inviter à dîner ; mais les officiers nous ont prévenu, ils l'ont invité dès son arrivée.

12 avril. — Ce matin nous offrons à déjeuner au capitaine qui n'avait pu retourner à bord. Il nous quitte vers 11 heures. Louis reprend alors ses observations magnétiques, car le temps n'est pas encore assez beau pour celles du pendule. Nous apprenons que les chasseurs ont tué un taureau et un cheval : on les a envoyé prendre malgré que ce soit fort loin. Combien il me tarde d'aller à bord, car je souffre extrêmement du froid qui augmente tous les jours et le séjour sous les tentes est très pénible. Je ne puis presque pas marcher à cause des douleurs que le froid me cause aux pieds: l'humidité et la pluie qui règnent presque tous les jours deviennent intolérables. Tout ce que nous portons est mouillé et les draps de lit sont eux-mêmes humides, par conséquent malsains. Je crains fort que tout cela ne me donne des douleurs de bonne heure et je ne pense rien moins qu'à une douzaine de rhumatismes qui vont m'assaillir avant la trentaine. Ce soir Louis reçoit une lettre du capitaine pour le même objet qui l'avait fait venir au camp ; mais comme dans ces cas-là il est plus vite fait de s'expliquer de bouche. Louis compte aller demain matin à bord causer avec lui. Toute la journée on a transporté nos caisses à bord : il en est parti 25 ou 26.

13 avril. — Louis part aussitôt après son déjeuner, accompagné de M. Béquin, le commissaire aux revues de l'*Uranie*, pour aller traiter de notre passage. Ils reviennent dans l'après-midi avec le capitaine, sans avoir rien conclu parce que ce dernier n'a pas voulu faire ses arrangements devant ses passagers. Louis l'engage alors à dîner, après quoi ces Messieurs parlent de leurs affaires jusqu'à 10 heures. La conférence fut très pénible, les prétentions du capitaine étant excessives et ces Messieurs ne voulant pas lui accorder ce qu'il demandait. Il veut

10 000 piastres pour nous transporter à Buenos-Ayres. Après bien des pourparlers, ces Messieurs estimèrent qu'ils auraient plus d'avantages à aller à Rio de Janeiro, à cause des ressources que nous y trouverions (ce pays n'étant pas en révolution comme Buenos-Ayres), plus un consul et peut-être un ambassadeur français ; il demande pour cette destination 15 000 piastres et veut réfléchir jusqu'au lendemain matin. Nous lui offrons un gîte sous nos tentes pour qu'enfin cette affaire finisse. Il ne veut rien déménager de son bâtiment que tout ne soit décidé. Depuis huit jours, il nous promet que la chambre que nous occuperons sera débarrassée ainsi que l'endroit où doivent coucher les officiers et rien n'a encore été touché.

14 avril. — La conférence reprend de bonne heure. Mais les réflexions de notre juif ne sont pas favorables, au lieu de 15 000 piastres il en veut 18. Le prix est énorme pour le peu de dépenses que nous lui causons ; mais c'est un misérable qui veut profiter de la circonstance pénible où nous nous trouvons. Après déjeuner, on recommence de nouveau à discuter et Louis, défendant les intérêts de son Gouvernement, fait valoir tous les services que l'équipage de l'*Uranie* a rendus au *Mercury* depuis son arrivée, puisque, sans notre secours, il lui eût peut-être été impossible de se réparer. Rien ne peut ébranler notre avare. Enfin se voyant dans l'horrible alternative de rester ici ou de souscrire à ses conditions exagérées, ces Messieurs se décident à écrire les clauses du traité, sans pouvoir rabattre une obole : il refuse de consentir à ce qu'aucune personne et aucun effet descende du bord avant qu'un paiement soit effectué. Louis repousse complètement cette clause et se trouve extrêmement blessé de ce qu'il l'ait proposée. Le capitaine honteux assure qu'il s'est mal expliqué et qu'il voulait seulement dire que tous les effets devront être enlevés du bord avant huit jours pour que son voyage ne soit pas retardé.

Les conférences se sont prolongées jusque vers 4 heures. Le capitaine a besoin de retourner à bord et convient de signer, le lendemain matin, les doubles copies qui vont être faites de notre traité.

Enfin mes caisses sont presque toutes portées à bord et je pense que demain nous serons en état d'y aller. Les vivres nous manquent absolument ; les pingouins deviennent si rares qu'ils ne sont plus une ressource. Nous n'apercevons plus une oie et demain, depuis le commandant jusqu'au mousse, personne n'aura un morceau de viande.

Toucher aux vivres de campagne serait une grande imprudence d'autant
plus qu'on ne peut plus rien tirer de l'*Uranie* et que nous n'avons juste
que ce qu'il faut pour faire la traversée, qui peut être longue et contrariée
par des vents peu favorables. Enfin il est temps que nous abandonnions
un pays où bien certainement nous mourrions de faim et de soif et
Dieu sait comment se conduirait une centaine d'hommes dans une
position aussi affreuse ! Voilà ce que notre juif sent bien et ce qui le
rend si exigeant.

15 avril. — Il y a aujourd'hui deux mois que l'*Uranie* est posée sur
le sable des îles Malouines, pour ne jamais se relever. Cette constatation
est d'autant plus pénible qu'un malheur si affreux nous arrive à la fin de
la campagne près de rentrer dans notre patrie et après deux ans et demi
de navigation heureuse et tranquille. Tels sont les décrets de la Providence : il faut nous y soumettre. Pourrai-je au moins, après tant de
tribulations, revoir mes amies et ma patrie. C'est mon seul vœu. Je
méprise les richesses et ne désire qu'une chaumière où je puisse être
entre ma mère et mon amie ! Quel jour fortuné pour moi que celui où
je vous serrerai sur mon cœur !

Ce matin, M. Requin et Louis, après en avoir conféré avec
MM. Lamarche et Duperrey ont jugé convenable d'en appeler auprès du
capitaine des décisions arrêtées. Louis répugnait à le faire pensant qu'il
ne voudrait pas consentir à ce que ces Messieurs voulaient : ne rien
signer ici, mais pour le prix, s'en rapporter à des experts qu'on nom-
merait en arrivant dans un pays chrétien. Mais, pour sauvegarder sa
responsabilité auprès de son Gouvernement, Louis est obligé de se
soumettre à la majorité et comme tous étaient contre lui il fut convenu
qu'on allait le proposer au capitaine, lequel arriva au camp pendant
qu'on était encore en conférence. Il trouva qu'on ne devait pas rompre
avec lui et il dit des choses fort désagréables. On lui répondit. Heureusement l'interprète qui était un des passagers et Louis qui entendait
parfaitement ce qui se disait de part et d'autre atténuèrent un peu les
expressions et surent contenir les esprits.

Le capitaine dit qu'il nous prendrait à bord parce que l'humanité le
demandait, mais qu'il suivrait sa première destination, Valparaiso,
parce que les réparations que nous lui avions faites avaient si bien
réussi que son bâtiment était en état de passer le Cap Horn, etc. Alors
ces Messieurs demandèrent à se réunir en comité.

Pendant ce temps-là, j'entretins le capitaine, je le fis boire, manger et au bout d'une demi-heure, il fut appelé au conseil. Toutes les raisons de ces Messieurs tombèrent d'elles-mêmes, et à l'unanimité, ils convinrent de reprendre les conditions de la veille, heureux encore si notre homme ne les augmentait pas. C'est pourtant ce qu'il fit. Il dit que ce n'était pas lui qui avait rompu, mais que, cela étant, il avait réfléchi de nouveau aux pertes que nous lui ferions supporter et qu'il ne pouvait plus nous conduire à moins de 20 000 piastres. On lui fit valoir, pour qu'il maintînt les anciennes conditions, tout ce qu'on avait fait pour lui et ce qu'on lui avait donné. Il y consentit enfin, il mit seulement pour clause qu'on partirait dans 5 jours et que ce qui ne serait pas embarqué dans ce délai resterait à terre.

Pour hâter les choses, le comité convint de dire tout haut que nous n'avions que 3 jours et, pour activer les hommes, on leur donna une double ration.

16 avril. — En rade de Port-Louis, à bord du *Mercury*. — Enfin me voici donc à bord d'un vaisseau étranger, qui n'est pas encore celui qui doit me conduire dans ma chère France. *Uranie !* Pauvre *Uranie !* toi que j'habitai si longtemps, toi qui nous fis franchir de si grands espaces, toi avec qui j'espérais rentrer en France, il faut t'abandonner pour toujours !...

Puisses-tu, chère Caroline, lire ces lignes et plaindre la pauvre amie qui les a écrites ! Son cœur est bien angoissé, sa pauvre existence lui est bien à charge depuis tant de mois de souffrances et de peines. Mais tout sera vite oublié si elle arrive à bon port.

Les conférences avaient retardé l'embarquement de divers objets dont Louis désirait s'occuper lui-même, de sorte que le milieu du jour était venu et nous avions encore bien à faire. Notre lit était à bord depuis le matin, nous ne pouvions donc plus reculer.

Les chasseurs, qui avaient tué un cheval au loin, nous faisaient espérer que nous aurions de la viande pour dîner. Il était 2 heures, le canot n'avait rien apporté ; ne pouvant pas dans ces conditions, gagner le bord le soir, je me décidai à faire tuer une vache pour nous et l'équipage.

Le capitaine, retenu au camp par les officiers qui l'engagèrent à dîner, s'en fut à son bord aussitôt après. Il était nuit quand nous gagnâmes l'embarcation.

PORT-JACKSON

VUE DE L'OBSERVATOIRE DE L' " URANIE "

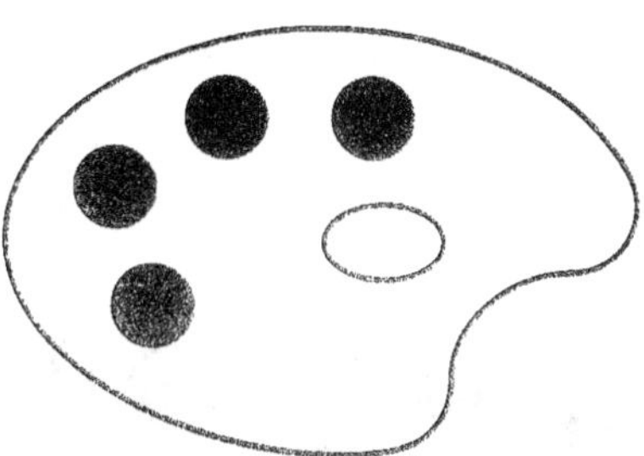

Original en couleur
NF Z 43-120-8

XXV

Nous fûmes longtemps en route. La nuit étant sombre, nous approchâmes un peu trop d'une pointe mais nous ne restâmes échoués que quelques instants. Nous fûmes très bien accueillis par le capitaine et les passagers et, pendant qu'on transportait divers objets dans notre petite chambre, nous prîmes le thé avec un peu de beurre et de pain. J'ai parfaitement dormi, peu de temps cependant, car le changement de la tente pour une chambre bien close, enfin mille pensées tristes et consolantes à la fois m'agitèrent et me tinrent éveillée une partie de la nuit.

Louis est reparti pour le camp afin d'y donner des ordres et prendre divers objets qui n'avaient pu être enlevés à cause de la nuit.

Nous mangeons, avec le capitaine et les passagers, dans la grande chambre que ces derniers occupent et où ils ont des couchettes. Louis ne revient que vers 6 heures.

17 avril. — J'ai peu dormi cette nuit à cause des inquiétudes que le vent m'a données. Louis, se trouvant trop fatigué pour aller au camp, fait ranger notre chambre qui, toute grande qu'elle est relativement au bâtiment, doit contenir tant d'objets qu'il nous reste à peine de quoi nous asseoir à côté du lit. Nous n'y voyons clair que par un petit verre rond qui donne sur le pont et, toutes les fois qu'on se promène, nous sommes privés de lumière quand on pose le pied sur ce verre. Nos chasseurs ont tué des oies d'un côté de la baie où il y en a beaucoup et ils nous en envoient chaque jour une quantité suffisante.

18 avril. — Ce matin de très bonne heure Louis retourne à terre en vue de la levée d'une partie du camp. On continue d'arranger notre chambre pour que nous soyions le moins mal possible ; mais on ne peut nous donner un pouce de plus et c'est ce qui serait le plus nécessaire. Imagines-tu, pour te donner une idée de sa dimension, deux canapés étroits placés dans la même direction et entre lesquels il y a un peu plus de place qu'il n'en faut pour placer une chaise. Ces canapés ont 5 pieds et demi de longueur à peu près et au-dessus de l'un d'eux est une petite armoire, au-dessus de l'autre une étroite petite porte. Il faut que les hommes soient bien fous pour s'embarquer ainsi dans de si petites boîtes ; mais je t'assure que je donnerais encore bien la moitié de mon appartement pour diminuer la durée du voyage qui nous reste encore à faire et me retrouver bientôt en France.

On aperçoit, vers 4 heures, un petit brick qui louvoie pour entrer dans la baie ; la brume empêche de distinguer son pavillon. Nous supposons que c'est un brick écossais faisant la pêche des phoques dans ces îles et qui était mouillé depuis quelque temps dans un port du Nord de la grande île. Louis revient du camp d'assez bonne heure et rapporte enfin le peu d'objets qui restaient à nous. Les officiers arrivent également et s'installent dans leur poste. Les élèves y étaient depuis deux jours.

19 avril. — Le bâtiment aperçu hier n'est point un brick, mais le trois mâts *The Andrew-Hammond*, qui vient de faire la pêche de la baleine dans les mers du Sud avec un succès extraordinaire. La cargaison, qui devait être complétée en trois ans, a été entièrement achevée au bout de deux, de sorte qu'il nous cède du biscuit pour quelques cordages qu'il prend en échange. Le capitaine est venu déjeuner à bord. Il paraît si enchanté de son succès qu'il en perd presque la tête.

20 avril. — Nous ne sommes pas encore prêts à partir, l'eau n'est pas entièrement faite et voilà que Louis se trouve tellement indisposé qu'il ne peut se lever. Comme ce baleinier doit se rendre directement à Londres où il compte arriver dans 60 jours, j'écris quelques lettres, à ma mère, à toi et à mon beau-père. Combien souhaité-je de me mettre moi-même dans une de ces lettres pour être en France dans 2 mois. Il me semble que le jour où j'y poserai le pied sera celui de ma résurrection, car je suis vraiment presque morte de douleurs. Je sens tout mon courage m'abandonner, je ne cesse de pleurer jour et nuit, je suis agitée, tourmentée au point de ne pas pouvoir prendre une heure de sommeil. Cela me cause des maux de tête violents. Louis souffre continuellement et ce spectacle n'est pas fait pour me consoler. La contrainte extrême où je suis de manger avec ces étrangers me paraît d'autant plus dure que je n'y ai jamais été accoutumée et, en outre de tout cela, j'ai encore le tracas de m'occuper d'approvisionner la table, car les ressources du capitaine ne sont pas abondantes. La chasse ne donne plus rien et le plomb commence à manquer. Je me suis vue dans la nécessité de faire tuer un cochon, mais quelle différence avec ce qu'ils étaient autrefois. Pendant tout notre séjour à terre ils se sont nourris en grande partie de pingouins et cela leur a donné une si forte odeur de cet animal que moi, qui le déteste, n'ai pu en manger. Néanmoins nos affamés de passagers sont tombés dessus comme s'il était excellent. Je vais régler la distribution parce que je ne veux pas que

nous, qui sommes quatre, contribuions plus qu'eux qui sont six.
Aujourd'hui, ils manquent de café ; je veux bien leur en donner : c'est
celui qui a été mouillé par l'eau de mer, mais je l'ai fait laver et bien
sécher et il est très buvable.

21 avril. — Je suis toujours très agitée et ne sais vraiment pas où
cela ira, je crains de tomber malade. Je me suis endormie à 2 heures du
matin et avant 4 heures j'étais tout à fait éveillée. J'ai recours à la
prière pour retrouver mon courage ; il m'abandonne chaque jour en
comparant notre position actuelle à celle d'il y a trois mois ; nous
étions bien logés, bien nourris, terminant un voyage qui jusqu'alors
avait été si heureux, et nous voilà reclus dans un misérable bâtiment
étranger, dans une chambre où nous ne pouvons être assis l'un et
l'autre sans toucher aux murs et au lit, mangeant je ne sais quoi avec
des étrangers auxquels il faut faire bonne mine et qu'il me prend souvent
envie d'envoyer au diable, l'un à cause de son mauvais ton, l'autre de
son orgueil, celui-là par sa suffisance et sa sotte importance. Je n'en
finirais pas si je voulais te faire l'énumération de leurs ridicules.

21 avril. — Je suis toute tourmentée de voir Louis souffrir continuellement. Cela m'attriste et m'affecte à tel point que je ne cesse
de pleurer.

22 avril. — Louis reçoit ce matin une lettre du capitaine Galvin lui
annonçant que, pour plusieurs raisons, comme pour n'avoir pas terminé
en cinq jours le transport des effets de l'*Uranie* comme ils en étaient
convenus, pour ne pas avoir reçu une double copie du contrat comme
ils en étaient convenus également (tout cela étant verbal et de très peu
d'importance) il pense, lui, capitaine Galvin, que le contrat signé est
rompu et qu'il se voit dégagé de l'obligation de nous mener à Rio de
Janeiro, etc. Louis, quoique dans son lit malade, prie le capitaine de
venir : il lui démontre la fausseté de ses allégations et l'assure que son
traité est toujours valable, qu'il le lui expliquera dans une lettre
aussitôt que sa santé le lui permettra. Notre pauvre juif ne sait que
répondre et fit le plus sot personnage. Il paraît que la nouvelle qu'il
nous transportait à Rio avait transpiré, que ses passagers l'avaient
menacé de le sommer devant le consul espagnol de leur payer des
dédommagements exorbitants, d'où sa lettre à Louis. Mon pauvre mari
se trouve extrêmement fatigué de cette pénible conversation.

23 avril. — On va chercher les chasseurs et lever leur camp, les autres embarcations sont envoyées pour ramener le reste du matériel et les hommes de l'équipage.

24 avril. — Je continue à m'occuper de la correspondance. Louis toujours malade me dicte une partie de sa lettre au ministre. Il fait très mauvais temps, le vent très violent fait craindre pour plusieurs embarcations qui sont dehors. Cela n'empêche pas le capitaine et les passagers d'aller dîner à bord du baleinier anglais. Ils ne reviennent que fort tard et je crois qu'ils se sont régalés avec son vin, qui est très bon et dont ils sont privés depuis longtemps. M. Lamarche est allé à bord de notre malheureuse naufragée, pour prendre divers petits objets et il a trouvé tout brisé, démoli, plusieurs choses ont été enlevées, entre autres une belle glace qui était dans la dunette. Il ne doute point que ce soit le capitaine Horn qui, pensant qu'on ne retournerait plus sur l'*Uranie*, ait déjà volé ce qui lui convenait. M. Lamarche se rendit à notre ancien camp, où il savait le trouver pour lui faire des reproches et lui faire rendre au moins la glace. Horn ne sut que dire, mais il assura que c'était sans son consentement que ses matelots avaient été à bord de l'*Uranie*, qu'il croyait la glace à bord du sloop et qu'il l'enverrait à bord du *Mercury* le lendemain matin.

25 avril. — La correspondance se termine ce matin. Louis envoie son courrier à bord du baleinier anglais: quoiqu'un peu mieux il ne se lève pas encore. De nouvelles difficultés s'élèvent avec notre capitaine pour des mâts de hune que M. Lamarche fait placer sur le pont. Il vient en colère, dit à Louis que ce poids est trop lourd et que cela compromet la sûreté de son bâtiment. Après quelques pourparlers, en raison de ce que le bâtiment est mal chargé, on consent à en jeter la moitié à la mer ; c'est une grande perte, parce que cette mâture eût été très précieuse pour le bâtiment qu'on doit acheter à *Rio* où les bois du Nord sont très chers. Mon mari reçoit une lettre fort obligeante du capitaine écossais dont le brick est mouillé à 20 lieues d'ici ; quoique ses offres soient tardives, elles paraissent faites de bon cœur. Le capitaine Hales, auquel Louis avait offert une médaille, en lui faisant remettre ses paquets pour la France, lui envoie six belles dents de cachalot et deux échantillons d'huile de spermaceti[1]. Ce soir, le capitaine écossais vint rendre visite à Louis qui lui offrit sa chaloupe pontée,

---

1. Matière grasse et blanche qui se trouve dans le crâne des cachalots.

ne pouvant l'emporter, pensant que cela lui serait utile pour la pêche. Il paraît très reconnaissant et apprend que le capitaine Horn lui avait caché, par esprit de cupidité, le malheur arrivé à la corvette, qu'il ne l'a appris, de ce coquin d'Américain, qu'une fois arrivé dans cette baie avec sa goélette. Il désire un papier constatant qu'on lui a donné la chaloupe, craignant probablement que le capitaine Horn ne la lui dispute. J'apprends qu'il s'informe de mon nom et qu'il appelle ce petit sloop *La Rose*.

26 avril. — On s'apprête à partir. Mais le vent est si fort qu'on est obligé de renoncer à lever les ancres. Louis est contrarié, car la brise étant fraîche, mais favorable, il faudrait en profiter ; aux autres belles qualités que nous lui connaissons, notre capitaine joint la poltronnerie !

CHAPITRE IX

RETOUR EN FRANCE.
MONTEVIDEO. ~~BUENOS-AYRES~~. RIO. CHERBOURG
(13 OCTOBRE 1820).

Retour en France : le 27 avril 1820, on lève l'ancre pour Montevideo. —
Réception a la descente a terre (dîners, bals et soirées). — La société
portugaise. — Les adieux. — Escale a Buenos-Ayres et a Rio. — Arrivée
a Cherbourg le 13 octobre.

Le 27 avril, le vent s'étant un peu calmé, on se décide à lever les
ancres et à 9 heures nous étions sous voiles. On reste 4 heures en
panne pour embarquer les canots et quoique notre capitaine fût un
peu dans le train, les manœuvres n'en étaient pas mieux exécutées. Ce
qu'on fit en 4 heures aurait été fait en une demi-heure à bord de
l'*Uranie*. Louis reçoit une lettre du capitaine Hales qui le prie de ne pas
croire les bruits qu'on fait courir : qu'il reste après notre départ pour
grappiller l'*Uranie*. Mon mari lui répond une lettre fort honnête pour
l'assurer qu'il l'estime trop pour le croire capable d'une telle bassesse.
Le maître calfat vient se rendre compte que le bâtiment ne fait que
2 pouces d'eau par heure, ce qui est bien différent de 120 qu'il faisait à
son arrivée. — Vers 4 heures nous sommes hors de la baie. La mer
est grosse et le bâtiment fatigue au point que presque tout le monde se
trouve malade. Moi-même je sens un mal de cœur qui cesse heureusement lorsque je me couche.

28 avril. — Le vent et la mer sont très forts. Je reste dans mon lit
dans la crainte du mal de mer. Nous sommes à la cape tout le jour,
c'est-à-dire que nous n'avons qu'une ou deux voiles pour gouverner le

bâtiment. Celui-ci fatigue extrêmement et embarque beaucoup de
lames. Pendant le dîner, j'entendis un grand bruit dans la grande
chambre, comme si l'eau y coulait. Quelles furent mes craintes
lorsque, en mettant les pieds à terre pour voir ce que ce pouvait être,
je sentis que je marchais dans l'eau. En ouvrant la porte, je ne vis plus
qu'un ou deux Anglais dans la chambre : le reste des passagers et Louis
étaient montés sur le pont. Je demandai avec anxiété ce que ce pouvait
être : l'on me rassura en m'apprenant que ce n'était que deux ou trois
lames qui, en emportant une des fenêtres de l'arrière, avaient inondé
toute la salle. Comme ma première idée avait été que le bâtiment
coulait, cette explication me parut agréable.

29 avril. — Le vent diminue, mais la mer reste grosse et le bâtiment
fatigue toujours. Je passe encore une partie de la journée dans mon lit.
Je ne m'ennuie pas parce que les passagers me prêtent des livres
anglais, que je lis avec beaucoup de facilité, bien que je sois encore
loin de parler couramment. Je me hasarde de plus en plus ; mais je
m'aperçois de la difficulté de cette langue. On peut fort bien comprendre la conversation et surtout la lecture tout en restant fort embar-
rassée pour dire les moindres choses. Entre autres ouvrages, j'ai lu
un livre de Fielding bien inférieur à son Tom Jones[1]. Il est du même
genre que Roderik Randon, également de Fielding.

Louis, tout à fait remis maintenant, répond à la lettre du capitaine.
Il lui signifie de nouveau qu'il ne peut aller autre part qu'à Rio-de-Janeiro
et qu'il le prie de remarquer que c'est conforme à l'intérêt de son expédition ; enfin il lui laisse entrevoir que s'il ne le faisait pas de bonne
volonté, on l'y forcerait. J'avoue que je désire de tout mon cœur qu'il
se décide lui-même à y aller, car quelle extrémité de forcer !...

Le temps qui est devenu meilleur ce soir me permet de me lever et
je dîne dans la grande chambre. Ce n'est pas un des moindres désa-
gréments de notre passage que d'être au milieu d'étrangers insigni-
fiants, dont la plupart ont mauvais ton et d'autres de si singulières
manières que cela me révolte parfois. Il leur arrive souvent à table de
prendre un morceau sur l'assiette où ils ont déjà mangé et s'il ne leur
convient pas, de le remettre dans le plat. Ils ont d'ailleurs pour habitude
de se servir de leur propre fourchette pour se servir. Heureusement

1. Le chef-d'œuvre de Fielding publié en 1749.

pour moi qu'on me sert la première et j'ai bien garde de reprendre après d'aucun mets.

1er mai. — Il paraît que notre capitaine est fort embarrassé. Ses passagers le menacent de faire saisir son bâtiment s'il va à Rio et Louis ne peut consentir qu'il aille ailleurs. D'après cela il propose à Louis de lui permettre de s'arrêter un ou deux jours à Montévidéo pour y déposer des passagers : mais voyant que Louis lui accorde cette faveur, il veut encore qu'il lui assure son bâtiment contre la saisie du consul Espagnol et du gouvernement à Rio. Comme tu le juges, mon mari n'ayant aucun pouvoir pour cela lui en démontre l'impossibilité. Il paraît réellement que son navire peut être saisi et lui emprisonné parce qu'il est armé par les insurgés et qu'il n'a pas, quoiqu'il en arbore quelquefois le pavillon, de commission américaine.

2 mai. — Le temps est magnifique, la mer belle. Louis et moi nous nous portons très bien. Le capitaine, toujours horriblement tourmenté de sa position, vient de faire une nouvelle demande à Louis. Mais la situation politique de Buenos-Ayres ne pouvant nullement convenir à l'expédition pour se mettre en état de retourner en France, il est dans le contrat que, s'il s'y arrête, on ne lui doit rien. Or, l'argent lui tient fort au cœur et il ne voudrait pas perdre les 18 000 piastres qu'il s'est fait promettre pour nous transporter à Rio. Tout cela l'embarrasse terriblement. Il ne sait comment se tirer d'affaire.

3 mai. — Le temps est toujours superbe et nous sentons déjà une grande différence de température quoique nous soyions dans l'hiver de cet hémisphère. — Ce matin, de très bonne heure, on a aperçu un bâtiment français. On a communiqué avec lui. Le capitaine est venu à bord du *Mercury*. C'est un baleinier du Havre, le *Harponeur* qui chasse la baleine sur la côte. Mais la grande quantité de bâtiments qui lui font concurrence dans ces parages empêche que la pêche soit très lucrative. Il n'a pris que 3 baleines depuis 5 mois qu'il est parti du Havre. Ce capitaine a assuré à mon mari qu'il n'y a pas moins de cent bâtiments se livrant ici à la même pêche et que la navigation y est très dangereuse ; il arrive fréquemment que 16 ou 17 bâtiments soient en vue, à très petite distance les uns des autres. Comme la saison favorable pour la baleine va commencer, il espère être plus heureux sur la côte d'Afrique et retourner dans 14 mois en France. Il ne voulut point rester à déjeuner avec nous et s'en retourna de suite à son navire. —

Nouvelle proposition du capitaine du *Mercury* : il demande maintenant à Louis de lui acheter son bâtiment au prix convenu pour Rio-de-Janeiro et 2 000 piastres en plus. Louis réunit son conseil auquel il paraît avantageux d'accepter, puisque pour aller à Rio on lui donne 18 000 piastres et il n'en restera rien, tandis que s'il voulait renoncer aux 2 000 piastres de supplément, on aurait en plus pour le même prix un bâtiment tout gréé et armé auquel il ne faudra peut-être pas beaucoup de réparations. Le capitaine consent aux conditions de ces Messieurs, on fait la minute de l'acte de vente qu'on lui traduit en anglais. Maintenant il est convenu que son bâtiment n'est plus à lui, mais qu'il en répond jusqu'à Montévidéo où nous séjournerons 3 jours seulement pour qu'il débarque ses marchandises et ses passagers et que Louis en prendra possession tel qu'il est à la mer, avec canons, mâts de rechange, etc... il s'appellera la *Physicienne*. Tout cela vaut bien mieux que d'en venir aux mains, car dans une lettre écrite à Louis, en réponse à la sienne, il lui disait que si mon mari se décidait à prendre de force son bâtiment, il devait s'attendre à une résistance de sa part. Réfléchis à l'effet produit lorsqu'on dirait que l'équipage de l'*Uranie*, sauvé par un navire étranger, a fait violence au capitaine, s'est emparé de son navire, etc... On ne verrait que l'odieux de la chose et on se garderait de dire que cet étranger a abusé de notre position en nous rançonnant et qu'il refusait d'exécuter son contrat l'obligeant de nous mener à Rio, enfin qu'il voulait nous débarquer dans un pays en révolution où nous n'aurions trouvé ni ressources, ni protection... Je le répète on ne verrait que le côté de la médaille fâcheux pour l'honneur français.

4 mai. — Le temps est si beau aujourd'hui et la chaleur commence tellement à se faire sentir dans notre petite prison que je me décide à aller prendre l'air sur le pont. J'y reste peu de temps car j'ai beaucoup à faire pour m'arranger une ou deux robes, les miennes ayant presque toutes été perdues dans le naufrage. Elles étaient dans une malle qu'on ne put dégager à temps et qui fut entièrement envahie par l'eau salée. La toile de la malle ainsi que le bois et les serrures ont déteint sur le linge et je ne crois pas que cela puisse jamais disparaître. De plus, pour mon malheur, il a fallu que toutes mes robes de mousseline et de percale, brodées, bien repassées à *Port-Jackson* se trouvassent réunies dans la seule malle qui ait été mouillée. J'avais heureusement de la percale et de la mousseline en pièce et je répare cela à coups d'aiguille.

5 et 6 mai. — Voici deux jours assez insipides pour moi. Le calme ou des vents faibles nous retiennent presque au même endroit. Cependant aujourd'hui la brise est un peu plus fraîche.

Ce qui paraît bien extraordinaire à moi surtout qui ne connais point les approches de Rio-de-la-Plata, c'est que nous naviguons sur un fond de dix brasses seulement, sans apercevoir la terre. On me rassure en me disant que suivant l'endroit où l'on atterrit, on n'a quelquefois que 4 brasses et qu'on n'aperçoit la terre que du haut des mâts. La côte est excessivement basse et on se guide sur les sondes parfaitement connues, de sorte que la profondeur indique l'endroit où l'on est. Je suis on ne peut plus fatiguée de ces passagers ; ils sont si singuliers que c'est une contrainte extrême pour moi de me trouver à table avec de tels ostrogoths. L'un d'eux se dit envoyé des gouvernements français et espagnol près des insurgés et se donne de l'importance, mais n'a pas l'air de grand chose. Pour comble d'agrément depuis que la chaleur augmente, notre cellule n'est pas tenable, il n'y a point de fenêtre, l'air n'y peut pénétrer et la porte ouverte ne suffit pas à renouveler l'air.

7 mai. — Nous sommes enfin dans la rivière, mais la brise est si faible qu'on n'avance presque pas. Au coucher du soleil, le ciel était en feu par des éclairs de différentes directions. Vers 8 heures un orage épouvantable a éclaté, d'abord de tonnerre, puis un vent violent soufflant par rafales. J'étais terrifiée sachant que nous n'étions pas très loin de terre et au milieu de bancs de sable. On fit petites voiles et le temps se calma au bout de quelques heures.

8 mai. — Ce matin le temps est brumeux et quoique le capitaine se croie à 7 ou 8 lieues de terre on ne la voit pas à cause de la brume. Ne connaissant pas au juste sa position au milieu des bancs qui entourent Montévidéo, notre Américain serre toutes ses voiles et mouille par 5 brasses à 8 heures du matin. Vers midi on remet à la voile parce que le capitaine reconnaît l'entrée au point d'où il croit voir sortir un brick. La brise est belle et, à 6 heures, nous mouillons près de la ville. Il y a en rade un superbe bâtiment anglais et une mauvaise frégate portugaise. Comme il est nuit close, on n'envoie aucun canot ce soir à la ville.

9 mai. — Ce matin, M. Lamarche va saluer le gouverneur et lui faire part de notre position. Il en est fort bien reçu. Ce gouverneur parle un très bon français.

Nouvelles affligeantes de la France, mort de divers princes d'Europe[1]. Louis reçoit plusieurs capitaines marchands français. Il va lui-même voir le gouverneur et l'amiral : il en est très bien reçu, ainsi que par un négociant français qui fait les fonctions de consul de France. Il voit également un général français, nommé Brayer[2]. Je mange avec plaisir des fruits d'Europe, pêches, pommes, etc., dont il y a ici une grande quantité.

10 mai. — Nos passagers ne se pressent pas de nous laisser le champ libre. Deux cependant, ce matin, s'étant engagés sur un bâtiment anglais, enlèvent leurs effets et nous débarrassent de leurs malles. Louis descend à terre et dîne chez M. Cavaillon. Il ne revient que vers 6 heures. Il m'apprend qu'un négociant espagnol, ami intime de M. Cavaillon et de son beau-frère, nous offre, avec une grâce infinie, un logement dans leur maison pour le temps de notre séjour à Montévidéo, logement que Louis se voit obligé d'accepter en présence des pressantes sollicitations de M. Cavaillon, dont la maison n'est pas assez grande pour nous recevoir.

11 mai. — Je me décide donc à descendre, voyant que ma santé est très faible et dans la crainte de tomber malade à bord. Vers midi, je m'embarque et je touche, pour la seconde fois, à cette Amérique, fameuse maintenant par ses troubles et ses révolutions. Je suis accueillie de la manière la plus aimable et la plus franche par M. et Mme Joanico, qui nous supplient de regarder leur maison comme la nôtre et d'être persuadés du plaisir qu'ils ont à nous recevoir. Mme Joanico est une femme d'environ 30 ans, qui a été extrêmement jolie et qui l'est encore. Son mari et elle sont sans façon et ils ont le meilleur cœur du monde. Toute cérémonie est bannie de cette maison. Bien que trouvant cela agréable, le premier moment me semble singulier, accoutumée depuis quelques temps à la raideur des Anglais.

Nous dînâmes à 2 heures et, après le dîner, nous allâmes passer la soirée chez une parente de M. Joanico dont c'était la fête. Je me suis beaucoup amusée dans cette famille de 14 enfants, dont plusieurs sont

1. Le duc de Berry a été assassiné en 1820.

2. Cet officier général avait quitté la France et s'était retiré à Montevideo, à la suite de troubles politiques et pour se soustraire à un jugement dont il redoutait les conséquences.

mariés et dont le père et la mère, quoique âgés, sont gais et bien portants. On dansa le soir et le bon papa comme les autres. Les Espagnoles dansent beaucoup de menuets sans jamais avoir appris et tout naturellement. En général, elles ont de la grâce et de fort jolis pieds. Leur danse ressemble à l'anglaise, par la disposition des figures, mais le mouvement est lent au lieu d'être précipité.

12 mai. — Comme les docteurs pensent que l'usage du lait chaud peut me remettre, M. Joanico a la bonté de m'en envoyer tous les matins. Je suis effrayée de ma maigreur. Je m'en aperçois plus en m'habillant que lorsque j'étais à bord. Je suis pâle, jaune, les yeux creux ; j'ai l'air d'un revenant. Louis va à bord tous les matins, pour traiter ses affaires avec le capitaine Galvin qui fait le rapace au dernier point. Nous lisons les journaux français. Le 13, Louis et M. l'abbé vont complimenter le gouverneur à l'occasion de la fête du roi du Portugal. Ils y dînent le soir. Il y avait un bal en ville et nous n'étions point invités. Louis était très fort surpris que le gouverneur n'eût pas invité l'État-major de la corvette à dîner ; ce dernier s'en excusa sur la petitesse de son local. A 8 heures du soir, vinrent les invitations pour le bal. Nos vêtements étant encore à bord et le temps mauvais en rade, je fus obligée de me priver de ce bal qui m'aurait amusée. Louis y fut et remarqua beaucoup de jolies femmes, mises avec beaucoup d'élégance et de luxe ; presque toutes ont de jolis pieds.

Je sors peu, étant très faible, les courses me fatiguent, mais je ne m'ennuie pas parce que l'intérieur de la famille de M. Joanico est très agréable. Ce dernier aime beaucoup la musique. Trouvant un piano et ayant des loisirs, je me remets à chanter et à jouer. Presque tous les soirs on reçoit du monde. Entre autres des personnes qui viennent pour faire notre connaissance, nous avons reçu le chevalier de l'Hotte homme extrêmement aimable et que Louis avait déjà vu chez le gouverneur. C'est un véritable chevalier d'autrefois. Il en a la tournure et le port. Grand, mince, bien fait, des yeux vifs et une petite moustache retroussée qui donne un certain air d'originalité à sa figure, des manières délicates et distinguées, très galant pour les dames et aimable avec tout le monde. C'est un Italien qui a servi quelque temps en Autriche et qui maintenant est auprès du roi du Portugal. Il fait partie de l'État-major de la place. Il est fort estimé des militaires. Sa conversation animée par son esprit naturel est très variée à cause de ses voyages, dans presque tous les pays civilisés de l'Europe. Il parle fort bien le français, l'anglais et je pense que l'allemand lui est familier, puisqu'il est resté très longtemps à Vienne. Il sait également le portugais en plus de sa langue nationale, cela le rend d'une société charmante parmi les étrangers. Ces manières sont si différentes des nôtres qu'au premier abord on le trouve extraordinaire et qu'il faut mieux le connaître pour apprécier toutes ses qualités.

20 mai. — Je suis occupée toute la matinée à terminer mes lettres pour Gibraltar. Elles sont achevées vers 1 heure. Après dîner, je me suis mise au piano jusqu'à la nuit. Mme Chapus est venue ce soir avec ces Messieurs. Nous avons eu la visite du chevalier de l'Hotte. Il avait prêté son album à Louis qui le lui a rendu en lui offrant une médaille de l'expédition, cela a paru lui faire beaucoup de plaisir.

21 mai. — Jour de la Pentecôte. Je suis allée de très bonne heure à la messe de M. l'abbé et, comme le temps est magnifique, nous faisons une petite promenade aux environs de la ville avec la famille Joanico. Nous faisons la connaissance du colonel Frangini, portugais aimable, instruit et qui s'occupe d'art. Il dessine, il peint... et parle bien français. Il a été en France en 1814 avec les troupes du duc de Wellington. Il nous prête sa loge et nous en profitons souvent. La salle du théâtre est petite et on y joue en portugais. Je sais assez de cette langue pour comprendre le sens des pièces. Il y a aussi des ballets bien exécutés. Le contraste des Malouines et ce séjour me fait prendre beaucoup plus de plaisir que je ne l'eus fait autrefois à un spectacle de ce genre.

Nous allons passer une journée à la campagne de M. Joanico. Les environs de Montévidéo sont dévastés par les dernières guerres, mais le sol paraît très fertile. La maison de M. Joanico est située sur une petite rivière qui se jette dans la rade à peu de distance de son jardin. Aussi peut-on y aller par mer. Nous y fûmes, partie dans la voiture de M. Joanico et partie à cheval. La maison a été abîmée par l'occupation des troupes, mais elle est très agréablement située. On la réparait. Les jardins sont bien et très utilement cultivés. Nous dînâmes sous les arbres dans un bosquet tout près de la rivière. C'était d'un effet charmant.

Ma santé est beaucoup meilleure et je constatai un mieux marqué à cette partie de campagne, où je me suis promenée sans trop de fatigue. Nous vîmes fréquemment chez Mme Joanico des Français qui nous témoignèrent beaucoup d'intérêt. Parmi ceux-ci le capitaine Kervan et M. Morez, celui-ci, plein de mérite, nous fit mille offres de service.

6 juin. — Devant aller à bord aujourd'hui, Louis a pris, ce matin, congé de diverses personnes. Au moment où je me préparais à faire une visite d'adieu à Mme Chapus, cette dame est venue passer près de moi les derniers instants de mon séjour à terre. Nos hôtes nous ayant retenus encore à dîner nous nous sommes mis aussitôt après en route pour gagner le lieu d'embarquement. Tout le jour j'ai eu le cœur extrêmement triste, non seulement d'abandonner une famille où l'on m'avait comblé de bontés, mais surtout du dégoût que j'ai de prendre la mer, sur un mauvais bâtiment. Je suis découragée à un point extrême et ce mois, passé au milieu des plaisirs et de distractions, me semble un rêve, tant il m'a paru court et opposé au genre de vie que je menais depuis plusieurs mois. Le cœur navré, je me traîne sur le port où le beau canot du directeur des douanes nous attend. Toutes ces dames, qui m'avaient accompagnée jusque-là, voulurent profiter d'un temps superbe et y montèrent avec nous. J'ai eu un peu honte de les recevoir sur notre vilain bâtiment et surtout dans notre horreur de chambre. Je demandai de l'indulgence, j'offris du vin blanc et des pâtisseries que j'avais heureusement fait prendre pour nous. La nuit survint, elles retournèrent à la ville. Je fus vraiment émue en embrassant l'aimable Mme Joanico.

7 juin. — Tout s'apprête à bord de la *Physicienne* pour mettre à la voile. Le capitaine Hervaux est déjà près de nous avec sa goélette, il louvoie en nous attendant. Louis salue la place de 29 coups de canon : on ne lui en rend que 16. Il allait envoyer porter une réclamation, lorsque le chef d'État-major, avec lequel il avait été lié pendant son séjour à Montévidéo, et qui était venu lui faire ses adieux, retourna promptement à terre pour réparer cette erreur. En effet, quelques instants après, on rendit de nouveau le salut et cette fois il fut complet. On salua ensuite l'amiral et la frégate portugaise nous répondit. Les malins de notre bord pour faire juger du bruit des pauvres canons de la *Physicienne*, prétendirent qu'on ressentait à bord plus de secousses et de bruit des canons de la frégate portugaise que ceux de notre pauvre barque. Enfin, vers 11 heures nous mîmes à la voile, et le vent, après avoir varié, fut bon le temps nécessaire pour doubler les pointes dangereuses. Le soir, la brise étant faible et contraire, on laissa encore tomber l'ancre. Le capitaine, après avoir mouillé sa goélette à notre côté, vint nous rendre visite, et, comme nous n'avions pas encore dîné, il se mit à table avec nous. La nuit fut tranquille et le jour était à peine commencé que la *Physicienne* avait repris sa course. La goélette nous accompagna jusqu'à ce que nous ayions doublé l'île de Flore et le banc des Anglais, si dangereux pour la navigation. Elle marchait devant nous, autant que possible, et nous pilotait dans ces passages difficiles. À midi, nous fîmes nos adieux au capitaine et la goélette se dirigea vers Buenos-Ayres où M. Hervaux devait prendre une cargaison de cuir.

10 juin. — Le vent nous a été contraire hier et aujourd'hui il devient très violent. La mer est très grosse et notre mât de beaupré se rompt au ras du bord. On tâche d'en sauver le gréement, mais le temps est si mauvais qu'on est forcé de tout laisser aller à la mer, encore heureux qu'en passant le long du bord il ne nous fasse pas d'avaries. Je suis dans des transes affreuses en apprenant cette nouvelle, car je sais qu'à ce mât de beaupré sont attachés tous les autres et que sa perte peut occasionner leur rupture. En effet, quelques instants après, la mer étant toujours furieuse, on vint me dire que le mât de misaine venait de se rompre. Je recommandai mon âme à Dieu. Cette dernière alerte était heureusement fausse : le mât avait en effet éprouvé de fortes secousses et quelques avaries. mais il ne s'était point brisé et fut remis en ordre.

Dans un coup de mer, M. Lamarche fit une chute assez grave et se perça la tempe avec un clou. Il perdit connaissance et fut longtemps à revenir à lui. Sa blessure n'est pas dangereuse ; mais il a le corps plein de contusions.

Le temps est trop mauvais pour qu'on puisse remplacer le mât de beaupré. Cette avarie est surtout funeste en ce qu'elle retarde notre marche et nous fait séjourner plus longtemps dans ces mauvaises mers. Le vent est un peu moins furieux ce soir, mais la mer toujours grosse.

11 juin. — La mer, moins forte aujourd'hui, permet qu'on s'occupe de remplacer le beaupré. Les charpentiers travaillent tout le jour. M. Lamarche n'est pas encore remis aujourd'hui ; il ne cesse d'aller sur le pont pour veiller aux travaux ; on ne peut le décider à garder la chambre. Nous fîmes hier une perte bien pénible par les conséquences qu'elle peut avoir : la mer emporta un canot qui était hissé derrière et de plus ce canot contenait le foin destiné à mon pauvre mérinos jusqu'à Rio, le seul qui me reste des deux du Port Jackson.

15 juin. — La mer continue à être très forte, quoique le vent se soit un peu calmé, je me sens horriblement fatiguée des roulis, qui sont beaucoup plus durs que ceux de l'*Uranie.* M. Lamarche va mieux : il ne se ressent plus de sa chute. Nous apercevons un bâtiment et on reconnaît que c'est le *Bacchus,* navire français qui chargeait des mules à Montévidéo pendant notre séjour et qui a dû mettre à la voile quelques heures après nous. Nous sommes indignés de son peu de procédés : il voit l'état pitoyable où nous sommes, n'ayant pu encore réparer notre beaupré à cause du mauvais temps et il passe au vent à nous sans nous offrir ses services, dont heureusement nous pouvons nous passer.

17 juin. — La mer se calme un peu et le vent ayant toujours été assez fort et favorable nous apercevons la terre ce matin de bonne heure. Nous espérons entrer ce soir, mais la brise mollit et nous sommes obligés de passer la nuit sous petites voiles.

18 juin. — J'aurais juré que nous aurions passé la nuit dans la rade et que nous aurions vu nos amis aujourd'hui, mais un calme presque plat nous a retenus pendant tout le jour devant l'entrée du port. Et cette nuit va être comme la précédente. J'en suis bien désolée pour mon pauvre Louis qui ne peut se coucher quand nous sommes près de terre et voilà plusieurs nuits que cela dure. D'un autre côté ce petit retard m'est favorable pour finir une robe de soie noire que j'ai achetée à Montévidéo dans la crainte que l'ambassade française à Rio ne soit encore en deuil du duc de Berry et que j'aie besoin moi-même de faire ma cour à Mme l'Ambassadrice. Nous voyons plusieurs bâtiments qui sortent de Rio et une petite goélette qui, comme nous, veut entrer dans le port.

20 juin. — La journée d'hier a été employée à louvoyer, mais ce n'est que vers 8 heures que nous pûmes entrer dans le port. Au moment de doubler la passe, qui est assez dangereuse par ses courants violents, le vent ayant manqué tout à coup, on fut obligé de mouiller sur-le-champ pour éviter d'aller encore une fois à la côte, vers laquelle le courant nous portait avec force. Lorsque la brise se leva, Louis se décida à jeter l'ancre en dehors de la rade, pour être un peu à l'abri du mauvais

temps, s'il en venait, et de n'entrer qu'au jour, par prudence. Ce
matin, la brise était favorable, au moment de mettre à la voile un
pilote vint offrir à Louis de mouiller le bâtiment. Le vent était frais et
nous fûmes rendus en peu de temps. Cette fois-ci nous sommes
mouillés au fond du port pour faire nos réparations.

Il y a ici un nombre infini de navires, dont plusieurs vaisseaux
anglais et autres bâtiments de guerre. Nous sommes passés devant tous
ces vaisseaux bien honteux de la tournure peu guerrière de notre
Physicienne, car outre les avaries de la traversée, le bâtiment est en
assez mauvais état. Il a si peu l'air d'un bâtiment de l'État que le
monde mercantile de cette capitale envoya savoir si nous n'étions pas la
Cécile du Havre, la *Mutuelle* de Marseille, etc... Je t'avoue que cela m'a
humiliée et pour comble les douaniers sont venus à bord pour leur
visite ; ils sont presque rentrés sous terre lorsque Louis leur a fait
entendre, d'assez haut, qu'il n'avait rien à faire avec eux puisqu'il était
bâtiment de guerre.

Aussitôt notre arrivée, nous avons eu les visites accoutumées des
officiers portugais. Louis envoya saluer l'amiral commandant la rade et
alla avec le commis aux revues, voir le consul et parler de suite d'arrangements pour le bâtiment.

Pendant le temps que Louis était à terre, j'ai reçu la visite d'un Français, négociant ici et que j'avais connu lors de mon premier séjour. Je
le vis avec plaisir, il me semble déjà avoir mis un pied dans la France en
revoyant de vieilles connaissances... Il m'apprend quelques nouvelles
de notre pays. Je ne trouve que peu de gazettes plus fraîches que celles
que nous avons eues à Montévidéo. J'apprends avec plaisir que
Mme Sumter est encore ici avec sa famille et que c'est son état de
grossesse qui l'empêche de partir pour l'Amérique. L'ambassadeur
français n'est pas encore arrivé: on l'attend chaque jour. Nous n'avons
trouvé ici que deux bâtiments marchands français, et pas un seul de
guerre.

27 juin. — Louis n'a pas eu de grandes nouvelles. Il a trouvé
notre gascon[1] dans les mêmes dispositions. Il a invité Louis à dîner
pour aujourd'hui. Il m'a bien invitée aussi, mais comme Louis savait
que cela ne m'amuserait pas, il l'a remercié en disant que je n'avais

1. Le Consul français.

pas l'intention de descendre avant d'avoir une maison à terre pour me loger.

Mon mari est parti ce matin pour aller en grande rade, saluer l'amiral portugais et l'amiral anglais qui a envoyé hier un de ses officiers pour le complimenter de son arrivée. Il doit ensuite aller, avec le consul, chez le commandant de la marine pour se procurer les facilités de réparer notre bâtiment. Toute la matinée j'écris à la hâte quelques lignes seulement à toi, ma Caroline, à ma bonne mère, à Mme et M. Freycinet père pour leur apprendre notre heureuse arrivée en ce port. Mes lettres doivent être de suite portées à bord d'un bâtiment qui part pour le Havre demain matin. Louis va chez M. Sumter, il trouve les trois filles aînées grandies, mais atteintes toutes les trois d'une assez forte coqueluche. Leur mère prise aussi est dans une position intéressante ; elle habite la campagne avec ses deux plus jeunes enfants.

22 juin. — Quoique nous n'ayions pas encore une tournure guerrière, nous avons salué la ville, et, ce matin, l'amiral de la flotte. Louis va avec M. Lamarche indiquer et choisir dans l'arsenal tout ce qui sera nécessaire à nos réparations. Le ministre avait déjà donné des ordres et ces Messieurs trouvèrent tout le monde bien disposé. Quoique M. le comte de Gestas ait mal à la jambe, il vint ce matin de très bonne heure et voulut bien partager notre petit déjeuner.

23 juin. — On vient nous démarrer et conduire la *Physicienne* dans l'arsenal, puis près d'un ancien bâtiment de guerre où l'on doit mettre tous nos équipements et loger les officiers et l'équipage de la corvette. Je vais à terre voir Mlle Durand, sœur d'un riche négociant français établi ici, puis chez Mme Sumter ; nous les trouvons à table et nous dînons avec eux. Je trouve les filles de Mme Sumter vraiment charmantes : l'aînée, qui a 17 ans, est embellie, elle est fraîche comme une rose ; la seconde, qui ressemble à sa mère, me plaît beaucoup plus que les autres, elle a un doux et mélancolique visage que je trouve admirable. Malheureusement sa santé est très délicate. La troisième, quoique très blanche et agréable, brillera plus par son esprit vif et un peu original. Comme j'avais souvent vu leur mère pendant mon premier voyage, elles m'accueillirent avec beaucoup d'empressement et d'amabilité. Je fus, je l'avoue, enchantée de les voir.

Le soir, M. Sumter me fit conduire dans sa voiture chez M. Muller et chez Mme Gi... (Espagnole pour laquelle M. Joanico de Montévidéo

m'avait donné une lettre de recommandation) et ensuite chez M. Durand
où j'avais à faire. Nous apprenons une nouvelle que je redoutais et qui
répand une tristesse générale à bord de la *Physicienne* : la liste des
promotions de 1820 arrive et deux élèves seulement ont reçu de
l'avancement, alors que beaucoup d'autres y avaient droit et s'attendaient à en recevoir. C'est vraiment décourageant de sacrifier son
bonheur et sa tranquillité et d'exposer ses jours pour un Gouvernement
aussi ingrat.

24 juin. — Jamais je ne vois passer le jour de la Saint-Jean sans me
rappeler combien cette date nous est chère. Mille souvenirs se pré-
sentent à mon esprit et me représentent les moments si agréables que
nous avons passés ensemble près de ma mère. Qu'il était heureux ce
temps plein d'illusions, plein de charme et sans inquiétude ! Comme il
ne peut revenir, je me dédommage en m'y transportant par la pensée ;
mais les principaux acteurs sont si éloignés les uns des autres dans ce
moment, que je me sens le cœur navré. Je n'ai plus d'espérance que
dans ma petite chaumière où je veux réunir ma mère, ma sœur et ma
Caroline, lorsqu'elle pourra franchir l'espace qui nous séparera encore.
Après avoir demandé à Dieu de bénir une Jeanne qui m'est bien chère
et de répandre sur elle ses douces consolations, je me suis dirigée vers
la maison de M. Durand qui m'avait invité à dîner avec Louis et de sa
fenêtre je devais voir passer le cortège se rendant chez le roi, qui
s'appelle Jean. Louis a été présenté au roi par M. Maler. Sa Majesté
l'a très bien reconnu, lui a parlé avec affabilité et lui a dit de revenir le
voir pour lui parler de son voyage. Il a été également présenté à la reine
et aux princesses. On prétend qu'il s'est très bien tiré des mille saluts,
mais c'est grâce à une répétition que lui avait donné le consul, la veille
au soir, et qui nous avait bien amusés.

25 juin. — Je suis allé dîner aujourd'hui chez Mme Sumter. Il y avait
plusieurs Français et d'autres personnes que j'avais vues à mon précé-
dent voyage. Le lendemain, je dînai chez le consul. Il fut aimable avec
moi : il m'envoya chercher et me fit conduire dans sa voiture. Ses sœurs
sont vraiment de bien bonnes personnes ; elles m'accueillent avec affabilité. Nous dînâmes avec l'abbé Boiret, ecclésiastique français émigré
et depuis longtemps attaché à la cour comme maître de français des
princes. Je t'ai déjà parlé de lui à mon premier séjour ici : c'est un
homme spirituel et aimable.

27 juin. — M. Maler vient me voir à bord et il veut bien accepter notre déjeuner. Il part avec Louis pour faire quelques visites de remerciements, à l'amiral et au directeur du port pour ce qu'on a déjà fait à la corvette et pour prier d'y mettre le plus d'activité possible. Aujourd'hui seulement on prend à la cour le deuil du duc de Berry, retardé par d'autres deuils plus anciens. Nous sommes forcés de nous mettre en noir : j'en suis fâchée, car il me faut acheter une robe parée, n'en ayant qu'une de soie assez simple. Comme le crêpe, la gaze et le tulle sont très chers, je suis obligée de me décider pour une robe de satin noir léger, avec un camazou et des manches de crêpe.

On nous a enfin trouvé une maison, mais bien loin. Cela presse car le bâtiment va être abattu en carène. Louis va la voir, si d'ici deux jours il ne trouve pas mieux, il la prendra. Le soir, Louis va voir le roi à Saint-Christophe avec M. Maler. Il est introduit au bout d'un quart d'heure et le roi cause avec lui pendant une demi-heure de son voyage, de la mort du duc de Berry, etc... Mon mari va ensuite faire visite au ministre de la Marine, qu'il ne trouve point.

28 juin. — Je suis très fatiguée d'emballer, mais je continue toujours. Quand serai-je donc tranquillement établie dans une maison pour quelque temps et cesserai-je d'être toujours en camp volant ! Il me semble que je n'aurai jamais assez de patience pour arriver jusqu'au bout; je la crois quelquefois prête à s'échapper et ce qui m'en reste est fort altéré, car un rien m'impatiente et me fâche, cela m'arrivait rarement autrefois.

30 juin. — Hier dîner chez l'abbé qui nous a donné un fort joli repas. Il y avait plusieurs Français de nos amis et le comte de Gestas, qui m'a trouvée beaucoup plus triste qu'à mon premier séjour et mon mari plus gai au contraire. Il est de fait que tout ce que j'ai éprouvé depuis deux ans a tellement assombri mon caractère que je suis devenue philosophe et que la gaie, la folle et l'étourdie Rose est devenue sérieuse. Quant à Louis comme ma présence lui est agréable, qu'il va me ramener tout fier de ma belle santé auprès de ceux qui pensaient ne pas me voir revenir, que de plus il a bien rempli ses devoirs, qu'il a produit plus de travail pendant son voyage qu'on ne pouvait l'espérer, il a la conscience extrêmement tranquille.

Aujourd'hui, Louis a retenu la maison hors la ville, n'en ayant pas trouvé d'autre. Pendant qu'il va dîner chez l'ambassadeur de Prusse, le comte Flaming, où il trouve réunis tous les ambassadeurs possibles, j'envoie nettoyer notre nouvelle demeure et je me dispose à descendre à terre demain matin.

1er juillet. — Enfin vers 11 heures nous partons dans la chaloupe avec nos bagages et nos malles et nous arrivons sains et saufs à terre ; mais nous n'avons pas un meuble ! Comme M. Maler nous a promis tables, chaises, lits, etc... Louis va lui témoigner notre embarras de ce qu'il n'y a pas un seul meuble à louer dans la ville. Il n'était pas chez lui ; mais le soir il promet que le lendemain on pourra faire prendre un lit de camp. J'écris à Mlle Durand qu'elle ait l'obligeance de m'envoyer un bois de lit et des chaises.

Quoique nous soyions fatigués, nous sommes obligés d'aller à un thé chez Mme Lizaur et à pied, ce qui est le plus ennuyeux. Nous sommes dédommagés de notre peine, car nous entendons un artiste jouer supérieurement de la guitare avec un instrument grand comme la main. Cet homme en tire un parti extraordinaire et des sons étonnants. Nous avons vu enfin un acteur du théâtre italien qui chante fort agréablement. J'ai eu à mes côtés, presque toute la soirée, l'ambassadeur espagnol, le comte de Marialva qui est extrêmement aimable, parlant très bien le français, et de manières très distinguées. Du corps diplomatique, je ne puis m'empêcher de citer le marquis de Grimaldi[1], ministre du roi de Sardaigne, homme de beaucoup d'esprit. Nous passons la soirée dans l'appartement du secrétaire de la légation, possédant un très bon piano sur lequel il nous joue des valses. Je trouve là beaucoup de musique française nouvelle. Je demande au secrétaire de vouloir bien m'en prêter. Nous nous retirons de bonne heure, Louis étant un peu fatigué.

15 juillet. — Mon mari reçoit la visite du ministre anglais qui lui apporte son baromètre ; mais il est si souffrant qu'il peut à peine parler. Hier nous reçûmes la visite de deux officiers qui venaient prendre de ses nouvelles : cette attention nous a touchés.

16 juillet. — Louis encore souffrant veut absolument me conduire chez M. Maler, où nous sommes invités à dîner et qui doit nous conduire le soir à la chapelle Royale. Mon mari reste chez Mme Maler et je vais avec Mlles Maler et leur frère à la chapelle. J'ai le plaisir d'être

---

1. De la famille patricienne de Gênes. Plusieurs Grimaldi ont servi la France.

placée en face de la famille royale, que je vois tout à mon aise. Ma figure étrangère attire leur regard, mais ils savent qui je suis, le consul ayant averti Sa Majesté que j'assisterais à l'office. Le roi est bien, mais très peu majestueux. Le prince royal est grand avec une assez jolie figure, mais ses manières sont mauvaises et il a l'air commun. Il était en frac marron et pantalon de nankin, un peu ridicule, à 8 heures du soir, à une grande fête et pour paraître en public. Quoique le roi fût mis simplement, il était beaucoup mieux. D'ailleurs c'est un homme âgé, auquel on passe beaucoup. Je ne saurais trouver dans les manières de la princesse royale l'apparence si noble et si cérémonieuse de la cour d'Autriche, ici elle néglige fort sa toilette et sa tournure[1]. Pour cette fête (que je ne puis comparer qu'à un concert spirituel donné à l'Opéra) tout le monde et les princesses elles-mêmes viennent en soie ou en tulle. Notre pauvre Autrichienne était vêtue d'un habit de cheval gris, d'un drap assez commun, avec une chemisette plissée ; ses cheveux étaient en désordre et relevés avec un peigne d'écaille. Sa figure n'est pourtant pas laide et je suis persuadée qu'en toilette elle est très bien. Toutes les autres princesses étaient en velours ou en satin, avec des fleurs ou des plumes sur la tête. La princesse Isabelle-Marie est maintenant l'aînée des princesses, non mariées ; elle a 18 ans et est plus jolie que les deux suivantes, encore très jeunes. La dernière a l'air spirituel et très éveillé. Isabelle est très bonne, mais elle ne paraît pas avoir grands moyens. La princesse aînée est veuve d'un infant d'Espagne, c'est à mon gré la plus jolie de toutes : elle a l'air noble et grand.

Quoique l'office fût un peu long, je ne m'ennuyai pas grâce à la bonne musique. Je fus enchantée des castros qui se surpassèrent ce soir-là.

---

1. J. Arago fut reçu par la reine au château de Saint-Christophe, avec une bienveillance extrême, dit-il, mais il ajoute : « Sans exagération aucune, elle était vêtue comme une vraie gitana, aux pantalons près : une sorte de camisole froncée retenait des jupes tombantes d'un côté à l'aide de quatre ou cinq grosses épingles, et ses cheveux en désordre attestaient l'absence du coiffeur ou de la camériste depuis huit jours au moins. Point de colliers, point de pierres aux oreilles, pas une bague aux doigts. La camisole attestait un long usage ; la jupe était fripée et blessée en plusieurs endroits. Eh bien ! cette femme m'imposa dès les premières paroles... Elle parlait le français avec une telle pureté, elle trouvait dans sa bonté naturelle tant de bienveillance, ses habitudes de souffrance l'avaient rendue si parfaitement bonne, que je ne savais comment lui témoigner ma reconnaissance de son aménité. »

Après l'office, nous allâmes nous placer dans un des corridors attenant au château pour voir passer le roi et sa famille. Je leur fis des révérences jusqu'à terre et je reçus des saluts gracieux de chacun d'eux. La cérémonie finit à minuit.

Nous revînmes prendre Louis qui avait passé son temps à lire des gazettes et qui se trouvait beaucoup mieux de cette soirée paisible.

Je ne sais, chère amie, si tu t'aperçois de la différence de la conduite de notre consul pendant cette relâche avec celle qu'il tint en 1817. Je ne sais à quoi attribuer les prévenances, les attentions dont il nous accable chaque jour. Qu'avons-nous fait pour mériter tout cela.

17 juillet. — Ce matin, je suis allée à la messe chez notre bon abbé, accompagnée seulement de mon domestique parce que je craignais le froid du matin pour Louis.

.   .   .   .

Nous allons voir l'abbé Boiret presque tous les jours. Nous nous promenons dans le jardin.

15 août. — Il m'envoie un très beau bouquet, de jolis gâteaux avec une lettre très aimable. Je vais également chez Mme Sumter de temps en temps.

— La division française, commandée par M. Jurien, arrive à *Rio*. Elle est composée d'un vaisseau, d'une frégate et d'une goélette. Louis va à bord pour complimenter l'amiral. Le jour de la saint Louis, l'amiral Jurien donne un dîner à tous les officiers supérieurs de son escadre et commandants. Louis y va dîner et moi je reste dîner avec un abbé français chez l'abbé Boiret.

En donnant à manger à mon gros singe il me mord cruellement. Une de ses dents me perce la peau à une ligne de l'artère. Je souffre beaucoup. Cela m'empêche d'aller voir le général Ogendorp. Louis y va avec l'abbé de Quélen. Le général m'envoie du beurre frais, chose infiniment rare. Le lendemain je suis priée d'aller à Tijouke pour dire adieu à Mme de Roquefeuille, et assister à un charmant déjeuner auquel nous avait invité le comte Flaming. Je n'ai pu m'y rendre et j'en suis désolée, j'aurais voulu connaître la maison qui est agréablement située, et sa ménagerie très curieuse. J'ai beaucoup de chagrin de ne pas avoir

---

1. L'amiral Jurien de la Gravière (1772-1849) commandait alors la station navale du Brésil.

vu Mme de Roquefeuille. Allant un peu mieux, je fais mes adieux en ville à mes amies.

Je m'embarque et j'apprends, lorsque je suis en rade, l'accouchement de Mme Sumter.

Enfin nous partons.

La traversée se passe sans incident et nous arrivons à Cherbourg, le terme de notre voyage et du récit qui t'est destiné.

MADAME FREYCINET

On lisait un jour dans tous les journaux de la capitale :

« La corvette l'*Uranie*, commandée par M. Freycinet, a quitté la rade de Toulon et a mis à la voile pour un grand voyage scientifique qu'elle va entreprendre autour du monde. L'état-major et l'équipage sont animés du meilleur esprit, et la France attend un heureux résultat de cette campagne, qui doit durer trois ou quatre ans au moins. »

Puis on ajoutait :

« Un incident assez singulier a signalé le premier jour de cette navigation. Au moment d'une forte bourrasque qui a accueilli la corvette au large du cap Sépet, on a vu sur le pont une toute petite personne, tremblotante, assise sur le banc de quart, cachant sa figure dans ses deux mains et attendant qu'on voulût bien la reconnaître et l'abriter, car la pluie tombait par torrents et le vent soufflait par rafales. Cette jeune et jolie personne, c'était Mme Freycinet, qui, sous des habits de matelot, s'était furtivement glissée à bord, de sorte que, bon gré mal gré, le commandant de l'expédition se vit forcé d'accueillir et de loger l'intrépide voyageuse, dont la tendresse ne voulait point que son mari courût seul les dangers d'une pénible navigation. »

La veille on avait lu aussi :

« La corvette l'*Uranie*, qui allait partir pour un voyage de circumnavigation, a été incendiée dans l'arsenal de Toulon; heureusement personne n'a péri dans le désastre. »

On lut encore :

« Le lieutenant de vaisseau Le Blanc, désigné pour faire partie de l'état-major de l'*Uranie*, a été forcé, pour cause de maladie, de demander son débarquement. »

Ainsi se font les journaux, ainsi se remplissent leurs colonnes.

Eh bien! rien de tout cela n'était vrai, ou du moins, il y avait là côte à côte, la vérité et le mensonge.

L'*Uranie* avait mis à la voile; un violent orage avait salué sa sortie de la rade de Toulon, Mme Freycinet, fort bien abritée sous la dunette, était à bord, du consentement de son mari; presque tout le monde le savait; une belle frégate, incendiée, dit-on, par la malveillance, avait été sabordée et coulée bas dans un des bassins de l'arsenal; et une maladie ne fut pas le motif pour lequel le lieutenant de vaisseau Leblanc, l'un des plus braves, des plus habiles et des plus instruits des officiers de la marine française n'entreprit pas la campagne avec nous, qui nous étions fait une douce habitude de le voir et de l'aimer.

Dès que le premier grain qui pesa sur le navire eut passé, l'état-major fut mandé chez le commandant, et là nous fut présentée notre compagne de voyage.

Une femme, une seule et jolie femme au milieu de tant d'hommes aux sentiments souvent excentriques, une constitution faible et débile parmi ces charpentes de fer qui avaient à soutenir tant de luttes contre les éléments déchaînés, l'étrangeté même de ces contrastes, un organe doux et timide, vibrant comme une corde de harpe, étouffé sous ses voix rauques et bruyantes qu'il faut bien entendre en dépit de la lame qui se brise et des cordages qui sifflent, une silhouette suave et onduleuse s'accrochant à toutes les manœuvres pour combattre les mouvements assez réguliers du roulis et les soubresauts plus saccadés du tangage, tout cela faisait péniblement réfléchir quiconque osait reposer sa pensée sur une situation si peu ordinaire; et puis des yeux inquiets, regardant avec prière le nuage noir à l'horizon, en opposition avec ces prunelles menaçantes qui disent à la tempête qu'elle peut lancer ses fureurs; et puis encore la possibilité d'un naufrage sur une terre sauvage et déserte; la mort du capitaine, exposé ici autant que les matelots, et plus exposé peut-être; une révolte, un combat, des corsaires, des pirates, des anthropophages, que sais-je? Tous les incidents, escorte inséparable des navigations à travers toutes les régions du globe : n'y avait-il pas là cent motifs d'admiration pour une jeune femme qui, par tendresse, acceptait tant de chances horribles? Pourtant il en fut ainsi.

Notre première visite au gouverneur de Gibraltar eut quelque chose de gêné, de timide; le commandant présenta sa femme à Milord Don et comme Mᵐᵉ de Freycinet avait encore son costume masculin, son excellence sembla piquée de cette espèce de mascarade fort peu en usage sur les navires anglais : c'est là du moins, d'après un des officiers de la garnison, le prétexte, sinon le motif, du froid accueil qui nous fut fait.

Quoi qu'il en soit, à partir de là, Mᵐᵉ Freycinet reprit ses vêtements de femme et sa naïve et décente coquetterie y gagna beaucoup. Ses promenades sur le pont étaient fort rares; mais quand elle s'y montrait, l'état-major, plein d'égards, abandonnait le côté du vent et lui laissait le champ libre, tandis qu'au delà du grand mât, les chansons peu catholiques faisaient halte à la gorge, et les énergiques jurons de quinze à dix-huit syllabes, qui amusent les diables dans leur éternelle marmite, expiraient sur les lèvres des plus intrépides gabiers. Mᵐᵉ Freycinet souriait alors, sous sa fraîche cornette, de cette retenue de rigueur imposée à tant de langues de feu, et il arrivait souvent que ce même sourire qui voulait dire *merci*, différemment interprété sur le gaillard d'avant, donnait l'essor à une nouvelle irritation joyeuse, de façon que la parole sacramentelle et démoniale vibrait à l'air et arrivait sonore et corrosive jusqu'à la dunette; une bouche toute gracieusement boudeuse pressait alors ses deux lèvres fines l'une contre l'autre; deux yeux distraits et troublés regardaient couler le flot qu'ils ne voyaient pas, ou étudiaient le passage des mollusques absents, et l'oreille qui avait fort bien entendu feignait d'écouter le bruissement muet du sillage. Vous comprenez l'embarras de tout le monde : il était comique et dramatique à la fois. Le capitaine n'avait pas le droit de se fâcher; nous, de l'état-major, nous étions trop sérieusement occupés de nos graves travaux de la journée pour rien observer de ce qui se passait à nos côtés; les matelots les plus goguenards se parlaient *assez à voix basse* pour faire entendre leurs quolibets de la poulaine au couronnement; les maîtres cherchaient par leurs gestes, moins puissants que leurs sifflets, à imposer silence aux bavards orateurs; et Mme Freycinet rentrait dans son appartement sans avoir rien compris aux *manœuvres* du bord, se promettant bien de venir le moins souvent possible *jouir* comme nous du beau spectacle de l'océan, dont nulle belle âme ne peut se lasser.

Ce n'est pas tout. Dans un équipage de plus de cent matelots tous les caractères se dessinent avec leurs couleurs tranchées, avec leurs âpres aspérités. Là, rien n'est hypocrite, défauts, heureuses qualités et vices s'échappent par les pores et l'homme est sur un navire ce qu'il n'est pas autre part. Le moyen, je vous le demande, de se travestir en présence de ceux qu'on ne quitte jamais? La tâche serait trop lourde; il y a profit à s'en affranchir, il y aurait honte et bassesse à le tenter.

Parmi les marins que voilà, vivant si pauvrement, si douloureusement, vous en comptez un bon nombre qui n'accepteraient un service de vous qu'à charge de revanche, à titre de prêt. La plupart refuseraient tout avec rudesse, mais sans hauteur, et quelques-uns, sans honte comme sans humilité, disposés à vous donner leur vie à la première occasion, iront à vous, le front haut, la parole claire et brève et vous diront : « J'ai soif, un verre de vin si ça vous va ». Vous connaissez Petit, taillé comme le portrait que j'esquisse; eh bien! ce brave garçon n'était pourtant, sous ce rapport, que le numéro deux de l'*Uranie*; Rio était le n° un. Donc, ce Rio, sur qui j'aurais tant de choses à vous dire et dont je ne veux pas réveiller la cendre, regardait comme un jour de fête la présence de Mme Freycinet sur le pont, et dès que l'élégante capote de satin blanc se dessinait sur le vert tendre des parois de la dunette, Rio se présentait et disait en tirant de l'index et du pouce une mèche de ses rares cheveux :

« Vous êtes bien belle, Madame! belle comme une dorade qui frétille; mais ça ne suffit pas : quand on est aussi belle, il faut être bonne, et ça ne dépend que de vous. C'est aujourd'hui mon anniversaire (chaque jour était l'anniversaire de la naissance de Rio), j'ai soif, bien soif; l'air est lourd, je viens de la barre du grand cacatois, ousque j'étais en punition et me vlà; j'ai soif, humectez-moi le gosier; Dieu vous le rendra en pareille occasion et Rio vous dira merci.

— Non mon enfant cela te ferait mal, cela te griserait.

— Fi donc! Madame la commandante, jamais je ne me suis grisé.

— Jamais, dis-tu?

— Jamais! Soûlé, oui, à la bonne heure, mais le reste... fi donc! c'est tout au plus bon pour un pilotin. Et puis, si ça arrivait par hasard, si une lame venait et

vous emportait brusquement, eh bien! je serais là pour me f... à l'eau et vous
sauver, en vous empoignant par vos beaux cheveux, sauf votre respect.

— Allons, soit : tu es trop éloquent, tu l'emportes, et je vais te donner une bouteille; mais j'espère que tu en garderas la moitié pour demain.

— Si je vous le promettais, ce serait une blague; je boirai tout et ça ne sera
guère. »

Mme Freycinet faisait alors son cadeau, le matelot sautait, et il y avait de la joie
dans une âme.

Hélas! Rio paya cher son amour du vin. Un jour que, plus ivre que de coutume,
il chantait des refrains grivois sur le pont, il tomba par la grande écoutille et se tua.
Il râlait encore quand Petit, qui lui tenait la main, se prit à sourire, croyant encore
son noble camarade dans un délire bachique.

« Voilà gredin, ce que rapporte l'ivrognerie, dis-je à mon vieil ami.

Eh! monsieur, n'est-ce pas la plus belle mort du monde? il ne m'en arrivera
pas autant à moi, à moins que vous n'y mettiez bon ordre. »

Quand un pauvre matelot, dans la batterie, luttait contre les tortures de la dysenterie ou du scorbut, Mme Freycinet ne manquait jamais de s'enquérir de la position
du malade, et les petits pots de confiture voyageaient çà et là avec la permission du
docteur.

Le soir, assis sur la dunette pour les causeries intimes qui nous rapprochaient de
notre pays, combien de fois n'avons-nous pas mis fin à nos caquetages pour savourer
les doux accords de Mme Freycinet s'accompagnant de la guitare et faisant des vœux
pour que son mari, qui chantait non moins agréablement que Rubini et Duprez, lui
permît les honneurs et les risques du solo! Mais sur ce point, il est juste et douloureux d'ajouter que nous n'étions pas souvent exaucés.

Si le temps, gros d'orage, disait à l'officier de quart que les voiles devaient être
carguées et serrées, si le terrible commandement de *amène et cargue! laisse porter!*
retentissait éclatant et bref et que le matelot en alerte veillait partout, la jolie
voyageuse, l'œil sur les carreaux de sa petite croisée, suivait le gros et noir nuage
qui passait, et interrogeait l'horizon pour s'assurer que le danger n'existait plus.
C'était de la peur, si vous voulez, mais une peur de femme, une peur sans lâcheté,
une frayeur du bon ton, si j'ose m'exprimer ainsi; on voyait parfois rouler une
larme dans un regard de velours et sur une joue pâle, mais cette larme pouvait se
montrer sans honte et trahir l'émotion sans faire soupçonner le regret du départ.
Tout cela était touchant, je vous jure.

Dans les relâches, Mme Freycinet recevait les hommages des autorités en femme
du monde qui sait à son tour rendre une politesse et qui s'efface volontiers au profit
de tous. Chez une femme, la modestie est souvent de l'héroïsme.

Ce fut un jour bien douloureux pour elle que celui où, partant de l'Ile de France
et passant à contre-bord d'un navire qui venait du Havre, nous apprîmes, quelques
heures plus tard, à Bourbon, que le trois-mâts de qui nous avions reçu le salut
d'usage portait au Port-Louis sa sœur, qui s'y rendait comme institutrice, et à qui
elle ne put pas même presser la main.

Vous comprenez que, pendant les relâches difficiles, dans les pays sauvages, où les regards étaient effrayés de certains tableaux odieux, Mᵐᵉ Freycinet se trouvait constamment reléguée à bord : et l'on devine si cette vie de couvent aurait dû être pénible pour celle qui n'eût pas accepté, dès le jour du départ, tous les sacrifices dont elle avait d'avance mesuré la grandeur.

Et pour tant d'ennuis, de fatigues, de dangers, pour tant de misères, quelle récompense acquise? quelle gloire?

Hélas! que lui importe, à cette femme courageuse, enlevée si jeune à ses amis et à ses admirateurs, qu'on ait donné son nom à une petite île d'une lieue de diamètre au plus, à un rocher à pic entouré de récifs, que nous avons découvert au milieu de l'océan Pacifique.

Voilà tout, cependant... un écueil dangereux signalé aux navigateurs. N'est-ce pas là aussi, peut-être, la morale du voyage de Mᵐᵉ Freycinet? n'est-ce pas un triste et utile enseignement pour toute hardie voyageuse qui serait tentée de suivre ses traces?

Un rocher couronné d'un peu de verdure porte le nom de la patronne de notre angélique compagne de périls; ce rocher est signalé sur les cartes nautiques récentes et complètes; il s'appelle *île Rose*; chacun de nous l'avait baptisé en passant; que les navigateurs la saluent avec respect!

Vint aussi le jour fatal à la corvette, le jour où, au milieu d'un élan rapide, elle s'arrêta tout à coup, incrustée dans un rocher sous-marin qui ouvrit sa quille de cuivre et la fit tomber, douze heures plus tard, sur un de ses côtés, sans qu'elle pût jamais se relever. Je vous parlerai de cette triste et sombre journée lorsque je vous aurai fait visiter avec moi l'archipel des Sandwich, Owydée, Walroo, Mowhée, le port Jackson, la partie Est de la Nouvelle Hollande, les montagnes bleues et le torrent de Kinkham; je vous raconterai ce désastreux épisode de notre naufrage après que je vous aurai fait traverser, de l'Est à l'Ouest, tout d'une haleine, le vaste océan Pacifique; lorsque je vous aurai montré ces masses imposantes de glaces que les tempêtes australes détachent des montagnes éternelles du pôle; lorsque je vous aurai signalé le cap Horn avec ses déchirures et ses rochers taillés en géants; lorsque je vous aurai fait entendre les terribles hurlements de la tempête qui nous arracha de la baie du Bon-Succès pour nous jeter sur les Malouines, froid cercueil de notre navire en débris.

Mais que je vous dise dès à présent que ce jour si funeste fut un jour d'épreuve pour tous, et que Mᵐᵉ Freycinet se retrempa au péril. Triste, souffrante, mais calme et résignée, elle attendit la mort qui nous embrassait de toutes parts sans jeter au dehors le moindre cri de faiblesse. L'eau nous gagnait, les pompes avaient beau jouer, nous pouvions compter les heures qui nous restaient à vivre. J'entrai dans le petit salon, une jeune femme priait et travaillait.

« Eh bien! me dit-elle, plus d'espoir?

— L'espoir, madame, est le seul bien que nous ne perdons qu'à notre dernier soupir.

— Quel mal se donnent ces braves gens!... et quelles horribles chansons au moment d'être engloutis!

« — Laissez-les faire, madame, laissez-les agir, ces chansons leur donnent du courage : ce n'est pas de l'impiété, c'est une bravade à la mer. C'est une menace contre une menace, c'est une insulte au destin. Mais soyez tranquille, si un malheur arrivait, si vous étiez condamnée à survivre à votre mari, ces braves gens, madame, vous respecteraient comme on respecte une femme vertueuse, ils se jetteraient à vos genoux comme aux genoux d'une Madone ! courage donc, je vais leur apporter des secours, c'est-à-dire de l'eau-de-vie. »

Et Mme Freycinet recevait dans sa chambre quelques débris échappés à l'océan, et elle gardait religieusement pour tous, les biscuits à demi noyés qu'on retirait des soutes ensevelies, et elle voyait passer sans trembler les barils de poudre ouverts auprès desquels brûlaient des falots et des lanternes, et elle oubliait son malheur particulier dans le désastre général. Mme Freycinet était une femme vraiment courageuse.

Hélas ! ce que les tempêtes n'ont point fait, ce que n'ont pas fait les maladies les plus dangereuses des climats pestilentiels, le choléra s'est chargé de le faire à Paris, et la pauvre voyageuse, la femme énergique, l'épouse dévouée, la dame aimable et bienfaisante, a quitté cette terre qu'elle avait parcourue d'une extrémité à l'autre !

Paix à elle.

J. A.

COUPLETS ADRESSÉS A Mme ROSE DE FREYCINET
PENDANT SA RELACHE A MAURICE (Juin 1818).

1

Des épouses charmant modèle,
Trahissant les jeux et les ris,
Au gré d'un amour trop fidèle,
Eh ! Quoi vous désertez Paris.
Hélène, Phèdre et autres belles,
Ont bravé les flots comme vous,
Mais l'histoire ne dit pas d'elles
Que ce fut pour suivre un époux.

2

Si quelque savant antiquaire
Visitant de lointains climats
Voit sur une plage étrangère
Un jour l'empreinte de vos pas,
Tes Temples, amour, va-t-il dire,
Sont mal connus des voyageurs :
C'est ici que fut ton empire,
J'y vois la trace de tes sœurs.

3

Doux présents que la main de flore
Sema dans ses pays lointains,
Vous que la France ignore encóre
Venez enrichir nos jardins

Mais parmi tant de fleurs nouvelles,
Quand vous parerez d'autres lieux,
N'espérez pas éclipser celles
Dont le modèle est sous les yeux.

4

Heureux l'époux comme le vôtre
Qui sur le vaste sein des mers
Peut, en voguant d'un pôle à l'autre,
Observer mille astres divers
Toujours des cieux lorgnant la voûte
Il a si bien su s'arranger
Qu'il peut voir partout sur sa route
Briller l'étoile du berger.

Par T. Pitot.

Dorion brillante étoile,
Vous enfants de Léda chers aux Navigateurs,
Astres qui de la nuit perciez le sombre voile
Ne cachez pas vos yeux à ces observateurs
   Qui vont guidés par l'*Uranie*
   Porter aux rivages lointains
   Et leur courage et leur génie
Zéphyrs et toi Vénus protégez leur destin.

   Vénus à bon droit je t'implore
Pour son ami jadis Horace t'adressa
Des vœux que de nos jours chacun répète encore
   Et que ta puissance exauça.
Cependant, sur ces flots, où tu reçus la vie,
Virgile, auprès de lui, n'avait point son amie
Et même, si l'on croit certains commentateurs,
De l'amour ce poète ignora les douceurs
   Ici déesse de Cythère
Et ton fils et l'hymen, et l'une des neuf sœurs
   Sur les mers du double hémisphère
Conduisent deux époux dignes de tes faveurs.

   Si sur cette île enchanteresse
Où ton culte est, dit-on, le culte dominant
L'épouse au teint d'albâtre, au front plein de noblesse
Au regard expressif, au parler séduisant,

Détruit en se montrant toute la renommée
Des sauvages beautés soumises à tes lois
        Où si d'Otahiti craignant les sombres bois
L'époux reste au rivage avec sa bien-aimée
        Ne t'en offense point, Vénus,
Et sois fière plutôt de montrer ta puissance
Aux lieux où tes vrais biens sont encore inconnus

Oui, sois fière, une femme affronte les naufrages
Et brave les écueils semés dans ces parages
Que seuls ont parcourus d'intrépides marins.
        Pour elle, que des jours sereins
Viennent du moins remplacer les orages
Qui soulèvent les flots aux bords d'où Magellan
Dirigea son vaisseau vers un autre Océan.
        Nulle autre, avant elle, du monde
        N'osa parcourir le contour
        Cythérée, ô fille de l'onde
Tu lui dois les honneurs de ton premier séjour.

Fais surtout que rendue aux rives de la France
        Elle apprenne sa délivrance
        Fais que doublement annoblis
        Par le courage et la science
Ces marins, ces guerriers, à l'empire des lys
        Rendent les jours de sa gloire passée
Les beaux jours des Duguay, des Renaud, des Suffren
        Je m'arrête à cette pensée
Et par ce doux espoir je calme mon chagrin
O Vénus, ô Zéphyrs, ô vous astres propices
Veillez sur l'*Uranie*, assurez son retour
Elle vogue déjà sous les heureux auspices
        Et de la gloire et de l'Amour.

                            MALLAC, juge.

TABLE DES MATIÈRES

CHAPITRE V

CHAPITRE VI

CHAPITRE VII

CHAPITRE VIII

CHAPITRE IX

ANNEXES

TABLE DES PLANCHES

CHARTRES. — IMPRIMERIE DURAND, RUE FULBERT (8-1927).